U0621117

主编 魏海生 张健华 谭继成

大学生创新创业实践指导教程

（创新创业训练篇）

四川大学出版社
SICHUAN UNIVERSITY PRESS

图书在版编目（CIP）数据

大学生创新创业实践指导教程．创新创业训练篇 /
魏海生，张健华，谭继成主编．— 成都：四川大学出版
社，2023.11
大学生"双创"系列教材
ISBN 978-7-5690-6022-5

Ⅰ．①大… Ⅱ．①魏… ②张… ③谭… Ⅲ．①大学生
－创业－高等学校－教材 Ⅳ．① G647.38

中国国家版本馆 CIP 数据核字（2023）第 007119 号

书　　名：大学生创新创业实践指导教程（创新创业训练篇）
　　　　　Daxuesheng Chuangxin Chuangye Shijian Zhidao Jiaocheng（Chuangxin Chuangye Xunlianpian）
主　　编：魏海生　张健华　谭继成
丛 书 名：大学生"双创"系列教材

丛书策划：陈　纯　梁　胜
选题策划：陈　纯
责任编辑：陈　纯
责任校对：王　锋
装帧设计：裴菊红
责任印制：王　炜

出版发行：四川大学出版社有限责任公司
　　　　　地址：成都市一环路南一段 24 号（610065）
　　　　　电话：（028）85408311（发行部）、85400276（总编室）
　　　　　电子邮箱：scupress@vip.163.com
　　　　　网址：https://press.scu.edu.cn
印前制作：四川胜翔数码印务设计有限公司
印刷装订：四川盛图彩色印刷有限公司

成品尺寸：185mm×260mm
印　　张：16.75
字　　数：409 千字

版　　次：2023 年 11 月 第 1 版
印　　次：2023 年 11 月 第 1 次印刷
定　　价：47.50 元

本社图书如有印装质量问题，请联系发行部调换

四川大学出版社
微信公众号

目　　录

第一章　创新意识激发

【本章教学目标】

- 掌握创新和创新能力形成的基本原理。
- 养成积极创新的习惯。
- 掌握创新与创业之间的关联。

第一节　创新原理

一、相关概念

1. 创新

什么是创新？创新指人类为了满足自身的需求，不断拓展对客观世界及自身的认知与行为，从而产生有价值的新思想、新举措、新事物的实践活动。

【小故事】

电脑已经成为现代人类不可缺少的重要工具，你知道导致电脑如此普及的一个关键点是什么吗？对了，就是右侧这个小玩意——世界上第一个鼠标。

1968 年 12 月 9 日，美国斯坦福大学博士道格拉斯·恩格尔巴特展示了世界上第一个鼠标。其设计目的，是为了代替键盘繁琐的输入指令，从而使计算机的操作更加简便。这只鼠标的外形是一只小木头盒子，其工作原理是由它底部的小球带动枢轴转动，继而带动变阻器改变阻值来产生位移信号，并将信号传至主机。虽然智能机大屏触摸的交互，很大程度上替代了鼠标的地位。但不可否认，在过去几十年中，它是人类最有力的生产力工具之一。

1

现在你能理解什么是创新了吗？具体来说，创新是指人为了一定的目的，遵循事物发展的规律，调动已知信息、已有知识、开创新思维，对事物的整体或其中的某些部分进行变革，产生出某种新颖、独特、有社会价值的新概念、新设想、新理论、新技术、新工艺、新产品等新成果的智力活动。

2. 创新能力

什么是创新能力？创新能力指人类为了满足自身的需求，不断拓展对客观世界及自身的认知与行为，从而产生有价值的新思想、新理论、新方法和新发明的能力。它是个人在完成以原有知识、经验为基础的创建新事物活动过程中所表现出来的潜在的心理品质。

也可以理解为，创新能力就是一个人（或群体），通过创新活动、创新行为而获得创新成果的能力，是一个人在创新活动中所具有的提出问题、分析问题和解决问题三种能力的总和。

【小故事】

篮球运动刚诞生的时候，篮板上钉的是真正的篮子，每当球投进的时候，就有一个专门的人踩在梯子上，把球拿出来。为此，比赛不得不断断续续的进行，缺少激烈紧张的气氛，为了让比赛更顺畅的进行，人们想了很多取球方法都不太理想。有位发明家，甚至造了一种机器，在下面一拉就能把球弹出来，不过这种方法仍没能让篮球比赛紧张激烈起来。

终于有一天，一位父亲带着他的儿子来看球赛，小男孩儿看到大人们一次次不辞辛劳地取球，不由大惑不解，为什么不把篮筐的底去掉呢？一语惊醒梦中人，大人们如梦初醒，于是才有了今天我们看到的篮网样式。有时候创新只需要一把剪刀。

3. 发现

发现是指人们对客观存在的事物及其规律的认识有了新突破、新进展，并且获得的新认识与事物自身原有的状况、性质及其规律相符。也就是说，发现的内容是客观世界的存在和天然性成果的正确表述。

4. 发明

发明是指人们获得的人为性的创造成果。发明成果并非天然存在，而是在发现的基础上，通过人们的创新能力直接作用于相关物质和信息的产物。

5. 创造

创造是指个体和群体基于一定的目标（或任务）开展的、运用一切已知的条件（或信息）产生出新颖并有价值的成果的认知行为和活动的过程。然而，当某个创新活动所产生的创新成果并不具有新颖性，却依然具有价值时，则称其为再造或模仿。

【小故事】

美国著名的发明家爱迪生8岁入学时，调皮的个性、好问的习惯常常惹得老师非常生气，他一生只上过3个月的小学，以后就完全在家中接受教育。他深知自己的数学思维能力很差，于是他在长期的生活中选择了以形象思维、发散思维和操作性思维为主的技术发明。爱迪生是班上成绩最差的学生，被大家称为愚笨的"坏孩子"。只有他的母亲始终对儿子充满信心，给予爱迪生充分的谅解和耐心的教导，才使原来被人认为是低能儿的爱迪生长大后成为举世闻名的发明大王，他一生中共完成了留声机、电灯等2000多项发明，1928年被授予"美国国会金质特别奖章"。

二、创新能力形成的基本原理

1. 遗传素质

遗传素质是形成人类创新能力的生理基础和必要物质前提。它决定着个体创新能力在未来的发展类型、速度和水平。

人类创新能力的形成首先要遵循遗传规律。遗传素质，又称天赋、禀赋或天资，是指个体与生俱来的解剖生理特点，包括脑和神经系统的结构、机能特性，感觉器官和运动器官的机能，身体的结构和技能等。遗传素质是人类创新能力的物质基础。我们承认它，但不把它当做唯一，即"承认天赋，不唯天赋"。

大脑是人的创新能力形成的物质基础，是人的创新能力发展的物质载体。

2. 环境

环境是创新能力形成和提高的重要条件。环境优劣影响着个体创新能力发展的速度和水平。环境包括自然环境和社会环境。社会环境包括家庭、学校和社会，社会上的各种教育培训机构也是影响人创新能力形成的重要因素。

3. 实践

实践是人创新能力形成的途径之一。实践也是检验创新能力水平和创新活动成果的标准。创新能力只有在创新实践中才能得到施展发挥，实践是创新能力变成现实的平台。只有通过社会实践才能把人的创新意识变成现实，而创新能力也必须通过实践才能形成。

【小故事】

阿基米德原理的发现

公元前245年，古希腊赫农王给金匠一块金子让他做一顶金冠。金冠做好后，国王怀疑金匠掺假，他命令阿基米德鉴定皇冠是不是纯金的。在浴室内，阿基米德注意到他的胳膊浮出水面。他的大脑中闪现出模糊不清的想法。他把胳膊完全放进水中，全身放松，这时胳膊又浮出水面。他躺在浴盆中，水位变得更高了，而他也感觉自己变轻了。他站起来后，水位下降，他则感觉到自己变重了。一番联想后，阿基米德找到了解决国王问题的方法：关键在于密度。如果皇冠里面含有其他金属，它的密度会不相同，在重量相等的情况下，这个皇冠的体积是不同的。把皇冠和同样重量的金子放进水里，结果发现皇冠排出的水量比同等重量的金子的大，这表明皇冠中掺有其他物质。更为重要的是，阿基米德发现了浮力原理，即液体对物体的浮力等于物体所排开液体的重力大小。

4. 创新思维

创新思维是人的创新能力形成的核心与关键。创新思维的一般规律是：先发散而后集中，最后解决问题。

没有创新思维就没有创新活动。创新思维是人的创新活动的灵魂和核心。

人的潜在创新能力一旦被某种因素激活或教育引导，都可能导致巨大创新能量的产生。

【案例】

创造家奥斯本由于在寻找工作中被报社主考说了一句"写作内容具有创新性"而倍受鼓舞，此后在试用期内每日一创新，后来终于成为大企业家和创造学之父。

三、创新的原则

创新原则就是开展创新活动所依据的法则和判断创新构思所凭借的标准。

1. 科学原理原则

创新必须遵循科学原理，不得有违科学发展规律。在进行创新构思时，要注意以下几点，首先，应进行科学原理相容性检查。与科学原理是否相容，是检查创新设想有无生命力的根本标准。其次，还必须进行技术方法可行性检查。如果设想所需要的条件超过现有技术方法可行性范围，则在目前该设想还只能是一种空想。最后，新设想的功能体系是否合理，关系到该设想是否具有推广应用的价值，因此，必须对其合理性进行检查。比如，近百年来，许多才思卓越的人耗费心思，力图发明一种既不消耗任何能量、又可源源不断对外做功的"永动机"。但无论他们的构思如何巧妙，结果都逃不出失败的命运。其原因在于他们的创新违背了"能量守恒"的科学原理。

2. 相对较优原则

创新不可盲目追求最优、最佳、最美、最先进。许多创新设想都各有千秋，这时，就需要按相对较优的原则对设想进行判断选择。首先，可从创新技术先进性上比较，看谁领先和超前。其次，从创新经济合理性上比较，看谁合理和节省。最后，从创新整体效果性上比较，看谁全面和优秀。

3. 机理简单原则

在现有科学水平和技术条件下，如不限制创新方式和手段的复杂性，所付出的代价可能远远超出合理程度，使得创新的设想或结果毫无使用价值。因此，在新创的过程中，要从新事物所依据的原理是否重叠，超出应有范围；所拥有的结构是否复杂，超出应有程度；所具备的功能是否冗余，超出应有数量等方面进行检查，始终贯彻机理简单原则。

4. 构思独特原则

我国古代军事家孙子在其名著《孙子兵法·兵势篇》中指出："凡战者，以正合，以奇胜。故善出奇者，无穷如天地，不竭如江河。"所谓"出奇"，就是"思维超常"和

"构思独特"。创新贵在独特,创新也需要独特。在创新活动中,往往可以从创新构思的新颖性、开创性、特色性几个角度进行系统的检查和思考。

【小故事】

把水装在外面

从前有一家农户,种出一只大葫芦,这么大的葫芦,做什么用呢?用来装酒水,恐怕会胀裂;如果把它锯成两半,用来做舀水的瓢,又没有这么大缸。农户左右为难,不知把这只大葫芦派上什么用场。后来有人听说这件事后,说了这样一句话:人们只知道用葫芦来装水,却不知道把水装在葫芦的外面,把葫芦放在水上当船用,这不是很好吗?

只知道用葫芦来装水,把思维"闷"在葫芦里,思维将永远找不到出路。只有打破习惯的思维方式,善于把水装在葫芦的外面,才能巧妙地突破思维的瓶颈,发现一片新的天地,看到一片宽阔的海洋。

5. 不轻易否定,不简单比较原则

不轻易否定,不简单比较原则是指在分析评判各种产品创新方案时应注意避免轻易否定的倾向(如飞机、无线电波等)。不恰当的否定之所以出现是由于人们运用了错误的"理论"、主观武断等原因。创新的广泛性和普遍性都源于创新具有相容性。在避免轻易否定倾向的同时,还要注意不要随意在两个事物之间进行简单比较,要注意珍惜别人的创意和构想。不同的创新,包括非常相近的创新,原则上不能以简单的方式比较其优势。简单的否定和批评是容易的,难得的是闪烁着希望之光的创新构想。

【案例】

毛毛虫实验

法国心理学家约翰·法伯曾经做过一个著名的毛毛虫实验:把许多毛毛虫放在一个花盆的边缘上,使其首尾相接,围成一圈,并在花盆周围不远的地方撒了一些毛毛虫喜欢吃的松叶。毛毛虫开始一个跟着一个,绕着花盆的边缘一圈一圈地走,一个小时过去了,一天过去了,又一天过去了……这些毛毛虫还是夜以继日地绕着花盆的边缘转圈,一连走了七天七夜,他们最终因为饥饿和精疲力竭而相继死去。法伯在做这个实验前曾经设想:毛毛虫会很快厌倦这种毫无意义的绕圈,而转向他们比较爱吃的食物,遗憾的是,毛毛虫并没有这样做。导致这种悲剧的原因就在于毛毛虫的盲从,在于毛毛虫总习惯于固守原有的本能习惯先例和经验,毛毛虫付出了生命却没有任何成果。如果有一个毛毛虫能够破除尾随去觅食,就完全可以避免悲剧的发生。思维也一样,人一旦形成了习惯的思维定式,就会习惯顺着定式的思维思考问题。所以没有创新就等于死亡。

四、创新与创业

1. 创新是创业的动力和源泉

创新是创业的动力和源泉，是创业的本质。创业通过创新拓宽商业视野、获取市场机遇、整合独特资源、推进企业成长。创新能力是最重要的创业资本，创业者在创业过程中需要具有持续旺盛的创新精神、创新意识，需要独特、活跃、科学的思维方式，这样才可能产生富有创意的想法和方案，才可能不断寻求新的思路、新的方法、新的模式、新的出路，最终获得创业成功。

2. 创新的价值常常体现于创业

创新的价值就在于将潜在的知识、技术和市场机会转化为现实生产力，实现社会财富增长，造福人类社会。通过创业实现创新成果的商品化和产业化，将创新的价值转换为具体、现实的社会财富。创业者必须具有能发现潜在商业机会并敢于冒险的特质，科技创新成果也必须经由创业者推向市场，使其潜在价值市场化，使得创新成果转化为现实生产力。

【小知识】

爱迪生集发明、创新、创业于一身。在他的一生中拥有超过 1000 项专利，包括大家所熟知的电灯、胶卷、执行死刑的电椅等。爱迪生最大的成就就是能够使一项发明在技术上与商业上可行并且引发市场需求，并为投资者创造丰厚的利润，也就是说他能够结合技术推力与市场拉力，研制具有竞争力的经营策略，将一项发明构想推动成为一个巨大的产业市场。

3. 创业的本质是创新

创业应该是具有创业精神的个体与有价值的商业机会的结合，是开创新的事业，其本质在于把握机会、创造性的整合资源、创新和超前行动。创新包括技术创新、制度创新和管理创新。对于创业者及其所创建的企业来说，创新就是将新的理念和设想通过新产品、新流程、新市场需求以及新的服务方式有效地融入市场中，进而创造新的价值和财富的过程。

4. 创业推动并深化创新

创业可以推动新发明、新产品和新服务的不断涌现，创造出新的市场需求，从而进一步推动和深化科技创新，因而提高了企业和整个国家的创新能力，推动了经济增长。创业的关健在于创新，创新是创业的源泉，持续创新必然推动和成就创业。创新创业相辅相成，二者的动态融合以及相互影响对于创业成功和企业成长至关重要。创业和创新的融合是一个动态整合、集成与优化的过程，在这个过程中，创新精神、创业能力和市场意识始终是创业成功和企业持续成长的内在动力。

【案例】

地图的另一面

一天早上，一位贫困的牧师为了转移哭闹不止的儿子的注意力，将一副色彩缤纷的世界地图，撕成许多细小的碎片丢在地上，许诺说："小约翰，如果你能拼起这些碎片我就给你二角五分钱。"

牧师以为这件事会使约翰花费上午大部分的时间，但没有十分钟，小约翰就拼好了。

牧师："孩子，你怎么拼得这么快?"

小约翰很轻松地回答："在地图的另一面是一个人的照片，我把这个人的照片拼在一起，然后把它翻过来。我想，如果这个'人'是正确的，那么这个'世界'也就是正确的。"

牧师微笑着给了儿子二角五分钱。

【小测试】

创新思维能力测试

下面有10道题目，如果符合你的情况请回答"是"，不符合请回答"否"，不确定请回答"不确定"。

1. 你认为那些使用古怪和生僻词语的作家，是纯粹为了炫耀吗?
2. 无论什么问题，要让你产生兴趣，总比让别人产生兴趣要困难得多。
3. 对那些经常做没把握事情的人，你不看好他们。
4. 你常常凭直觉来判断问题的正确与错误。
5. 你善于分析问题，但不擅长对分析结果进行综合、提炼。
6. 你的审美能力较强。
7. 你的兴趣在于不断提出新的建议，而不在于说服别人接受这些建议。
8. 你喜欢那些一门心思埋头苦干的人吗?
9. 你不喜欢提那些显得无知的问题。
10. 你做事总是有的放矢，不盲目行事。

【评分标准】

题号	"是"评分	"不确定"评分	"否"评分
1	-1	0	2
2	0	1	4
3	0	1	2
4	4	0	-2
5	-1	0	2
6	3	0	-1
7	2	1	0
8	0	1	2
9	1	1	3
10	0	1	2

【评价】

如果得分在 22 分以上，说明被测试者有较高的创新思维能力，适合从事环境较为自由、没有太多约束、对创新性有较高要求的职位，如美编、装潢设计、工程设计、软件编程等。

如果得分在 10～21 分，说明被测试者善于在创造性与习惯做法之间找到均衡，具有一定的创新意识，适合从事管理工作，也适合从事其他许多与人打交道的工作，如市场营销。

如果得分在 10 分以下，说明被测试者缺乏创新思维能力，属于循规蹈矩的人，做人总是有板有眼，一丝不苟，适合从事对纪律性要求较高的职位，如会计、质量监督员等。

第二节　创新素质

创新是每一个正常人所具备的一种潜在能力。这种潜在能力能否被挖掘、开发出来，从而使一个普通人跃升为一个创新者，关键取决于其是否具有一个创新者应该具备的素质。

一、创新必备的心理素质

创新应具备的心理素质是多方面的，但主要有积极的人生态度，这是从世界观的高度看问题；肯定的自我意识，这是创新的先决条件；较高的动机水平，这是创新的强劲动力；创造性的认知风格，这是创新的人格特质；积极的情绪状态，这是创新的心理环境。

【小故事】

在白天气温高达 45℃，晚上又低至 5℃的津巴布韦，能不能建造一座不能用空调，但室内温度必须恒温在 22℃的环保大厦？

米克皮尔斯运用白蚁冢穴如何保持恒温而确保繁衍的原理，建造了世界上第一座不用电气设备（空调），而能确保室内恒温 22℃的东关大厦，把不可能变成了令人惊叹的事实。

1. 积极的人生态度

积极的人生态度是指使人的心理活动保持一种稳定、持久的积极状态，这是人的心理活动维持一定的质和量的水平特征。积极的人生态度是创造性人格中的灵魂，它可以使人脱离低级趣味，从而为人类的文明进步、为人类的美好事业、为追求真理而发挥自己全部的聪明才智去创造。如果缺少这一人格特质，就会缺少创造的动力，就会远离创新。

2. 肯定的自我意识

肯定的自我意识是指对自我的存在意义和价值的认识和了解。心理学家认为，高创造性的人一般都具有坚强的自信，做到自我承认、自我肯定，能充分地肯定自我潜能的存在，并能最大限度地挖掘和利用它。在主体有自信的肯定自我有某种能力倾向时，他就有可能在该领域比别人做得更好，就有可能发展自己某一方面的兴趣，展示出自己某一方面的特殊才能，在某一方面的创新思维比别人更可能有所突破，进而更加自信。

3. 较高的动机水平

动机是引发并维持人的行动和追求以达到一定目标的内在原因。通俗的讲，动机是使人们坚持去做某件事和不做某件事的直接原因。目前，心理学中把动机分为内在动机和外在动机。内在动机包括人们的好奇心、求知欲、对事物本身的兴趣等。外在动机是指由外部刺激引起的，高水平的创造动机，是富有创造性人格结构中的动力源泉，也是创新得以施展的能源。

4. 创造性的认知风格

由于个体人格特征不同，每个人都有自己的认知风格，这是最具有个体差异性的人格特质。认知是创新的前提，没有创造性的认知，不可能进行创新活动。

富于创造性的认知风格有以下七个方面特点：（1）感知敏锐，善于发现问题，提出质疑。（2）感知全面、客观。（3）认识具有独立性。（4）思维流畅，记忆准确、广阔。（5）思维灵活。（6）思维开放。（7）富有想象力和幽默感。

5. 保持积极的情绪状态

经常保持快乐、良好的心境，对事物的高度热情等，都是创新思维主体应有的积极情绪状态。心理学家的研究认为，当人们处在消极情绪、情感状态时，例如在过分紧张、忧愁、沮丧时，不仅会出现生理上的变化，而且在心理上会出现记忆力、理解力、想象力和自制力的下降，甚至失去理智；然而，过分松弛也难以产生创造性思维，只有人的情感既积极活跃又不过度，才能产生创造性思维。

【小故事】

你替我搬

英国有一家大型图书馆要搬迁，由于该图书馆藏书量巨大，所以，搬运成本算下来非常惊人。就在这时，有一位图书管理员想出一个办法，那就是马上对读者们敞开借书，并延长还书日期，只要读者们增加相应押金，并把书还入新的地址。这一措施得到了采纳，结果不但大大降低了图书搬运成本，还受到了读者们的欢迎。

二、创新的内在动力——创新精神

创新精神属于精神学科学和精神思想范畴，包括创新意识、创新兴趣、创新胆量、创新决心以及相关的思维活动。

1. 好奇心

好奇心是指喜欢追求新奇事物的刺激，表现出对未知、新奇、不了解或尚未有结论的事物的追求、兴趣和积极探索的心理倾向，是一种认知冲动或认知需求。好奇心是开启人类创新思维的原动力。在好奇心的驱使下，不仅可以增加感知事物的敏锐性，能够发现别人不易察觉的现象、问题，而且能够促使人思考，通过寻根求底，弄清事物的真相。

2. 求知欲

马斯洛认为，人有一种理解、组织、分析事物、使事物系统化的欲望，一种寻找事物之间关系和意义的欲望，一种建立价值体系的欲望，这种欲望就是人的求知欲望。求知欲是好奇心的必然发展，更具稳定性和持久性。求知欲是人的一种天性，主要靠后天的学习与培养。它是人类进行创新创造用之不竭的稳定动力。

3. 兴趣

兴趣，就是个体力求认识、探究某种事物或从事某种活动的心理倾向，表现为对某事物或活动的选择性态度和积极的情绪反应。兴趣是进行创新活动的内在的稳定动力，它不仅可以把注意力集中起来，还可以激发出高昂稳定的情绪、强烈的情感色彩和意识倾向，使感知敏锐、联想与想象丰富、思维敏捷，甚至常常是废寝忘食，从中寻求乐趣，感到其乐无穷。

4. 自信心

自信心不仅是创新创造的必要前提，而且是一切工作乃至生存的必要前提。首先，自信来自于丰富的知识，丰富的知识是自信的坚实基础与后盾。其次，需要不断积累经验，总结事物的客观规律，掌握所从事事业和领域的熟练技能，才能使人充满信心，实现创新。最后，要具有坚定的信念和雄心壮志，在信念的支持下，表现出坚定自信和雄心勃勃的气概，勇于冲破传统观念的束缚，去探索未来。

5．勇气

进行创新需要足够的勇气，需要无畏的精神和气概，只有具备这一性格特征的人才能攀登到创新创造的高峰。因为，凡是创新，就需要对传统或公认的东西提出怀疑或否定，这需要勇气；创新还需要大胆提出一些超前的设想，提出看似无法达到的目标，然后再克服困难去达到它，并且不怕自己的见解，与大多数人传统权威的见解相对立、矛盾、冲突，这更需要大无畏的精神和气概。

【案例】

1900 年，著名教授普朗克和儿子在自己的花园里散步，他神情沮丧，很遗憾地对儿子说："孩子，十分遗憾，今天有个发现。它和牛顿的发现同样重要。"他提出了量子力学假设及普朗克公式。他沮丧这一发现破坏了他一直崇拜并虔诚地信奉为权威的牛顿的完美理论，他最终宣布取消自己的假设。人类本应该因权威而受益，却不料竟因权威而受害，由此使物理学理论停滞了几十年。25 岁的爱因斯坦敢于冲破权威圣圈，大胆突破，赞赏普朗克假设并向纵深引申，提出了光量子理论，奠定了量子力学的基础。随后又锐意突破了牛顿的绝对时间和空间的理论，创立了震惊世界的相对论，一举成名，成为一个更伟大的新权威。

6．独立自主的性格

创新活动本身是一项为解决非常规问题而进行的探索性活动，涉及的往往是前人从未涉足的领域，具有很大的特殊性，这就决定了需要有独立自主的性格特征。这种独立自主的性格，与自信和勇气都有密切关系，是通过日常生活的磨练、学习上的独立思考和工作中的独立自主地处理问题等一系列实践体验逐渐积累起来的，形成了相对稳定的性格特点。只有具备这种性格品质，才能独立自主的发现问题、提出问题、解决问题，才能具有开拓精神，才能承担富有挑战性的任务，才能在竞争中独辟蹊径，有所突破和创新。

三、创新知识结构

任何创新活动都离不开知识基础，创新知识结构则是创新活动赖以成功的基础。但是有知识也并不意味着一定会有创新，因而培育有利于创新的知识结构至关重要。

1．知识与创新的辩证关系

人的创造力的大小并不完全以读书多少为标准，知识的积累与知识的创新有着不同的规律。一般来讲，知识渊博的人，创造性智能发展程度相对较高。但是，知识基础并不绝对等同于创造性智能。创新离不开以往的知识，创新更要突破以往的知识。

【小故事】

英国从前有一个叫亚克敦的人，除了博览图书馆的藏书外，把家中收藏的 7 万册图书全读完了，而且还作了附记和校勘，但他始终没有任何创造性建树，也没有专著留世。亚克敦只模仿，不创新，最终一事无成。

2. 创新知识结构模式

不同的领域、不同的专业，要求建立不同模式的创新知识结构。这里的创新知识结构，是指人类知识在创新型人才头脑中的比例、内容、相互联系以及由此而形成的整体的功能。

（1）塔式结构。塔式结构共分五层，它有利于把宽厚的知识集中到一点，突破主攻目标，取得卓越成效；有利于迅速接近科学前沿，从事科技攻坚。这是目前科技专业人才比较普遍采用的一种知识结构模型。

（2）T 型结构。T 型结构中"一"表示知识的宽广度，它包括与本专业相关的各种基础知识以及与所学专业相邻、相关的知识。这些知识有利于开拓视野，获得创新启迪。T 型结构中的"｜"表示对本专业知识的掌握深度，它要求纵向精深，并要求不断追踪本专业前沿的最新动态和最新成果。

（3）网络式结构。网络式结构以自己的专业知识为核心，把其他相关知识作为网络的各个组成部分，相互联结成一个适应性较大，能够在较大范围内左右驰骋的知识结构。网络式结构对于管理人才比较适宜。

（4）飞机型结构。飞机型知识结构，由三部分组成。机头是宏观理论的主导作用，机尾部分是微观理论的平衡作用，机身部分是微观与宏观理论同实践结合的经验的稳固作用。

（5）帷幕型结构。其结构如舞台的帷幕。企业各类人员大致需要具备六方面的知识，包括技术、管理、财政、商业、会计、安全等。由于工作岗位不同，职责范围不同，所具备的知识比重也不同。越在基层，需要硬科学的比例越大，越在高层，需要软科学的比例愈大。

上述 5 种知识结构模式尽管有知识组合上的很大差异，但从系统论的视角看，它们都要求知识的整体相关性、层次性、动态开放性与服务于特定专业、特定课题的创新目的性。这也就是创新知识结构的基本特征与基本要求。

【案例】

"理科男"创业记

1998 年，中国科学技术大学的学生刘庆峰接到了多所海外名校提供全额奖学金资助的深造邀请。但此时，一个更大的诱惑摆在他面前：他负责的语音合成系统在一次国家级中文语音技术挑战赛中获得冠军，并在国际业界第一个做到了 3.0 标准，距离民用只有一步之遥。

最终，刘庆峰放弃了出国深造的机会和同学们在 1999 年成立了"科大讯飞"公司。依靠创新的研究成果和创业的努力，如今，他的公司成为全国在校大学生创业首家上市企业，5 年市值上升 10 倍，"理科男"变成了创业家。

（刘庆峰《"理科男"创业记》，新华网，有删改）

第三节　创新意识

创新意识指学习者主动发现问题、积极探求解决问题的思路、方法，从而充分发挥自己的潜能的一种心理取向。创新意识是进行创新活动的出发点和内在动力，是创新思维和创新能力的前提，也是形成创新能力的基础。

一、激发创新意识的环境因素

创新力的激发，即要依靠内在动力，也要依靠外部条件。社会环境对创新的影响和制约体现在社会生活的各个层次、各个领域。

1. 家庭环境

家庭生活环境是一个人孕育创新力的最早的环境。无数资料表明，大多数有创新成就的人，都在早年受过良好家庭生活的熏陶。好的家庭生活是严格和民主并重的家庭生活。在这里，孩子从小能受到严格训练，同时，又能够自由地发表自己的见解，发展自己的自主和创新意识。

2. 学校环境

好的学校不仅教给学生知识，而且教给学生运用和更新知识的能力，鼓励学生独立思考、全面发展，这样学生才能在知识的海洋里自由的航行，才能使创新力不断地伸展。

3. 群体环境

人们更多以团体的形式进行创新活动。好的团体把最终目标实现与挖掘团体中存在的创新潜力结合，培养出创新人才。好的团体善于解决冲突和矛盾，并把团体内的紧张转化为一种公平竞争的意识，转化为一种激发力，而不是破坏力。在这样的团体中，个人的创新力在群体结构中发挥出来，其效益是成倍增加的。

4. 国家政策

历史证明专制和昏庸的统治会泯灭人民的创新力。好的国家体制是开明和民主的。它既有庄严的法律，又有丰富的、多样化的政治经济和文化生活；既要求国家的统一意志，又注意发展每个人的独立人格，把自己的政治纲领和经济繁荣建立在全体人民创新力极大发挥的基础上。

5. 社会风气

一个社会中，人人对发明创新表示羡慕和敬意，就是对创新者的最高奖赏，就是对民族创新力的最大激励。在这个社会中，就必定是人人乐于推陈出新，创新人才也就大量涌现。反之，如果人人随大流，不求有功但求无过，民族的创新力就会败落衰退。许多曾经在历史上光辉灿烂的民族，后来落伍甚至从文明史上消失了，这就是压抑自身创新力的结果。

总之，不管哪一层次、哪一领域的社会环境，都会影响人们创新力的发挥。它或者激励创新力的生长和发展，或者压抑创新力的生长和发展，其作用是不可忽视的。

二、如何养成良好的创新意识

1. 标新立异，鼓励首创

首创就是要做别人没有做过、没有想过的事情。标新立异，实质上就是有强烈的进取精神和勇于开拓的思维意识，是一种敢为天下先，敢为人未为的创新精神。首创和标新立异的精神和物质成果对我们的贡献巨大，而且具有开创意义。给后人提供了新的思路和平台，推进社会的进步。有了这种精神，才能有创新的动力，才能发现创新点，也就有了培养创新习惯的基础。

2. 激发探索，充满好奇

古往今来，有很多的发明创造都是通过不断探索而获得的。人们的探索欲望常常表现为强烈的好奇心。西方谚语说："好奇是研究之父，成功之母"，好奇可使人对事、对人充满兴趣。而有了兴趣便去质疑，去探究，喜欢刨根问底。人一旦对某个问题产生好奇心，他对这方面的知识储备便会丰富，同时，注意力会集中，对这件事便会更加关注，更加投入，思维也会特别活跃，潜能往往可以在这时释放出来，发挥出不可估量的作用，人的创造性也会空前高涨。

3. 保持顽强，承受挫折

人不可能一帆风顺，都会遇到困难和挫折，如果没有超强的耐挫能力和百折不挠的顽强毅力，怕苦畏难，就永远也不可能获得成功，更不要说取得创新成果。其实，困难挫折也是一笔财富。危急时刻，人们往往会斗志昂扬，思维活跃，意志也更加坚定，只有不畏艰难去集中精力，解决矛盾，战胜困难，才更容易激发出创造性思维。

4. 树立理想，敢于献身

古往今来，多少英雄豪杰无不是从小就树立远大的理想和抱负，并为之而努力奋斗，顽强拼搏，最终实现理想的。我们任何人都拥有与杰出成功者一样的潜能、一样的时间和一样的机会。如果拥有远大理想和献身精神，我们每个人的能量就能得到发挥。

【小故事】

30亿美元资产的美国好乐公司副总裁艾丽莎·巴伦，20岁时曾当过一家糖果店店员。来店的顾客特别喜欢找她买东西，总是等着她给自己售货。有人好奇地问艾丽莎："为什么顾客都喜欢找你，而不找其他服务员？是你给得特别多吗？"艾丽莎摇摇头说："我绝对没有多给他们，只是别的服务员称糖果时，起初都拿得太多，然后从磅秤上往下拿，而我是先拿得不够，然后一点点地往上加，顾客自然喜欢我了。"

本章小结

从经济角度分析，创新是生产要素的重新组合，其目的是获取潜在的利润。熊彼特认为，创新是一个经济范畴，可以把已发明的科学技术引入企业之中，形成一种新的生产能力。国外的德布林咨询公司在研究了近 2,000 个创新案例后，开发出"创新的十种类型"框架。创新是创业的源泉和本质，创业是一个从无到有的创新过程。

重点词汇提示

创新 创新素质 创新意识

复习思考题

1. 创新应该遵循哪些原则。

2. 结合自身谈一谈如何养成良好的创新意识。

实践性问题

1. 分析自己并自我评价一下自己具备哪些创新的素质能力。

2. 坚持关注国内外的创新创业环境和机会。

教学辅助教材

许湘岳主编《创新创业基础教程》，人民出版社，2011 年版。

孔婷婷著《创新思维训练》，中国人民大学出版社，2021 年版。

姚波著《大学生创新创业基础》，人民邮电出版社，2020 年版。

第二章　创新思维产生

【本章教学目标】

- 了解影响创新思维产生的障碍。
- 理解创新思维障碍突破的对策。
- 掌握几种创新思维的本质、特点和训练方法。
- 理解创新思维的内在要素。

第一节　创新思维产生的障碍

生物学家贝尔纳曾经讲过："妨碍人们创新的最大障碍并不是未知的东西,而是已知的东西。"人的思维一旦沿着一定的方向,按照一定次序思考,久而久之,就会形成一种惯性,就是会阻碍新观念、新想法的产生,成为解决问题的障碍。这一障碍主要来自两个方面:一是"思",当思维受到心理因素的影响时,就会形成"思维偏见",如迷信、刻板、固执等;二是"维",当思维受到习惯等的制约和束缚时,就会形成"思维定式",如陈规旧律、规则、习惯等。

一、思维偏见

思维偏见是指人们根据一定表象或虚假信息作出判断,从而出现判断失误或判断本身与判断对象的真实情况不相符的现象。一旦产生思维偏见又不及时纠正,扭曲后或可演变为歧视,我们经常说的经验偏见、刻板印象、文化偏见、位置偏见等,都是思维偏见导致的。思维偏见严重的影响着创新思维的出现,会成为人们的心智枷锁,如果不能及时去除,创新的思维就很难产生。

1. 经验偏见

过去的经验既是我们的财富,某种程度上又是我们的包袱。过去的经验有时会导致人们思维上形成偏见,机械套用经验产生的偏见,会影响人们对经验的改造和创新,束缚创新思维形成。

【小故事】

一头驴子背盐渡河，在河边滑了一跤，跌进水里，盐融化了。驴子站起来时，感到身体轻松多了，驴子非常高兴获得了经验。后来有一次它背了棉花，以为再跌倒可以同上次一样减轻重量，于是走到河边的时候，便故意跌倒在水里，可是棉花吸收了水后更沉了，驴子非但不能再站起来，还一直向下沉，直到淹死。

2. 刻板印象

刻板印象其实是一种偏见，它使人倾向于按照既有概念的轨道来认识和解释有关现象。人们不仅对接触过的人和事会产生刻板印象，还会根据一些不是十分真实的间接资料，对未接触的人和事产生刻板印象。

【小故事】

《三国演义》中曾与诸葛亮齐名的庞统去拜见孙权，"权见其人浓眉掀鼻，黑面短髯，形容古怪，心中不喜"。庞统又见刘备，"玄德见统貌陋，心中不悦"。孙权和刘备都认为庞统这样面貌丑陋的人，不会有什么才能，因而产生不悦情绪，这是通过相貌刻板印象产生的偏见。

3. 文化偏见

我们所有的人都受到所在地域、国家、民族长期积淀的文化影响，看待问题的角度，不可避免的会打上文化、宗教、习俗的烙印，并因此产生文化偏见。

【小故事】

电影《刮痧》中，刮痧这种在中国流行了几千年的治疗方法，在美国却被用来当做虐待儿童的证据，将中国夫妇告上法庭。这正是由于中西医学完全不同，在美国人眼中，这种方式与他们西医治疗方法完全相背离，所以不能理解刮痧这种中国传统治疗法。

4. 位置偏见

位置偏见是指因所处的位置观察事物所得出的结果与真实情况之间的无意识的、微妙的偏离。苏轼《题西林壁》里写道："横看成岭侧成峰，远近高低各不同，不识庐山真面目，只缘身在此山中。"这首诗描写庐山的风景，因所处位置的不同而不同，如果以一个位置看到的景象对庐山风景做出判断，就会形成位置偏见。

【小故事】

有四个盲人很想知道大象是什么样子，可他们看不见，只好用手摸。胖盲人先摸到了大象的牙齿，他就说："我知道了，大象就像一个又大、又粗、又光滑的萝卜。"高个子的盲人摸到了大象的耳朵，他就说："不对，不对，大象明明是一把大蒲扇嘛！""你们净瞎说，大象只是根大柱子。"原来矮个子盲人摸到了大象的腿。而那位年老的盲人嘟囔："大象哪有那么大，他只不过是一根草绳。"原来，他摸到了大象的尾巴。四个盲人争吵不休，都说自己摸到的才是真正大象的样子。而实际上呢？他们一个也没说对。

二、思维定式

思维定式是由先前的活动而造成的一种对活动的特殊的心理准备状态，或活动的倾向性。如果对自己长期从事的或者日常生活中经常发生的事物产生了思维惯性，多次以这种思维惯性来对待客观事物，就形成了"思维定式"。

思维定式存在积极的一面，表现为思维活动的稳定性、模式化、一致性和趋同性。如：红灯停，绿灯行。

思维定式也存在消极的一面，表现为思维活动的惰性、僵化、求同性、封闭性和单向性，情境发生变化时会妨碍人采用新的方法和手段。

1. 习惯型思维定式

习惯型思维定式，又称"惯性思维"，通俗的说就是"习惯成自然"，是指人们按习惯的、比较固定的思路去考虑问题、分析问题。习惯性思维定式几乎人皆有之，它无处不在，是一种非常强大的保守力量，在我们思考的时候，习惯的套路和模式常常会给我们制造盲点，成为创新思维产生过程中顽固的阻碍。

【案例】

智商测试 160 分左右，"天赋极高"的世界著名的科普作家艾萨克·阿西莫夫，曾经讲过这样一个关于自己的故事：有一次，他遇到一位汽车修理工，是他的老熟人。修理工对阿西莫夫说："嗨！博士，我来考考你的智力，出道思考题，看你能不能正确回答。"阿西莫夫点头同意。修理工便开始出题：一位聋哑人来到五金商店想买几枚钉子，他对售货员做了这样一个手势——左手食指立在柜台上，右手握拳做出敲击的样子。售货员见状，先给他拿来一把锤子，聋哑人摇摇头，于是售货员明白了，他想买的是钉子。聋哑人买好了钉子，刚走出商店，接着进来一位盲人。这位盲人想要一把剪刀，请问盲人将会怎么做？阿西莫夫顺口答道："肯定会这样——他伸出食指和中指，做出剪刀的形状。"听了阿西莫夫的回答，汽车修理工大笑起来："哈哈，答错了吧！盲人想买剪刀，只需要开口说'我想买一把剪刀'就可以了，他为什么要做手势啊？"

2. 权威型思维定式

权威型思维定式是指人们对权威人士言行的一种不自觉的认同和盲从。权威性思维定式的形成主要有两种途径：一种是儿童在走向成年的过程中所接受的"教育权威"；另一种是由于社会分工不同和专业技能的差异所导致的"专业权威"。权威型思维定式的思考者把权威当做判断是非与处理问题的唯一标准，对领导和专家唯命是从，这其实是一种思维惰性的表现。如果我们一味迷信权威，不去独立思考，或将权威们的理论视为不可逾越的顶峰而止步不前时，就不可能产生创新思维，更不可能做出创造性的贡献。

【案例】

有一次，哲学家伯特兰·罗素来中国讲学，听讲的多数是研究部门的学者。罗素登上讲台，首先在黑板上写了一个"2+2＝?"，接着向听讲者寻求答案，会场上鸦雀无声，他们心里暗暗琢磨，黑板上写的绝对不是简单的算术题，大哲学家可能发现了鲜为人知的哲学观点。尽管罗素一再希望有人将答案告诉他，但仍无人敢贸然回答。当罗素邀请台下一位先生谈谈自己的答案，这位先生面红耳赤，支支吾吾的说尚未考虑成熟。罗素见状笑着说"2+2就是等于4嘛!"崇尚创新的大哲学家罗素并非在故弄玄虚，而是幽默的告诫人们：过于崇拜权威会使人失于迷信，会束缚人的思想，扼杀人的智慧，在权威面前连简单的事实都分不清楚了。

3. 从众型思维定式

从众型思维定式的形成原因就是抱着从众心理，不带头、不冒尖，一切都随大流的心理状态，一般表现为大家怎样做，我就怎样做；大家怎样想，我就怎样想。在实际生活中，从众现象非常普遍，大多数人都有可能因为从众心理而盲目做错，明明稍加独立思考，就能做出正确的决策，偏偏跟着大家去走弯路，这就是从众型思维定式。

【案例】

社会心理学家所罗门·阿希做过著名的从众现象实验：他找来七名大学生坐在一起，请他们判断两张卡片上的线段长度。第一张卡片上画着一条"标准线段"，其余的每张卡片画着三条线段，其中只有一条线段与"标准线段"长度相等。阿希要求大学生找出其余卡片上与"标准线段"长度相等的线段，并且按照座位顺序说出自己的答案。

其实，那七位大学生中，只有倒数第二位是蒙在鼓里的受试者，其余六位事先已经"串通"好了，他们的答案保持一致，但2/3都是错误的，以此来测试那位受试者能在多大程度上不受周围人的影响而坚持自己的正确答案。试验结果发现，有33％的受试者由于屈服于群体的压力而说出了错误的答案。

4. 直线型思维定式

直线型思维是一种单维的、定向的、思路狭窄的思维方式，一切思考都基于初始条件，不懂得变通，非此即彼，缺乏辩证性。这种思维方式在解决简单问题的时候很奏效，但是在解决复杂问题的时候，很容易使多元问题变成一元问题，并用非此即彼的直线思考方法去解决，从而掩盖事物的真相，或者只得到片面的认知。直线性思维定式不利于思维的发散，从而成为创新思维过程中的"拦路虎"。

【小故事】

一位卡车司机开着一辆空卡车，经过海关，海关关员例行检查，没有发现任何走私物品，就放他过关了。第二天那个卡车司机照样开着一辆卡车又要过关，这位海关官员还是例行检查，仍然没有发现走私物品，照例放他过关。这样几次后，那位海关关员起了疑心，隐约感觉到那位卡车司机在走私什么。检查的次数多了，双方也就彼此熟悉了，那位海关关员用戏谑的口吻说："我知道你一定在走私什么东西，我一定会找到的。"那位卡车司机说："你都查过了，我是一个很诚实的人。"十多年后，已经离开海关的关员与卡车司机不期而遇，双方攀谈起来。海关关员问卡车司机到底在走私什么，卡车司机这才道出原委，原来他走私的就是卡车。那位海关官员总以为卡车是用来运载走私物品的，没想到卡车本身就是走私物品。

第二节　创新思维障碍成因

创新思维产生过程中，常常会遇到思维偏见和思维定式两大障碍，产生这两大障碍的因素有很多种，较为普遍的有文化与环境的影响、知识的贫乏、感性障碍、情感障碍等。

一、文化与环境的影响

人的创造力是最能开发并超越人类自身成就的能力，也是最容易受到压抑和挫伤的能力，最容易受文化的影响。我们每个人都生活在真实的社会中，都不可避免的会受到历史传统文化和民族心理等因素影响，它们以某种约定俗成的规定，潜移默化的影响着我们的思考和判断。古往今来很多案例表明，文化禁忌越多的民族，其创新性就越弱一些。因为禁忌会限制人的思维，使思维的流畅性、灵活性大打折扣，创新的可能性就会降低，创新也自然会受到阻碍。

创新同样会受到环境的影响。这里指的环境是个体与个体、个体与群体、群体与群体之间的各类人际关系所构成的人际环境。拿我们的成长环境来说，同学、老师、朋友、家长、领导、亲戚、陌生人等所有的人际关系都会给个人的思想、观念、行为、思维方式等带来影响，从小接受的是"填鸭式"教育，经常被教导要"听话""服从"，不要质疑家长、老师的权威，要严格遵循标准答案……这种独断的环境，极大地阻碍了学生创新思维的产生，在这种环境下，很难培养学生自由思考、自我发现、自我学习的能力，创新意识的养成更无从谈起。

二、知识贫乏

创新必须建立在一定的知识积淀的基础上，否则就是空想。知识越多就越容易使人能有能力产生许多想法，并把较多的想法互相比较，从而更容易进行创新。相反，知识越少，创新思维就越受限制，越难以充分发挥。

三、感性障碍

这里所说的感性障碍指的是个体的成见和保守。人们在现实生活中的所见所闻、所思所想，有时候会与事实出现偏差，从而影响人们在解决问题时的判断。比较典型的个体感性障碍是人们总是根据头脑中已有的印象来判断人和物。例如人们看到床，就会先入为主的认为床是用来睡觉的，而不会想其是否还会有别的用途。又如：贴标签也是一种个体感性障碍，人们根据自己头脑中最初存储的信息，给人或事物贴上相应的标签，一旦标签形成，就很容易忽略人或事物的其他特征，很难保持客观公正的立场来看待问题。

四、情感障碍

这里所说的情感障碍主要是指畏惧和懒惰。归属感和安全感，是人类生活中很重要的两种需要。人是群居动物，在群体中人们为了不使自己成为少数而被孤立，常常选择随大流、少数服从多数，以满足自己的归属需要和安全需要，这就产生了从众思维而创新。惰性思维也是人类思维深处存在的一种保守的力量，这种思维下的人过分追求秩序感、渴望井井有条、波澜不惊的生活，不能忍受不确定性，这种情感障碍延伸出的惰性思维，即按部就班、循规蹈矩，给创新思维的产生带来很大限制。

第三节　突破创新思维障碍

一、树立开放意识，突破思维定式

我们应该突破固有观念，保持思维开放，尽可能的增加头脑中的思维视角，学会从多个角度观察问题。只要跳出常有的框架，摆脱旧有的关系，就能实现跳跃式思考和跨界思考。当然，保持思维开放并不意味着不着边际瞎想、胡乱联系，而是基于事物自身规律的延伸和拓展，通过对已知的信息进行多维度、多方向、多渠道的思考，从而悟出新思想、新理论、新知识、新创造。

【案例】

课堂上，老师问："什么东西同时具有以下三个特征——黄的、圆的、酸的？"同学们的回答多是橘子、柠檬、苹果……这些好像都侧重人们味觉的一种体验，老师说："请同学们把思维打开，想想除了味觉的体验，我们还有什么样的感觉？通过视觉、嗅觉、听觉等是否也能想出其他的事物？"在老师的引导下，有同学回答是奶酪、发酸的网球、芒果味的冰激凌球，还有同学回答是一个黄色圆脸的哭泣着的孩子……

在课堂结尾，老师给出了总结："可以从不同的层次来展现具有这三种特征的事物——第一层是味觉，如柠檬、杏、橘子、黄西红柿、黄苹果等（自然生长的、可食用的）。第二层依然是味觉，如维生素糖、奶酪、药丸、冰激凌球等（人工制造的、可食用的）。第三层是嗅觉，如发酸的网球、酸蛋黄等（虽不能吃，但也可以是酸的）。第四层是视觉，如一个黄色圆脸的哭泣着的孩子等（比喻意义上的酸）。最高层次的是情绪，如一切不能满足我们需要的，会使我们感到心酸、失望、不满的东西等。"

二、树立怀疑意识，克服权威心理

传统权威总是被大多数人所承认和接受，突破它们就意味着向大多数人支持的事物挑战，是需要巨大勇气的。但是没有否定和怀疑，就不会有创新。青年人一方面要不断丰富扩充自己的知识面，提高对权威真伪的辨识能力、辨别能力，不盲目迷信权威；另一方面要有意识的树立怀疑意识，敢于质疑，敢于挑战权威，养成独立思考的习惯。

【案例】

19世纪，有些科研人员已经开始研究人类上天的可能，并着手研制飞机。可是，反对的力量十分强大，当时世界上的科技名流并不看好这项研究，最有代表性的是法国著名天文学家勒让德，这位最早用三角方法测量地球与月亮之间距离的大师认为，企图制造一种比空气重的东西到空中飞行是永远不可能的。这一观点得到德国大发明家维尔纳·冯·西门子的支持。西门子认为，飞机根本上不了天。能量守恒定律的发明者之一、德国物理学家赫尔曼·赫尔姆霍茨也大泼冷水，认为想将沉重的机械送上天纯属空谈。美国天文学家西门·纽康经过对各种科学数据的反复计算，也得出结论：飞机根本无法离开地面。由于众多科学大师与学术权威的坚决反对，金融界、工业界对飞机的研制也持不合作态度，飞机研制陷入重重困难之中。

1903年，没有上过大学的美国人莱特兄弟首次将飞机送上天。莱特兄弟学历不高，有关知识都是自学得到的。他们如初生牛犊，不惧虎狼，不在乎权威的反对。他们细心观察鸟类的体态结构及翅膀的动作，从中受到启发，并运用科学原理反复试制、修改，终于取得突破性成功。

三、树立独立意识，摆脱盲目从众

模仿策略在一定程度上能有效的避免风险，但如果不顾是非曲直的一概服从多数、随大流，就会成为阻碍进步和创新的"毒瘤"。盲目从众意味着丢失了个体色彩的思维和行动。作为新一代大学生，我们要摆脱盲目从众心理，有自己的想法和创意，做有个性的人。

【案例】

19世纪中叶，美国加州掀起"淘金热"，一时间加州遍地都是淘金者。小农民亚摩尔历尽千辛万苦赶到加州加入其中，但随着淘金队伍越来越庞大，不仅使金子越来越难淘，反而使淘金者的生活也越来越艰难。当地气候干燥，水源奇缺，许多可怜的淘金者不但没有圆了致富梦，反而葬身于此。亚摩尔经过一段时间的努力，跟大多数人一样，没有淘到黄金，反而被饥渴折磨得半死。

一天，望着睡袋中一点点舍不得喝的水，听着四周人对缺水的抱怨，亚摩尔突发奇想："淘金的希望太渺茫了，还不如卖水呢！"于是，亚摩尔将手中挖金矿的工具变成挖水渠的工具，将河水从远方引入水池，用细沙过滤成清凉可口的饮用水，再将水装进桶里，挑到山谷一壶一壶地卖给找金矿的人。当时有人讥笑亚摩尔没有大志："你千辛万苦地到加州来，不挖金子发大财，却干起这种蝇头小利的交易，这种生意哪儿不能干？何必跑这里来干？"亚摩尔满不在乎，不为所动，继续卖水。他觉得，哪里还会有这样的好买卖，可以把毫无成本的水当商品卖出去赚钱？结果可想而知，淘金者都空手而归，亚摩尔却在很短的时间内靠卖水赚到了几千美元，这在当时可是一笔相当可观的财产。

四、树立突破意识，勇战僵化保守

思维偏见常常会变为保守的思想和对外在变化的反抗。我们应该树立突破意识，转换问题，获得新视角，把复杂问题简单化，把生疏问题熟悉化，从而解决问题。

【案例】

托马斯·爱迪生一生共有 2000 多项发明，被美国人誉为"发明大王"。可在年轻时，只读过小学三年级的爱迪生却常被别人瞧不起。爱迪生曾经有个毕业于普林斯顿大学数学系的助手，名叫阿普顿。他常嘲笑爱迪生是个"只会瞎摆弄的莽汉"。为了让阿普顿谦虚些，也为了让阿普顿对科学有真正的认识，爱迪生决定出个难题给他。

一天，爱迪生把一只有孔的废玻璃灯泡交给阿普顿，让他计算灯泡的体积。阿普顿拿着灯泡看了看，觉得灯泡应该是梨形的，心想：虽然计算起来不容易，但还是难不住我！阿普顿拿尺子量了量灯泡，并按灯泡的形状画了张草图，然后列出了一大堆密密麻麻的计算公式。他算得非常认真。几个小时过去了，桌上堆满了算过的稿纸。又一个小时过去了，爱迪生来看他算好了没有，阿普顿边擦汗边摇头："快了，算了一半多了。"爱迪生强忍住笑："还是换个别的办法试试吧。"阿普顿头也不抬："我这个办法是最简单、最精确的，你还是等着看结果吧。"阿普顿根本没有快要完成的样子。于是，爱迪生拿过灯泡，把它一下沉到洗脸池中，让灯泡灌满了水，然后把灯泡里的水倒入量筒中。阿普顿这才恍然大悟。

【小测试】

1. 广场上有一匹马，马头朝东站立，后来它向左转了 270 度。请问：这时它的尾巴指向哪个方向？

2. 如何把 10 枚硬币放在同样的 3 个玻璃杯中，并使每个杯子里的硬币都为奇数？

3. 玻璃瓶里装着橘子水，瓶口塞着软木塞，既不准打碎瓶子或弄碎软木塞，又不准拔出软木塞。请问：怎样才能喝到瓶里的橘子水？

4. 钉子上挂着一只系在绳子上的玻璃杯，你能既剪断绳子又使杯子不落地吗？（剪的时候手只能碰剪刀）

5. 有 10 个玻璃杯排成一行，左边 5 个内装有汽水，右边 5 个是空杯。现规定只能移动 2 个杯子，使这排杯子实现实杯与空杯交替排列。请问：如何移动那 2 个杯子？

6. 有一棵树，树下有一头牛被一根 2 米长的绳子牢牢地拴住了鼻子。牛的主人把饲料放在离树恰好 5 米之外就走开了，但牛很快就将饲料吃了个精光。请问：牛是怎么吃到饲料的？

7. 有一只网球，需要使它滚一小段距离后完全停止，然后自动反过来朝相反方向运动。要求既不允许将网球反弹回来，又不允许用任何东西打击它，更不允许用任何东西把球系住。请问：该怎么办？

本章小结

产生创新思维的最大障碍是已知的东西。人的思维一旦形成惯性，就是会阻碍新观念、新想法的产生，成为解决问题的障碍。这一障碍主要是"思维偏见"和"思维定式"。产生这两大障碍的因素有文化与环境的影响、知识的贫乏、感性障碍、情感障碍等。我们应该突破固有观念、不断丰富自己的知识面、不盲目迷信权威、摆脱盲目从众心理、树立突破意识，转换问题，获得新视角，把复杂问题简单化，把生疏问题熟悉化，从而解决问题。

重点词汇提示

思维偏见　思维定式　开放意识　怀疑意识　独立意识　突破意识

复习思考题

产生创新思维的最大障碍有哪几个方面。

实践性问题

1. 分析自己存在哪些创新思维产生障碍？你打算怎样突破它们？

2. 制定出你的创新思维提升计划。

教学辅助教材

吕强主编《创新创业基础教育》，国家行政学院出版社，2018年版。

孔婷婷著《创新思维训练》，中国人民大学出版社，2021年版。

姚波著《大学生创新创业基础》，人民邮电出版社，2020年版。

第三章　创新思维训练

【本章教学目标】
- 创新思维训练的常用方法。
- 理解创新思维训练方法的实施步骤。
- 掌握创新思维的训练方法。

要想产生创新思维，完成创新活动，就需要掌握一定的创新思维训练方法。创新思维训练法是指创新活动中带有普遍规律性的方法和技巧，即在一些创新活动中解决问题的必要步骤，或者参考途经与技巧。合理地应用创新思维训练方法，能够启发人们的创造性思维，提高人们的创新效率。对于大学生来说，掌握创新方法，能够更好的应对创新活动中的问题，提高创新的成功率。

第一节　头脑风暴法

一、什么是头脑风暴法

头脑风暴法是由美国人亚历克斯·奥斯本在 1938 年首创的，是指以专题会议讨论的形式，通过思维发散进行信息催化，激发大量的创造性设想的一种创新思维方式。头脑风暴法又可分为直接头脑风暴法（通常简称"头脑风暴法"）和质疑头脑风暴法（也称反头脑风暴法）。前者是尽可能激发专家们的创造性，使其产生尽可能多的设想的方法，后者则是对前者提出的设想、方案逐一质疑，分析其现实可行性的方法。

二、头脑风暴法的特点

（1）该方法能够给予与会者的大脑大量的信息刺激，促使与会者相互填补知识空隙，相互激励，诱发新观点的碰撞，产生连锁反应，促进与会者的大脑把已有的知识和所得信息围绕着要解决的问题重新排列组合，从而产生大量的新设想。

（2）该方法能够造成一种鼓励与会者大胆思考和提出新设想的气氛，提高与会者的创新思维发散的积极性。

三、头脑风暴法的基本原则

为了使与会者的思维活动产生连锁反应，达到创新目的，在使用头脑风暴法的过程中，与会者需要严格遵守四个基本原则：自由畅想、以量求质、见解无专利、延迟评判。

1. 自由畅想

在头脑风暴的过程中，需要集中注意力，在会议的中心问题上解放思想，不被束缚的去表达，有什么想法都可以说，不着边际、异想天开的设想或许都是好创意的原型。自由畅想是头脑风暴法的关键。

2. 以量求质

需要大量的设想，无论好坏，提供设想便是。数量保障质量，在众多的设想中拆分重组，生成创意。最后的创意中或许就能找到你设想的影子。以量求质是头脑风暴法的基础。

3. 见解无专利

可以在别人设想的基础上产生新的想法，不要怕占用别人的创意。创意加创意便等于新的创意。见解无专利是头脑风暴法参与者相互激励，产生连锁反应的基础。

4. 延迟评判

会议中，禁止与他人评论他人的想法。在头脑风暴的过程中产生的任何想法都是有价值的，不应在过程中评判影响他人思绪。延迟评判是头脑风暴法成功实施的保证。

四、头脑风暴法的实施步骤

1. 前期准备

准备工作要在会议开始之前进行，主要包括以下几个方面：一是选择理想的会议主持人和记录者。头脑风暴会议能否成功，很大程度上取决于选择的主持人能否胜任主持工作。理想的主持人应该对头脑风暴法非常熟悉，能够在会议中激励自由，无限制的思考以及及时制止违背原则的现象发生。记录者要认真记录，便于会后整理加工。二是明确会议需要解决的问题和与会者的数量，提前向与会者通报会议议题。与会人员要准备与会议议题相关的基础知识，并掌握头脑风暴会议的原则和方法。

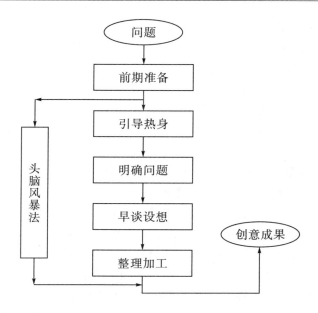

2. 引导热身

引导热身的目的是促进与会者尽快进入角色，通过热身的方式，可以让与会者第一时间放下之前忙于的工作，集中精力参与到会议中。热身阶段只需要几分钟即可，具体方法视情况而定。

3. 明确问题

明确问题的目的是通过对问题的分析陈述，让与会者全面了解问题、拓展思路。一般包括介绍问题和重叙问题。

4. 畅谈设想

该阶段是头脑风暴会议的关键阶段。由主持人引导与会人员围绕会议议题进行自由发言，提出各种设想，并彼此相互启发、相互补充，尽可能做到知无不言、言无不尽。记录者需将所有设想都记录下来，直到与会人员都无法再提出构想，该阶段结束。

5. 整理加工

讨论结束后，对所有提出的构想进行分类和组合，形成不同的解决方案。这一阶段需要对每一个提出的构想都进行全面评价，评价的重点是研究该设想实现的限制性因素，以及突破这些限制性因素的方法。在质疑过程中，可能产生一些可行的新设想。

按照此方法，不断优化方案，最后选择出其中最受大家认可、最优化的方案，如果没有能形成令人满意的方案，再重复畅谈。

【案例】

随着医疗模式的不断转变以及社会文化的不断进步，住院患者对医疗护理服务模式及方法提出了越来越高的要求。但就目前医疗体制、医疗环境条件、医务人员的业务水平、素质等诸多因素参差不齐，使得医（护）患之间的关系无法真正和谐化发展。针对这一现状，某医院逐步在全院 36 个病区推行头脑风暴法，进一步强化医疗护理安全，持续提高护理质量，收到了良好的效果。

1. 确定议题。根据护理部—科护士长—护士长三级护理管理体系的组织结构特点，找出护理部业务、行政查房及护士长夜查房、周末查房反馈的共性问题、热点问题等作为会议商讨议题。

2. 分级讨论研究。科室利用晨会时间，由护士长将存在的问题反馈到每一个护士，让每位护士充分发表自己的见解，找出发生问题的原因及解决问题的方法，由护士长记录备案，时间控制在 30min 内。由护士长将备案的会议记录进行反馈。从反馈的原因及解决问题的方法中再次筛选出共性问题，同时找出分析合理、可行性强的解决办法再次运用头脑风暴方法进行讨论研究。最终将结果反馈到全院护士长例会，同时给出相关建议及意见，各科室根据意见建议结合自身实际情况，进行全面整改。

3. 整理评价。医院将头脑风暴产生的结果进行整理加工，自制了 8 个护理质量量化评分标准。每月依照标准进行抽查评分，并在次月全院护理质量通报反馈会上，将数据制作成直观的柱状图、饼图进行反馈，以此评价实施头脑风暴法后的实际效果。

4. 结果。通过头脑风暴法在护理质量持续改进管理中的应用，该院的护士长夜查房评分、护理缺陷事故统计、病人投诉情况、护士对工作的态度等各项指标均有明显上升。

第二节　设问创新思维训练法

一、什么是设问创新思维训练法

设问创新思维是应用设问发散等思维方法，针对待解决的共性问题，列出提纲式表格，然后逐条进行检查、设问、讨论、核对和分析，从中获得发明创造的启示，进而获得解决问题的技法。

二、设问创新思维训练法的特点

（1）以提问的方式寻找发明的途径。设问创新思维的首要特点是抓住事物带有普遍意义的方面进行提问，所以它的应用范围很广，不仅可用于技术上的产品开发，还可用于改善管理等。

（2）从多个角度、多个方面来进行设问和检查，思维变换灵活，有利于突破旧有的框架。

三、设问创新思维训练法的适用范围

设问创新思维几乎适用于各种类型与场合的创造活动。

设问创新思维非常适合于技术上的小发明、小革新，也可以与头脑风暴法等其他技法联合运用。如果要解决的问题较大，借助本方法也可使问题明确化，从而缩小目标，找到问题的关键所在，有针对性地解决。

该方法也有一定的局限，它比较强调创造发明主体的思维与心理的突破，强调借助克服心理障碍以产生更多的思路，而较为忽略对技术对象的客观规律的认识。因此，在解决较复杂的技术发明的问题时，使用本方法仅能提供一个大概的思路，还需进一步与技术方法结合，才能完成有实际价值的发明。

四、常用设问创新思维训练法

设问创新思维训练方法包括5W1H法、奥斯本检核表法以及和田十二法。

1. 5W1H法

5W1H法又称六何分析法，由美国陆军首创，它通过规定的设问来发现问题，从而找出解决问题的方法。

5W1H法从六个方面提出问题并进行思考分析，适用于发掘问题、思考问题和有目的地解决问题。

5W1H法由六个提问组成：为什么（Why）、是什么（What）、谁（Who）、何时（When）、何处（Where）和怎样（How）。六个问题形成了解决问题的"三部曲"：从六个角度对创新对象进行提问，首先检查其合理性，然后列出发现的难点、疑点并讨论分析，最后寻找改进措施。

5W1H法的操作步骤：

第一步，对某一种现行事物或产品，从六个方面进行设问检查。为使内容简洁明晰，可把序号、提问项目、提问内容、情况原因和发明方案等列成表格，逐一填写六个设问。

第二步，逐一审核六个设问，将发现的疑点、难点一一列出。

第三步，讨论分析，寻找改进措施。这六个设问彼此联系、相辅相成，应根据原因综合考虑，抓住主要矛盾，提出新的发明方案。

2. 奥斯本检核表法

序号	检核类别	检核内容
1	能否他用	有无新的用途？是否有新的使用方式？可否改变现有的使用方式？
2	能否借用	有无类似的东西？利用类比能否产生新观念？过去有无类似的问题？可否模仿？能否超过？
3	能否扩大	可否增加些什么？可否提高性能？
4	能否缩小	可否减少些什么？可否微型化？可否成流线型？
5	能否改变	可否改变功能、颜色、形状、运动、气味、外形等？是否还有其他改变的可能性？
6	能否代用	可否代替？用什么代替？
7	能否调整	可否变换？有无互换的成分？
8	能否颠倒	可否颠倒？可否颠倒正负、位置、作用等？
9	能否组合	可否重新组合？可否尝试混合、合成、配合等？

3. 和田十二法

（1）加一加：加高、加厚、加多、组合等。欧洲一位磨镜片的工人，偶然把一块凸透镜与一块凹透镜加在一起，透过两镜片向远处看，惊讶的发现远处的景物被移至眼前。后来，伽利略对这一发现进行研究，最终发明了望远镜。

（2）减一减：减轻、减少、省略等。提取出牛奶中的奶油，使其成为脱脂奶；减少盐中的钠有利于降低血压；钢铁架帆布帐篷改为充气塑料帐篷，重量大大减轻；近视眼患者戴上眼镜很不方便，发明隐形镜片，放在眼睛内就更方便了。

（3）扩一扩：放大、扩大、提高功效等。美国某牙膏公司开业前十年的年销售额增长率为10%，其后三年则停滞不前。董事会召开会议商量对策。有位经理提出一条建议，总裁马上开出五万美元的支票作为奖金。经理的建议是把牙膏开口直径扩大一毫米。之后，该牙膏公司马上更换新包装，这一简单的"扩大建议"，使公司下一年度的销售额增长了32%。

（4）变一变：变形状、颜色、气味、音响、次序等。圆口的漏斗灌水时常常憋住气泡，使得水流不畅。若将漏斗下端口由圆变方，那么往瓶里灌水时就能流得很畅快，也用不着总要提起漏斗了。

（5）改一改：改缺点、改不便、改不足之处。拨盘式电话速度慢，改成按键式电话；手动冲水马桶改成感应式自动冲水马桶；玻璃眼镜易碎裂、金属眼镜架很重，可改为树脂镜片、钛合金架，更轻更安全；普通伞改为折叠伞、自动伞等。

（6）缩一缩：压缩、缩小、微型化。地球仪携带不方便，如果用制做塑料球的办法制做地球仪就可以解决这个问题。用塑料薄膜制的地球仪，用的时候把气吹足，放在支架上，可以转动；不用时候把气放掉，一下子就缩得很小携带很方便了。

（7）联一联：原因和结果有何联系，把某些东西联系起来。蒙牛将航天载人火箭与牛奶联系在一起，借势提升了知名度；产品与健康、人性、情感等联系到一起，就更有价值、更受欢迎。如可口可乐代表欢乐、统一鲜橙多代表健康；农夫山泉，用纯净水和矿泉水养花的试验，让人联想到久喝纯净水于身体无益，从而提升了矿泉水的地位。

（8）学一学：模仿形状、结构、方法，学习先进。福特看到生产线上装配一辆车需要12.5小时，实在太慢，便决心改进，但又苦无良策。后来，他去参观屠宰场、罐头厂的生产过程，看到其虽然生产线很长，但整块肉的切碎、蒸煮、装罐环节的输送过程全用滑轮，不用人力，迅速便捷。于是，福特回厂改造生产线，也采用输送带，使一辆车的装配时间降至1.5小时。

（9）代一代：用别的材料代替，用别的方法代替。草鞋被布鞋替代，布鞋被皮鞋替代；蒸汽机被内燃机车替代，内燃机车被电力机车替代；折扇被电风扇替代，电风扇被空调替代，等等。

（10）搬一搬：移作他用。灯泡是用作照明的，"搬"到十字路口就成了信号灯；把电视机上的拉杆天线"搬"到圆珠笔上去，就是可伸缩的"圆珠笔教棒"。

（11）反一反：能否颠倒一下。电池提供电力驱动电动机转动，电动机转动可以发电为电池充电。

（12）定一定：定个界限、标准，能提高工作效率。电池提供标准的型号：1号电池—2 号电池—5 号电池—7 号电池—8 号电池—纽扣电池。电池大小的标准化不仅有利于电池的大规模生产，同时方便了电池的设计。

第三节　组合创新思维训练法

一、什么是组合创新思维训练法

组合是将现有的科学技术原理或方法、现象、物品做适当的综合，将两个或两个以上看似没有联系的学说、技术或产品通过巧妙重组，获得具有统一整体功能的新学说、新技术或新产品的创新技法。

二、组合创新思维的适用范围

组合创新思维广泛适用于社会的各个层面，大到航空工程，小到宇宙中的分子、原子，都离不开组合。

三、组合创新思维的类型

1. 同物组合

同物组合一般是两个或两个以上的同一事物进行组合。这类组合只通过数量的增加来增加新事物的功能，其性质、结构没有发生根本变化。同物组合通过这样的形式弥补功能的不足，以此获取新的功能，产生新的意义。

在日常生活中，我们既可以看见两种相同或相近事物的组合，如双头液化气灶、双层文具盒、双向拉链、双人自行车等；也可以看见多种相同或相近事物的组合，如多层储物架、三面电风扇、多级火箭等；还可以看见事物在组合过程中，参与组合的对象从意义、原理、功能等任一方面或多方面相互渗透，整体变化比较显著的组合，如瑞士军刀。

2. 异物组合

异物组合是指将两种或两种以上不同种类的事物、思想或观念进行组合，产生新事物的技法。由于异物组合的组合元素来自于不同领域，因此一般无明显的主次之分，也由于异物组合是异物求同，因此创造性较强。

根据参与组合对象的不同，异物组合可以分为以下五种。

（1）元件组合。把本来不是一体的两种或两种以上的事物适当安排在一起。如台秤与电子计算机组合形成电子秤，牙膏与中草药组合形成中草药牙膏，贺卡与音乐组合形成音乐贺卡等。

（2）功能组合。是将某一物品加以适当改变，使其集多种功能于一身，如自行车在原本的框架结构基础上附加了跑步带功能后，转变为具有健步功能的自行车。

31

（3）材料组合。在产品设计过程中，设计师会着重考虑材料对产品性能的影响。因此，将两种及两种以上的材料组合而成的新材料，往往能解决某些产品的特殊要求。如日常生活中常见的混纺（即混纺化纤织物），它是化学纤维与其他棉、毛、丝、麻等天然纤维混合织成的纺织产品，在干、湿情况下弹性和耐磨性都比较好。

（4）技术原理与技术手段组合。技术原理与技术手段的组合可以使已有的原理或手段得到改造或者补充，甚至形成全新商品。如中频治疗仪是现代电子学、磁疗学和传统中医经络学等相结合的新型理疗仪器。他通过热电磁性触头传导特殊频率的电流来刺激人体穴位，从而产生了针灸、热疗、电疗、磁疗的治疗效果。

（5）现象与现象组合。现象与现象的组合是指将不同的物理现象组合起来，形成新的技术原理，从而产生新的发明。如德国科学家发明的一种清除肾结石的方法，就是将两种现象的组合，一种现象是"电力液压效应"，即水中两个电极进行高压放电时产生的巨大冲击力，能把坚硬的宝石击碎；另一个现象是在椭圆形球面上的一个焦点发出声波，经反射后会在另一个焦点上聚集。同时利用这两个现象便可设计出击碎人体内肾结石的装置。

3. 重组组合

重组组合又叫"分解组合"，是指有目的的改变事物内部结构要素的次序，按照新的方式进行更新组合，以促使事物的功能和性能发生变革，达到特殊要求。需强调的是，重组组合只改变事物内部各组成部分之间的相互位置，从而优化物的性能，它是在同一事物上施行的，一般不新增内容。如折叠沙发床，在节约空间的同时，解决了人们对沙发和床的需求，且具有易搬运、省时省力、柔软舒适的特点。

4. 共享与补代组合

共享组合是指把事物中具有功能相同的要素组合起来，达到共享的目的。例如，电动剃须刀、手电筒等物品都可以干电池作为动力源。又如多用途小家电，其基础件和共用件是电池和开关，可与之灵活装配的有照明头、鞋刷头、微型风扇头、微型洗尘头灯，可按需选择，非常实用。

补代组合是通过对某一事物的要件进行摒弃、补充和替代而形成的组合。据此形成一种性能上更为先进、新颖、实用的事物。如移动电话，从最初的1G模拟移动电话到现在的5G手机，从最初的通话功能到现在能够传输高质量视频、图像及音频等内容，从直板式、翻盖式、滑盖式到全屏式，从按键式到触屏式，这些都是一种补代组合。

5. 概念组合

概念组合是以命题或词类为基础进行的组合。在词语和词语之间、命题和命题之间通过想象加以联结，实现组合创新。实践中有许多发明创造，就是由若干特殊信息命题重新组合而成的。例如：

命题一：水壶盖在水蒸气的作用下能连续做工。

命题二：能连续做工的装置可以设计成一种动力机。

去掉两个命题的重复部分"能连续做工"后再拼接组合，便得到一个新的结论：水壶盖在水蒸气作用下的装置可设置成一种动力机，这便是蒸汽机的原理。

6. 综合

综合就是对大量先进事物、思想、观念等实行融合并用，从而形成新的、有价值的整体。综合式是各类组合的集大成者，是一种更高层次的组合，具有系统性、完整性和严密性的特点。如汽车的产生及发展便是得益于石油、钢铁、铝、化工、塑料、机械设备、电力、网络、电子技术及金融等多种行业支撑，才成为今日这样具有多种形式、多种规格、广泛用于社会经济生活多个领域的交通运输工具。

第四节　联想类比创新思维训练法

一、什么是联想类比创新思维法

联想类比是指由某一事物的触发而引起和该事物在性质上或状态上相似事物的联想，进而对该事物进行类比，延伸出另外的事物。

联想类比创新思维是人们经常用到的思维方法，是一种由某一事物的表象、词语、动作或特征联想到其他事物的表象、词语、动作或特征的思维活动。

二、联想类比创新思维法的特点

1. 连续性

联想类比创新思维的主要特点是由此及彼、连绵不断的进行，它既可以是直接的，也可以是迂回曲折的形成联想链，而联想链的首尾两端往往是风马牛不相及的。

2. 形象性

由于联想类比创新思维是形象思维的具体化，其基本的思维操作单元是表象，是一幅幅画面，因此联想类比创新思维和想象思维一样十分生动，具有鲜明的形象性。

3. 概括性

联想类比创新思维可以很快把联想到的思维结果呈现在联想者的眼前，而不顾及其细节如何，是一种整体把握的思维操作活动，因此有很强的概括性。

三、联想类比创新思维的分类

1. 接近联想

如果甲、乙两事物在空间或时间上接近，在审美主体的日常生活经验中，又经常联系在一起，已形成条件反射，那么由甲联想到乙，就会引起一定的表象和情绪反应。

如听到蝉声就会联想到盛夏，看到大雁南去就联想到秋天到来等。在现代生活中，我们提到"魔都"就知道是上海，提到"雾都"就知道是伦敦，说到重庆，就想到"火锅之城"，这些都是接近联想。

2. 类比联想

类比联想是指对某一事物的感受，引起对其在性质上或形态上相似的事物的联想。如飞机与鸟类，飞机与蜻蜓。有人根据鸟的飞行运动制成飞机，有人根据蜻蜓羽翅的减震结构，设计了飞机的减震装置。

3. 对比联想

对比联想是由某一事物的感受引起，对和他有相反特点的事物的联想，或者是由事物本身包含的两种对立属性形成联想。

【小故事】

一天，美国爱仕龙公司董事长散步时看到几个小孩子正在玩一只虫子，这只小虫子不仅满身污泥，而且长得十分丑陋难看，可是这几个孩子却玩得津津有味。这一情景让他联想到市场上销售的玩具清一色都是形象美丽的，凡是动物玩具，个个都面目清秀，俏丽乖巧，假如生产一些丑陋的玩具，投放市场销路又将如何呢？他决定试一试，于是他让设计人员迅速研制了一批丑陋的玩具投放到市场，有橡皮泥做的粗鲁漏夫，长着枯黄的头发、绿色的皮肤由一小串小球组成的"疯球"，每个小球上都印着丑陋不堪的面孔，没想到这些丑陋玩具上市后竟然一炮而红，市场反响强烈，给爱仕龙公司带来丰厚的利润，虽然这些玩具价格都大大高于一般玩具，其销售却长盛不衰。

4. 相似联想

相似联想是由某一事物想到与其相似的事物，是根据事物之间的形式、结构、性质、作用等某一方面或某几方面的相似之处进行联想，并将两种不同事物间某些相似的特征进行比较。

【小故事】

航天飞机，宇宙飞船，人造卫星等太空飞行器要进入太空持续飞行，就必须摆脱地心引力，这就要求承载他的火箭提供强大无比的能量，同时，太空飞行器自身重量越轻，就越能减轻运载火箭的负担，也就能使太空飞行器飞得更高更远。因此，为了减轻太空飞行器的重量，科学家们绞尽脑汁与太空飞行器"斤斤计较"，可是减轻太空飞行器重量，还要考虑不能降低其容量和强度，要达到上述目标相当困难，科学家们尝试了许多办法，都无济于事。最后，科学家们采用蜂房结构来设计太空飞行器，这种结构的太空飞行器容量大，强度高且大大减轻了自重，也不容易传导声音和热量。

5. 相关联想

相关联想是指由一种事物的外部构造、形状或某种状态与另外一种事物的类同、近似而引发的想象延伸和连接，或是指联想物与触发物之间存在一种或多种相同且极为明显属性的联想。

【小故事】

"人造血"的发明就是科学家运用相关联想的结果，当时有一只老鼠掉进氟化碳溶液中，但它没有被淹死。于是，科学家们马上联想到这与氟化碳能溶解和释放氧气、二氧化碳有关，并利用氟化碳制成了"人造血"。

6. 因果联想

因果联想源于人们对事物发展变化结果的经验性判断和想象。如看到蚕蛹就想到飞蛾，看到鸡蛋，就想到小鸡。

【小故事】

某医药公司在研制人造牛黄时，就是从人造珍珠得到启示。人造珍珠是把碎粒嵌入河蚌的体内，由河蚌分泌的粘液包住后摩擦而成，这和天然牛黄的形成过程十分相似：牛胆囊里进了异物后，以它为中心，周围凝聚许多胆囊的分泌物，逐渐就形成胆结石——牛黄。于是，研究人员对牛实施了外科手术，在胆囊里植入异物，经过一年的时间，果然，从牛胆囊里取出了结石——人造牛黄。

四、联想类比创新思维的训练方法

1. 自由联想类比创新思维的训练方法

是指思维不受任何限制的联想，可以从多方面、多种可能性中寻找问题的答案。包含两种训练方法：（1）思维发散。即想起同一刺激或环境下相似的信息。如从警察想到士兵，从医生想到护士等。（2）联想接龙。首先选定好某一个词或词组为中心主题，然后由中心主题激发出一个联想出来，再由激发出的联想变成主题继续下一个联想，并无限制的往下延伸。

2. 强制联想类比创新思维的训练方法

是指把思维强制性地固定在一对事物中，并要求对这对事物产生联想。如对花和椅子两个事物进行强制联想。怎样把二者联系起来呢？可以这样想：花→花型→镂花椅子；花→花香→带花香味的椅子等。

将看起来毫无关系的两个事物强行联系在一起，虽然思维的跳跃度较大，但能帮助我们克服经验的束缚，产生新的设想或开发新产品。

【小故事】

日本软银总裁孙正义认为自己的成功就得益于他早年在美国留学时的"每天一项发明"。那时候不管多忙，他每天都要给自己五分钟的时间，强迫自己想一项发明。他发明的方法很奇特：首先，从字典里随意找三个词，然后想办法把这三样东西组合成一个新东西。一年下来，他竟然有250多项发明。这些发明里最重要的是"可以发声的多国语言翻译机"。这项发明后来以1亿日元的价格卖给了日本夏普公司，为孙正义赚到了创业的资金。

3. 仿生联想类比创新思维的训练方法

是通过研究生物的生理机能和结构特征，联想类比创造对象的方法。自然界的生物经过亿万年的优选、演变，存在人类取之不尽、用之不竭的创造模型。如飞机的原型是飞鸟；飞机夜间安全飞行的原型是蝙蝠；气球的原型是蒲公英的种子等。

4. 相似（相关）联想类比创新思维的训练方法

相似（相关）联想类比创新思维可以是与所思考的事物或者形态上接近或相似，或者在属性上接近或相似，或者在时空上有某种联系等。运用这一思维产生的发明成果很多，但其发明创造性稍差。如我国古代的能工巧匠鲁班发明过很多工具，是名副其实的发明家。他的发明有很多是从现实事物中联想而来的。有一次他在山上，手指突然被茅草划了一个口子，他很吃惊，这么柔嫩的草叶，竟然能划破他满是老茧的手。于是他仔细观察起来，原来茅草的边缘呈细齿状，正是这个结构使小草具有了这样的威力。由此，他联想到如果把片段钢条边缘打磨成细齿，就可以去锯木头了。经过反复实验，鲁班最终发明了锯子。

第五节　TRIZ 创新思维训练法

冷战时期，美国为首的西方国家的特工与苏联的克格勃曾经进行过无数次惊心动魄的间谍战，其中一次就是围绕被称为神奇的"点金术"展开的。因为美国、德国等西方国家惊异于苏联在军事、工业等方面的创新能力，他们把创新这种神奇的神秘武器称为"点金术"，可结果强大的克格勃使欧美国家只能望"术"兴叹。那么这种神奇的"点金术"到底是什么呢？它为什么有这么大的威力？这个"点金术"就是当今世界上著名的发明问题解决理论，被简称为 TRIZ 理论，它是由苏联发明家根里奇·阿奇舒勒在1946 年创立的，TRIZ 就是"发明问题解决理论"的俄语缩写，后来阿奇舒勒也被尊称为 TRIZ 之父。

一、TRIZ 理论概述

TRIZ 理论是一套技术创新理论和方法，是解决各类工程技术问题的工具，其目标是在基于技术发展演化规律的基础上，研究整个设计与开发过程，从而最终完全解决发明创造活动中的矛盾，获得最终的理想方案。

技术系统进化理论是 TRIZ 理论的核心，该理论认为为了解决实际问题，技术系统一直在不断的更新和发展，就如同生物进化一样。

TRIZ 理论指出，技术进化的过程就是不断解决矛盾的过程，而大量发明创造所包含的基本问题和矛盾是相同的，只要将已经发明事物所涉及的相关知识进行提炼和重新组织，形成一种系统化的理论知识，就可以指导后来者的发明创造、创新和技术开发等工作，从而提高发明的成功率，缩短发明周期，促进技术的进化。

二、技术系统进化法则

TRIZ 理论包含许多系统、科学而富有可操作性的创造性思维方法和发明问题的分析方法。技术系统的进化法则就是其中专门针对发明创造的发展进步所提出的规律。这些法则有以下内容。

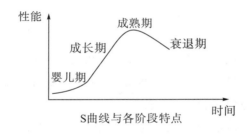

S曲线与各阶段特点

1. S曲线进化法则

一个技术产品的技术生命周期通常会经历四个阶段，分别是产生期、成长期、成熟期和衰退期。系统的主要参数或性能的变化随着发展呈现类似S曲线形式进化。

2. 提高理想度法则

一个系统必然同时存在有害功能和有用功能，理想度指的是有用功能和有害功能的比值。系统的改良就是提高其理想度的过程。

3. 子系统不均衡进化法则

系统中的各个子系统都分别遵循S曲线进化法则，而不会均衡、同步地进化，因此，技术系统的进化程度往往取决于其中进化最差的子系统的进化程度。

4. 动态性和可控性进化法则

技术系统的进化，应该沿着结构柔性、可移动性、可控性增加的方向发展，以适应环境状况或执行方式的变化。

5. 增加集成度再进行简化法则

技术系统趋向于首先向集成度增加的方向靠近，然后再进行简化。

6. 子系统协调性进化法则

技术系统的各个元件之间要均衡协调、彼此配合，才能充分发挥各自的功能。

7. 向微观级和场的应用进化法则

技术系统趋向于从宏观系统向微观系统进化，并使用不同的能量场来获得更佳的性能和控制性。

8. 减少人工介入的进化法则

系统的发展实现智能化，即使用机器来完成机械、重复的操作，解放人们去完成更具有创造性的工作。

三、用 TRIZ 理论解决问题

TRIZ 理论最有价值之处，就是依靠其独特的问题分析工具和问题解决工具，能够将几乎所有在发明过程中遇到的问题都加以解决。

1. 问题分析工具

问题分析工具是 TRIZ 的重要理论工具，其作用是将某一个具体问题抽象为 TRIZ

理论定义范围内的问题。它主要包括矛盾冲突分析、物质—场分析、ARIZ 算法分析及功能属性分析四个部分。

2. 问题解决工具问题

问题解决工具是在收集、归纳人类创新经验和大量基础知识的基础上发展起来的，主要包含 40 个发明创新原理、效应知识库和 76 个标准解等 3 种工具。

3. TRIZ 理论体系解决问题的流程

TRIZ 理论可以公式化的解决创新过程中遇到的一系列问题，并提出规范的解决方法，使用 TRIZ 理论体系来解决问题的流程，可归纳为以下四个步骤。

（1）识别并定义问题。

（2）使用问题分析工具转化问题，设定理想化最终结果，并列出技术系统的可用资源。

（3）寻找系统矛盾，根据矛盾的具体类型寻找解决方案。

（4）将 TRIZ 的解决方案转化为实际问题的解决方案，并对方案进行理想化评价和系统特性评价。

相对于传统的创新方法，比如试错法，头脑风暴法等，TRIZ 理论具有鲜明的特点和优势。它成功地揭示了创新发明的内在规律和原理，着力于澄清和强调系统中存在的矛盾，而不是逃避矛盾，其目标是完全解决矛盾，获得最终的理想解，而不是采取折衷或者妥协的做法，而且它是基于技术的发展演化规律研究整个设计与开发过程，而不再是随机的行为。

实践证明，运用 TRIZ 理论，可大大加快人们创新发明的进程而且能得到高质量的创新产品。它能够帮助我们系统地分析问题情境，快速发现问题本质或者矛盾，它能够准确确定问题探索方向，不会错过各种可能，而且它能够帮助我们突破思维障碍，打破思维定式，以新的视觉分析问题，进行逻辑性和非逻辑性的系统思维，还能根据技术进化规律预测未来发展趋势，帮助我们开发富有竞争力的新产品。

本章小结

要想产生创新思维，就必须掌握创新思维训练方法。合理地应用创新思维训练方法，能够启发人们的创造性思维，提高人们的创新效率。常见的创新思维训练方法有头脑风暴法、设问创新思维训练法、组合创新思维训练法、联想类比创新思维训练法、TRIZ 创新思维训练法。根据具体应用场景不同，合理使用这些方法能够极大提升大学生创新的效率和成功率。

重点词汇提示

头脑风暴　设问创新　组合创新　联想类比创新　TRIZ 理论

复习思考题

1. 头脑风暴法实施的具体步骤是什么？
2. 设问创新思维的应用场合有哪些？
3. 组合创新思维有哪几种类型？
4. 联想类比创新思维的分类有哪几种？

实践性问题

1. 请运用创新思维挖掘学校周边的创新机会，并阐明理由。
2. 结合你生活中遇到的各种问题，提出一个小问题，并提出自己的创新解决方案。

教学辅助教材

吕强主编《创新创业基础教育》，国家行政学院出版社，2018 年版。

孔婷婷著《创新思维训练》，中国人民大学出版社，2021 年版。

姚波著《大学生创新创业基础》，人民邮电出版社，2020 年版。

第四章 创业与人生发展

【本章教学目标】
- 了解创业的内涵与时代意义。
- 认识创业与职业生涯发展的关系。
- 自觉培育和提升创业素质能力。

第一节 掌握创业知识

一、创业的概念和内涵

在我国，创业一词最早出现于《孟子·梁惠王下》："君子创业垂统，为可继也。"故《辞海》将创业解释为"开创基业"。在国外，18 世纪的经济学家理查德（Richard Cantillon）最早使用"企业家（entrepreneur）"这个词来指称那些在寻求机遇的过程中扮演积极承担风险角色的人。现今，一般把创业定义为不拘泥于当前的资源约束、寻求机会、进行价值创造的行为过程。作为一个行为过程，创业的概念可以从以下三方面分析和理解。

首先，创业需要面对资源难题，设法突破资源束缚。无数创业案例表明，大多数创业者在创业初期，甚至全过程都会经历资源约束的过程。这是因为，创业活动通常是创业者在资源高度约束的情况下所进行的从无到有、从零到一的财富创造过程。创业者往往需要通过技术创新和商业模式创新等方式对资源进行更为有效的整合，进而实现创业目标。换言之，创业者只有努力创新资源整合手段和资源获取渠道，才能真正摆脱资源约束的困境。因此，积极探求创造性整合资源的新方法、新模式和新机制，就成为创业的基本特性。

其次，创业需要寻求有效机会。机会是具有时间性的有利情况，有效机会就是在时间之流中最好的一刹那。创业通常离不开创业者识别机会、把握机会和实现机会的有效活动。创业者从创业起始就需要努力识别商业机会，只有发现了商业机会，才有可能更好地整合资源和创造价值。因此，一般认为寻求有效机会是产生创业活动的前提。

最后，创业必须进行价值创造。创业属于人类的劳动形式之一，劳动需要产生劳动成果，创业也需要创造劳动价值。创业的本质在于创新，因此，与一般劳动相比，创业更强调创造出创新性价值。当今较为典型的创业大多诉求创新带来的新价值，这些新价值通过技术、产品和服务等方式的变革更好地为消费者服务，促进社会的发展和进步。需要特别注意的是，创业通常需要比一般劳动付出更多的时间和努力，需要承担更多的风险，也更需要坚忍不拔、坚持不懈的努力。当然，创业的渐进和成功也会带来分享不尽的成就感。

【案例】

青春最是创业时

他是董事长，但曾经身无分文，靠透支信用卡为唯一的员工发工资。创业的艰辛一次次把他抛向失败的绝境，但坚持让他最终赢得了成功。

杨健的创业意识始于大二。那时，他和同学一起做学校的学生门户网站，随后又创办了自己的网站，一度成为校内规模最大的学生网站。本科毕业时他以综合排名第一被保送读研，同时还得到了出国留学的机会。但杨健却做了一个令人意想不到的决定——参加中国青年志愿者扶贫接力计划研究生支教团，远赴青海做一年的志愿者。他说，创业需要经过基层的磨炼，需要经受艰苦的洗礼，需要培养百折不挠的精神。

2005年夏天，志愿服务结束，杨健回校读研，也踌躇满志地开始了创业生涯。在政府提供的4万元创业资金的扶持下，杨健创办了他的第一家公司。可因为摊子铺得太大，不但没有迅速打开局面，他还在现实中碰了个头破血流。更可怕的是，就在公司举步维艰的时候，更大的打击接踵而至：网站服务器磁盘阵列出错，丢失了多年积累下的大量网络资源；租赁的写字楼到期；公司从鼎盛时的60多人到只剩下一名员工。

"就这样半途而废吗？不！要坚持下去。"不曾泯灭的创业理想让杨健心中充满对成功的渴望。他没有被困难打倒，反而比任何时候都更加努力。

杨健把公司搬到了学校临时借给他的一间旧房子里。在这里，他和唯一的员工夜以继日地做开发、测试，几天几夜没合眼。他把所学的法学专业知识和软件开发结合起来，开发出国内首套具有自主知识产权的律师事务所信息管理系统。由于适应了市场的需求，短时间内就卖出了二十多套，使濒临死亡的公司重获新生。

2008年，与一家文化传媒企业合作不顺利，再一次把杨健抛进了失败的境地。但这一次，他在失败中看到了动漫产业的前景，一鼓作气创办、并购了多家动漫公司。由于抓住了动漫产业快速发展的先机，公司在短短的两年时间里，迅速发展成为动漫领域的知名企业。后来，公司的动画产能达到了每年5000分钟以上，原创漫画产能每年超过20部。公司的十几部原创动漫作品在法国、德国、英国、新加坡等地发行。如今，拼搏创业的经历让杨健获得了辽宁省大学生自主创业先进个人等多项荣誉。

"青春最是创业时！"尝过失败的滋味，此时的杨健更懂得成功的真谛。他无限感慨地说："我们是风华正茂的大学生，我们精力充沛，我们拥有知识，我们就该敢闯敢拼。"

（丰捷《青春最是创业时》，光明网，有删改）

二、创业的要素和类型

迄今为止，人们对创业要素的认知和分析模型中，最为典型和公认的为蒂蒙斯模型。该模型提炼出了创业的三大关键要素，即创业机会、创业者及其创业团队、创业资源。一般认为，这三个核心要素是创业活动中不可或缺的。如果没有机会，创业活动就成了盲动，难以创造真正的价值。应该说机会是普遍存在的，关键要看创业者及其创业团队能否有效识别和开发；如果没有创业者及其创业团队的主观努力，创业活动是不可能发生的；创业者及其创业团队把握住合适的机会后，还需要有相应的资金和设备等资源。如果没有必要的资源，机会也就难以被开发和实现。

蒂蒙斯模型具有动态性，认为创业过程实际上是三个因素之间相互作用、由不平衡向平衡方向发展的过程。随着创业过程的展开，其重点也相应发生变化，要将机会、创业者及其创业团队、资源三者做出动态的调整。该模型还要求三要素之间的匹配和平衡。因此，创业现象也被认为是创业者、机会和资源三者之间的有效链接。其中，创业者是创业的核心，是使机会识别利用与资源获取组合得以实现的驱动者。

创业活动涉及各行各业，创业者的创业动机千差万别，创业项目和领域多种多样，创业的类型也因此呈现多样化，可以从不同角度做出分类。

一是基于创业动机不同的分类：依据创业者的创业动机可以将创业分成生存型创业与机会型创业。2001年，全球创业观察（GEM）报告最先提出了生存型创业和机会型创业的概念，并逐年对两个概念进行了丰富。所谓生存型创业，是指创业者为了生计而相对被动进行的创业。其主要特征为：创业者受生活所迫，物质资源贫乏，在现有市场中捕捉机会，从事低成本、低门槛、低风险、低利润的创业。譬如，我国改革开放初期的创业者以及下岗职工的创业行为大都属于这种类型。所谓机会型创业，是指创业者为了追求商业机会，谋求更多发展而从事的创业活动。例如，李彦宏创办百度就是典型的机会型创业。他舍弃在美国的高薪岗位，毅然回国创业，其主要原因是他发现和把握了互联网搜索引擎存在的巨大商机，同时，期望自己实现人生的更大发展。

机会型创业与生存型创业的主要区别如下。

（1）创业者的个人特征。创业者个人特征是影响创业动机的主要因素，对机会型创业与生存型创业的区分起显著影响。相对而言，年轻和学历高的创业者更有可能进行机会型创业。

（2）创业投资回报预期。创业投资回报与创业风险相关，因此生存型创业者期望低一些的投资回报，也承担小一些的创业风险。机会型创业者往往期望较高的投资回报，也会承担更大的创业风险。

（3）创业壁垒。生存型创业者更多地受到创业资金、技术和人才等的限制，会回避技术壁垒较高的行业。机会型创业者拥有一定资金、技术和人才优势，会更关注新的市场机会，选择有一定壁垒的行业。

（4）创业资金来源。生存型创业者的资金主要来源于个人和家庭自筹。机会型创业者能比生存型创业者获得更多的贷款机会、政府政策及创业资金支持。

（5）拉动就业。相比生存型创业，机会型创业不仅能解决自己的就业问题，而且能解决更多人的就业问题。

（6）机会型创业由于更着眼于新的市场机会，拥有更高的技术含量，有可能创造更大的经济效益，从而改善经济结构。无论是从缓解就业压力还是改善经济结构的目的出发，政府和社会都应该更加关注机会型创业，大力倡导机会型创业。

二是基于创业起点不同的分类：可分为创建新企业和企业内创业。创建新企业是指创业者或团体从无到有地创建全新的企业组织。这个过程充满机遇，但风险和难度也很大。企业内创业是指在已有公司或企业内进行创新创建的过程。例如企业流程再造。正是通过二次、三次乃至连续不断地创新创业，企业的生命周期才能不断地在循环中延伸。

三是基于创业者数量不同的分类：可分为独立创业和合伙创业。独立创业是指创业者独立创办自己的企业。其特点在于产权归创业者个人所有，企业由创业者自由掌控，决策迅速，但创业者要独自承担风险；创业资源整合比较困难，并且受个人才能限制。合伙创业是指与他人共同创办企业，其优势劣势正好与独立创业相反。

四是基于创业项目性质不同的分类：可分为传统技能型、高新技术型和知识服务型创业。传统技能型创业是指使用传统技术、工艺的创业项目。比如生产饮料、中药、工艺美术品、服装与食品加工等。这些独特的传统技能项目在市场上表现出经久不衰的竞争力。高新技术型创业是指知识密集度高，带有前沿性、研究开发性质的新技术、新产品创业项目。知识服务型创业是指为人们提供知识、信息的创业项目。当今社会，各类知识性咨询服务机构功能不断细化，数量不断增加，其中很多项目投资少、见效快，市场前景广阔。

五是基于创业方向或风险不同的分类：可分为依附型、尾随型、独创型和对抗型创业。依附型创业可以是依附于大企业或产业链而生存，在产业链中确定自己的角色，为大企业提供配套服务。也可以是特许经营权的使用，如利用某些品牌效应和成熟的经营管理模式进行创业。尾随型创业指模仿他人所开办的企业和经营项目，一般是行业内已经有许多同类企业，创业者尾随他人，学着别人做。独创型创业是指提供的产品和服务能够填补市场空白，大到商品完全独创，小到商品的某个技术独创。对抗型创业是指进入其他企业已形成垄断地位的某个市场，与之对抗较量。如，针对 20 世纪 90 年代初外商在中国市场上大量销售合成饲料的局面，希望集团建立了西南最大的饲料研究所，定位于与外国饲料争市场，最终取得了成功。

六是基于创新内容不同的分类：可分为基于产品创新的创业、基于营销模式创新的创业和基于组织管理体系创新的创业。基于产品创新的创业是指基于技术创新或工艺创新的成果，产生了新的消费群体，从而促发创业行为的发生。基于营销模式创新的创业是指采取了一种有别于其他厂商的市场营销模式，因而可能给消费者带来更高的满足感。基于组织管理体系创新的创业是指采取一种有别于其他厂商的企业组织管理体系，因而能更有效地实现产品的商业化和产业化。

【拓展阅读】

大学生创业的基本条件有哪些？

有关专家总结的创业七大必备条件包括：

1. 充分的资源（Resources）：包括人力和财力。创业者要具备充分的经验、学历、流动资金、时间、精神和毅力。

2. 可行的概念（Ideas）：生意概念不怕旧，最重要的是可行，有长久性、可以继续开发、扩展。

3. 适当的基本技能（Skills）：不是行业中的一般技能，而是通常性的企业管理技能。

4. 有关行业的知识（Knowledge）：不能只陶醉于自己的理想。

5. 才智（Intelligence）：创业者不一定要有高智商，但要能够善于把握时机去做出明确的决定。

6. 网络和关系（Network）：创业者如果有人帮助和支持，会为不断扩大朋友网络和维护好人际关系带来不少方便。

7. 确定的目标（Goal）：可使创业者少走弯路，有奋斗方向。

将七个条件的首个英语字母串在一起，恰好是"RISKING"（冒险）一词，也说明创业是伴随风险的。

摘编自《个人创业的基本条件是什么》

【小测试】

你适合创业吗？

有一天，你接到了三个邀请，恰好都是同一个周末的下午：

1. 某首富在报告厅谈他成功的辉煌人生。
2. 一个大学生创业者来校讲述自己创业的失败经历。
3. 你多年未见的一群同学聚会。

你的选择是_____。

三、创业的过程与阶段

创业过程包括创业者从产生创业动机到创建新企业或开创新事业并获取回报，涉及识别机会、组建团队、寻求融资等一系列活动。通常分为以下六个主要环节。

1. 产生创业动机

创业动机是创业机会识别的前提，是创业的原动力，它推动创业者去发现和识别市场机会。创业活动的主体是创业者，创业活动首先取决于个人是否希望决定成为创业者。当然，不少人是因为看到了创业机会，由于潜在收益的诱惑，才产生了创业动机，进而成为一名创业者或创业团队成员。一个人能否成为创业者，会受三方面因素的影响：一是个人特质。每个人都可能具有创业精神，但其创业精神的强度不同。强度的大小有遗传的成分，更受环境的影响。比如温州人的创业意愿相对强烈，其中环境起到了很大的作用。二是创业机会。创业机会的增多会形成巨大的利益驱动，促使更多的人尝试创业。社会经济转型、技术进步等多方面的因素在使创业机会增多的同时，也会降低创业门槛，进而促成更大的创业热潮。三是创业的机会成本。人们能从其他工作获得高收入和满足需求，创业意愿就低。

2. 识别创业机会

识别创业机会是创业过程的核心环节。识别创业机会包括发现机会来源和评价机会价值。一般应澄清四个基本问题：第一，机会何来？就是说创业者应该找到创业机会的来源在哪里。第二，受何影响？就是说创业者应该找到影响创业机会的相关因素。第三，有何价值？就是说创业者应该找到创业机会所具有的能被评价的价值。第四，如何实现？就是说创业者应该明了能通过什么形式或途径使机会变成实际价值。围绕这些问题，创业者在识别创业机会阶段需要采取行动多交流，多观察，多思考，多分析，最终抓住创业机会。

3. 整合有效资源

整合资源是创业者开发机会的重要手段。一般情况下，创业者可以直接控制的可用资源往往很少，创业几乎都会经历白手起家，从无到有的过程。对创业者来说，整合资源往往意味着需要借船出海，要善于尝试依靠别人掌握的资源来帮助和实现自己的创业起步。人、财、物都是开展创业活动所必需的基本生产要素。创业者所需要整合的资源，首先是组建团队，凝聚志同道合的人。其次是进行有效的创业融资。最后，是要有创业的基础设施，包括创业活动的场地和平台。创业是在创业者面对资源约束情况下开展的具有创造性的工作，一定会面临很多的不确定性，所以，创业者在创业初期乃至新企业成长的很长一段时间里，都要把主要精力放在资源的获取上，以解决公司和企业的生存问题。此外，创业者还需要围绕创业机会设计出清晰的、有吸引力的商业模式，有时还需要制订详细的创业计划，以此向潜在的资源提供者陈述和展示，以获取更多的资源支持。

4. 创办新的企业

新企业的创建是创业者的创业行为最为直接的标志。创建新企业包括企业制度设计，企业注册，经营地址的选择，确定进入市场的途径，是选择完全新建企业还是采取加入或收购现有企业等。值得注意的是，许多创业者在创业初期迫于生存的压力，以及对未来缺乏准确预期，往往容易忽视这部分工作，给以后的发展留下了隐患。

5. 提供市场价值

创业者识别机会，整合资源，创建新企业等都是为了实现自己的创业目标，但真正创业目标能否实现是看创业者能否提供市场价值。这是创业过程中的重要环节，关系新企业的生存与成长。因此，创业者必须面对挑战，采取有效措施，使创业的市场价值得到充分体现，不断地让客户获得收益，从而使企业获得长期利润，逐步把企业做活、做好、做大、做强。

6. 收获创业回报

收获回报是创业活动的主要目的，对回报的获取有助于促进创业者的事业发展。回报可能是多种多样的，对回报的满意程度在很大程度上取决于创业者的创业动机。调查发现，创业者的创业动机不同，对收获创业回报的态度和想法也有所不同。对多数年轻创业者来说，获取回报最为理想的途径之一，是把自己创建的企业尽快发展成为一家快速成长的企业，并成功上市。

根据以上的创业过程分析和创业实践案例研究，可以归纳出：一个全过程的创业可大致划分为四个主要阶段，即机会识别、资源整合、创办新企业、新企业生存和成长。上面介绍的创业过程所包含的环节中，产生创业动机、识别创业机会属于机会识别阶段；整合有效资源属于资源整合阶段；创建创业企业属于创办新企业阶段；而提供市场价值、收获创业回报则属于创业的生存和成长阶段。

创业的阶段也可以从公司发展的性质进行更大的阶段划分，其四个基本阶段为：

第一阶段，生存阶段。以产品、技术和服务来占领市场，重点是要有想法会销售。

第二阶段，公司化阶段。以规范管理来增加企业效益，这需要创业者提高思维层次，从基本想法提升到企业战略思考的高度。

第三阶段，集团化阶段。以产业化的核心竞争力为硬实力，依靠一个个团队的合作，构建子公司和整个集团的系统平台，通过系统平台来完成管理，把销售变成营销，把区域性渠道转变成地区性网络。

第四阶段，总部阶段。以一种无国界的经营方式构建集团总部，依靠一种可跨越行业边界的无边界核心竞争力，让企业发展达到最高层级。

第二节　实现创新创业人生

一、创新型人才的素质要求

所谓创新型人才，就是具有创新精神和创新能力的人才，通常表现出灵活、开放、好奇的个性，具有精力充沛、坚持不懈、注意力集中、想象力丰富以及富于冒险精神等特征。知识经济时代对创新型人才有以下素质要求。

1. 可贵的创新品质

创新型人才必须是有理想、有抱负的人，具备良好的献身精神和进取意识、强烈的事业心和历史责任感等可贵的创新品质。具备了这些品质，才能够有为求真知、求新知而敢闯、敢试、敢冒风险的大无畏勇气，才能构成创新型人才的强大精神动力。

2. 坚韧的创新意志

创新是一个探索未知领域和对已知领域进行破旧立新的过程，充满各种阻力和风险，可能遇到重重困难、挫折甚至失败。因此，创新型人才每前进一步都需要非凡的胆识和坚忍不拔的毅力。为了既定的目标必须坚持不懈地进行奋斗，锲而不舍，遭到阻挠和诽谤不气馁，遇到挫折和挫败不退却。只有具备了这样的创新意志，才能不断战胜创新活动中的种种困难，最终达到理想的创新效果。

3. 敏锐的创新观察

历史上的科学发现和技术突破，无一不是创新的结果。从这个意义上讲，创新就是发现，而且是突破性的发现。要实现突破性的发现，就要求创新型人才必须具有敏锐的观察能力、深刻的洞察能力、见微知著的直觉能力和一触即发的灵感，不断地将观察到的事物与已掌握的知识联系起来，发现事物之间的必然联系，及时地发现别人没有发现的东西。

4. 丰富的创新知识

创新是对已有知识的发展，在人类知识越来越丰富和深奥的今天，要求创新型人才的知识结构既有广度，又有深度。因此，创新型人才须具有广博而精深的文化内涵，既要有深厚而扎实的基础知识，了解相邻学科及必要的横向学科知识，又要精通自己专业并能掌握所从事学科专业的最新科学成就和发展趋势，这是从事创新研究的必要条件。只有通过知识的不断积累才能用更为宽广的眼界进行创新实践。

5. 科学的创新实践

创新的过程是遵循科学、依据事物的客观规律进行探索的过程，任何一种创新都不能有半点马虎和空想，因此，创新型人才必须具有严谨求实的工作作风，严格遵循事物的客观规律，从实际出发，以科学的态度进行创新实践。

二、创新创业意识的培养

创新创业意识的培养首先涉及一个经常出现的问题：一个人是如何决定开始创办一个企业的？换句话说，是什么力量和因素激励一个人去冒险创业的？研究表明有三个核心因素，即改变现状、可信的榜样和具备创新创业的意识和能力。

那么应该如何提高创新创业意识呢？

1. 主体意识

创新创业是艰难的事业。过去在中国，普通的平民百姓没有创业的条件，更无法成为创业的主体。随着改革开放的深入发展、下岗再就业大潮的推动和国家富民政策的支持，人力资源的潜能最大限度地发挥出来，使普通人也成了创业的主体。这种创业的主体意识、主体地位、主体观念，会成为创业者在风口浪尖上拼搏的巨大力量。这种力量会鼓舞他们抓住机遇，迎战风险，拼命地去实现自身价值，同时也会使他们承受更多的压力和困难。因此，这种创业主体意识的树立，就成了创业者在创业中必须具有的、十分宝贵的内在要素。我们只有理解这一点，抓住这一点，培育这一点，提升这一点，才能深切地认识到：创业是人生路上的一个转折点，是知识增量、能力提升的极好机会。只要你抓住了重新崛起的支点，灿烂的明天，美好的未来，就会向你走来。

2. 风险意识

风险意识是中国企业在与国际接轨中应着重增强的一种现代经营意识，也是创业企业和创业者急需培养和增强的一种重要的创业意识。创业是充满风险的。创业者对可能出现和遇到的风险准备和认识不足，是我国当前群体创业活动中的一种普遍现象。这种创业风险意识的缺位，突出表现在以下四个方面：在心理准备上表现为对创业可能出现和可能遇到的困难准备不足。在决策上表现为不敢决策，盲目决策，随意决策。在管理上表现为不抓管理，无序管理，不敢管理。在经营上表现为盲目进入市场，随意接触客户，轻率签订商务合同。这种没有风险经营意识的做法，恰恰是创业者无正确风险经营意识的典型表现。正确的做法是，要从害怕风险、不敢迈步之中解放出来，敢于去市场经济的大潮中劈风斩浪，同时也要在经受商海的锻打中善于规避风险，化解风险，使自己在迎战风险的过程中站立起来，成熟起来，成为商海的精英和栋梁。

3. 学习意识

创业者创业后面对的第一个也是最普遍的问题就是发生了知识恐慌。原有的知识底蕴和劳动技能已经不足以支持他们应对创业过程中出现的大量的新情况和新问题。因此，创业者应该随时注意进行知识更新，才能适应和满足繁重的创业需求。比如，天津市妇女创业服务中心的入驻企业，不仅进行常规的科学文化知识和营销管理理念的学习，还进军电子商务，走信息化创业之路，以满足创业者对现代创业理念的需要。

4. 资源意识

整合理念是现代营销学中的崭新理念，是在全球经济一体化的新形势下，跨国集团寻求企业最大利润空间的一种战略能力和进击能力。任何一个创业者不可能把创业中所涉及的问题都解决好，也不可能把一切创业资源都备足，关键在于要学会进行资源整合。因此资源整合的原则不仅是创业设计中的一个重要原则，也是在创业中借势发展、巧用资源、优势互补、实现双赢的重要方法。创业者刚刚开始创业，资金不足，资源缺乏，没有经验，不会经营。在银行开了账户，有了支票都不知道图章盖在哪，可以说每一步都可能碰壁。在这种情况下，给他们一座金山，不如给他们一种能力。他们看到现代企业的发展趋势，把握崭新的创业理念，并以此为武器，进行各种最佳创业要素的整合，才能开拓出自己的未来之路。这种现代创业意识，必将成为创业者快速崛起的一种特效武器。

5. 信息意识

信息是资源，是财富，但是很多创业者不懂得信息的价值和信息资源的重要性，不会寻找和利用信息资源，更不懂得去开发信息资源中的价值。正如一个创业者所讲的："刚开始创业时，我不懂得查信息，找商机。每天只知道傻愣愣地站着，傻愣愣地喊。结果，一天下来，腰酸腿疼，还不挣钱。"后来，知识产权局的同志来给创业者做报告，还带来了20多万条过期专利，提供给创业者筛选。在对这些信息的筛选中，这个创业者获知了国际上需求超薄型针织服装的信息，她立刻加紧运作，从香港引进了用细羊绒和蚕丝制成的冬暖夏凉又十分轻便的超薄型针织面料，还添置了先进设备，培训员工，充实技术人员，很快就让自己生产的春、夏、秋、冬四季超薄型针织服装上市，尝到了开发信息资源的甜头。自此，她懂得了信息的重要性，不仅订阅了大量信息刊物，还参加了"下岗女工零起步电子商务培训班"，听专家讲解、介绍网络营销的技能和技巧，学会利用网络去搜索信息，捕捉商机。

6. 经验积累

你必须清楚地了解自己是否具有创办和经营企业所需要的能力和经验。你的工作经验、技术能力、企业实践经验、爱好、社会交往能力和家庭背景对于企业的成功都是很重要的因素。如果发现自己缺乏创办企业必备的素质和能力，可以通过如下方法加以改进：与企业人士交谈，向成功的企业人士学习，但要清楚你的成功很大程度上取决于自己的努力。做一名成功人士的助手或学徒。参加一个培训班或学习班，接受培训。阅读一些可以帮助你提升经营技巧的书籍。与家人讨论经营企业的困难并说服他们支持你。练习讨论某种情况或某个想法的利弊。制订未来企业计划，增强你的创业动机。提高思考问题、评价问题以及应对风险的能力。学习和思考如何更好地应对危机。多接受别人的意见和新的想法。遇到问题时，要分析问题的前因后果，并提高自己从错误中吸取教训的能力。加大对工作的投入并且认识到只有努力工作，才能获得成功。寻找能与你取长补短的合伙人，而不是完全依靠自己去创办企业。

三、创新创业与职业生涯发展

在现代社会，尽早做好职业生涯规划对于一个人的发展至关重要。只有这样，才能认清自我，不断探索开发自身潜能的有效途径或方式，才能准确地把握人生方向，塑造成功的人生。

（一）职业生涯概念

职业生涯（Career）是指个人通过从事工作所创造出的一个有目的、延续一定时间的生活模式。这个定义由美国职业发展协会（National Career Development Association）提出的，是职业生涯领域中被最广泛使用的一个定义。职业生涯的这个定义中包含了一些重要的概念，它们对所有进行职业生涯规划的人都有着重要的意义。下面按照定义中的顺序分别介绍。

"个人所从事的"强调了职业生涯对个人而言是独特的。现实中，基于个人特定的成长经历，不同的兴趣爱好，没有两个人拥有完全相同的"职业生涯"。即使人们可能有相似的兴趣或技能，从事相同的职业，为相同的机构工作，但他们的职业生涯仍然可能不同。

"工作"对于职业生涯专家而言，是一种可以为自己或他人创造价值的活动。但在日常生活中，不同的人对它的含义有不同的认识。所以"工作"这个概念可能是职业生涯领域最易被误解的词语之一。

"创造出"在这里指职业生涯是一个人的愿望和可能性之间、理想和现实之间妥协和权衡的产物。职业生涯发展是一系列选择连续进行的结果。人们做出选择时，需要权衡这些选择的收益以及代价和风险。对一个人来说，没有十全十美的职业生涯道路，但也许会有最适宜的职业生涯道路。

"有目的"表明职业生涯对个人来说是有意义和有价值的。职业生涯凝结了个人的价值观和信念，反映了个人的动机、抱负和目标，不是偶然发生或应运出现的，而是需要规划、思考、制定和执行的。

"延续一定时间"说明职业生涯不是作为一个事件或选择的结果而发生的事情，不是局限或束缚于某一特定的工作或职责的时间段。它本质上是持续一生的过程，会受到个人内存和外在力量的影响。该领域的一些专家甚至使用"生命/生涯"（life/career）这个词作为联结生命过程和生涯观念的桥梁。

"生活模式"在这里意味着职业生涯不仅是一个人的职业或工作。职业生涯与成人所有的生活角色交互作用：家长、配偶、持家者、学生，以及人们整合与安排这些角色的方式。

职业生涯有其基本的含义。

第一，职业生涯是个体的行为经历，而非群体或组织的行为经历。职业生涯实质是指一个人一生之中的工作任职经历或历程。第二，职业生涯是个时间概念，意指职业生涯期。职业生涯期始于工作之前的专门的职业学习和训练，终止于完全结束或退出职业工作。不同个人的职业生涯期有长有短，不是完全一样的。第三，职业生涯是个包含着具体职业内容的、发展的、动态的概念。职业生涯纵向表示职业工作时间的长短，横向内含着职业发展、变更的经历和过程，包括从事何种职业工作，职业发展的阶段，由一种职业向另一种职业的转换等具体内容，是纵横交错的。

职业生涯也可以从另一个角度将其分为外职业生涯和内职业生涯。

外职业生涯是指从事职业时的工作单位、工作地点、工作内容、工作职务、工作环境、工资待遇等因素的组合及其变化过程。如，职务目标，总经理、教授；经济目标，年薪30万。外职业生涯的构成因素通常是由别人给予的，也容易被别人收回。外职业生涯因素的取得往往与自己的付出不符，尤其是职业生涯初期。有的人一生疲于追求外职业生涯的成功，但内心极为痛苦，因为他们往往不了解，外职业生涯发展是以内职业生涯发展为基础的。

内职业生涯是指从事一项职业时所具备的知识、观念、心理素质、能力、内心感受等因素的组合及其变化过程。比如，工作成果目标，销售经理的工作业绩；心理素质目标，经受得住挫折，能做到临危不惧、宠辱不惊。内职业生涯各项因素的取得，可以通过别人的帮助而实现，但主要还是由自己努力追求而得以实现。与外职业生涯构成因素不同，内职业生涯的各构成因素内容一旦取得，别人便不能收回或剥夺。

（二）职业生涯规划

职业生涯规划，是指组织或者个人把个人发展与组织发展相结合，对决定个人职业生涯的个人因素、组织因素和社会因素等进行分析，制定个人一生事业发展上的战略设想。

具体来说，职业生涯规划就是指个体客观认知自己的兴趣、能力、性格和价值观，发展适合自己的完整的职业自我观念，将个人发展与组织发展相结合，在对个人和外部环境因素进行分析的基础上，深入了解各种职业的需求趋势以及能够取得这个职业的关键因素，确定自己的事业发展目标，并具体地选择实现这一事业目标的职业或岗位，编制相应的工作、教育和培训行动计划，制定出基本措施，高效行动，灵活调整，有效提升职业发展所需的执行、决策和应变技能，使自己的事业顺利发展，并获取最大程度的成功。简而言之，职业生涯规划是指一个人对其一生中所承担职务相继历程的预期和计划。对大学生而言，职业生涯规划就是指根据自己的特点，结合社会要求，为自己设计最适合的职业和职业发展道路。

根据定义，职业生涯规划首先要对个人特点进行分析，再对所在组织环境和社会环境进行分析，然后根据分析结果制定个人的事业奋斗目标，选择实现这一事业目标的职业，编制相应的工作、教育和培训的行动计划，并对每一步骤的时间、顺序和方向做出合理的安排。

（三）创业人生与创新创业规划

从创业人生的视角分析，创业首先是一种理念、一种精神，一种不满足于现状、敢于创新并承担风险的精神，是一种在考虑资源约束的情况下把握机会创造价值的认识。从广义的角度去看创业，可以理解为一个人根据自己的性格、兴趣、所学专业、能力等选择适合自己的事业（可以是创办企业，也可以是创办非营利的事业，还可以是就业），并把握机会，为这个事业的成功整合资源、付出努力，最终实现自己人生目标的过程。因此创业能力中所包括的捕捉机会、整合资源的意识，以及领导、沟通等能力，具有普遍性与时代适应性。无论你从事什么样的职业，创业能力都将在个人职业生涯中发挥巨大的作用。

创业需要树立正确的创业观。创业者不仅要努力实现个人价值，更要考虑社会价值的实现。要处理好创业与职业生涯发展的关系，把专业知识和职业技能创造性地运用到经济社会发展中去。创业教育要注重培养学生的社会责任感，比如创造价值、服务国家、服务人民等；培养学生自尊、自爱、自强、自信的精神，培养迎难而上、坚持不懈、勇于创新的意志品质，以及遵纪守法、诚实守信、善于合作的职业操守，奠定创业的正确方向。

创业需要培养强烈的创新意识。创业者要学会运用已知的信息，不断突破常规，发现或产生某种新颖、独特的社会价值或个人价值。创业者要保持对未知事物和新事物的好奇心、对新知执着的探究兴趣、追求新发现和新发明的激情。创业教育不仅要使学生熟练掌握专业知识技能，更重要的是培养学生的创新意识、问题意识、合作意识、社会意识。这必将有助于学生综合素质和能力的培养，提高其适应复杂多变的生活环境和工作环境的能力，较快进入创业角色，从而促进创业能力的发展。

创业需要拥有博大的人文情怀。脱离人与人的关系、人与自然的关系、人与物的关系来谈创业是不可能的。人文因素在学生创业的动力、方法和形式上将发挥事半功倍的效用。创业教育要致力于学生团队合作精神的培养，鼓励学生追求人文教育与科学教育的整合，以有助于未来创业者改善生产、生活中的各种关系，改进生产方式，有效利用新的生产资源和劳动手段，提高效率、效益和服务水平。

创业，要有开阔的视野和综合思维能力。创业者要具有多角度分析问题的能力和方法。在学科专业化趋势日益凸显的同时，经济社会发展对边缘性、交叉性、综合性创业人才的需求也更加紧迫。成功的创业教育，要求学校特别是高校的教育教学打破学科之间、专业领域之间、文理之间的传统界限，在开拓学生知识面的基础上，提高学生从不同角度分析问题和解决问题的能力。教学要立足于开阔学生视野，增加跨专业、跨学科、跨行业的内容，使学生形成与产业结构、经济发展方式变化相适应的综合思维方式，养成对未来创业者发展起关键性作用的综合能力，为他们在边缘性、交叉性、综合性领域发现新的创业平台打下素质基础。

对于一个立志创新创业的人来说，要制订一份好的规划，应该把握三个主要内容：自己能够做什么，社会需要什么，自己拥有什么资源。因此，就有必要进行自我分析、环境分析和关键成就因素分析。

首先，自己能够做什么。作为一个创业者来说，只是知道自己想干什么是不够的，更重要的是，应该知道自己能够做什么、做得到什么。当然，这也是相对而言的，因为一个人的潜能发挥是一个逐渐展现的过程。但是，一个人对自己的兴趣、潜能有一个基本的认识，仍然是一项具有前提性的工作。

其次，社会需求什么。一个人在明确自己想做什么、能做什么的同时，还应考虑社会的需求是什么这一重要因素。如果一个人所选择的创业领域既符合自己的兴趣又与自己的能力相一致，却不符合社会的需求，那么，这种创业的前景无疑会变得暗淡。由于分析社会需求及其发展态势并非易事，因此，在选择创业目标时，应该进行多方面的探索，以求得出客观而正确的判断。

最后，自己拥有什么资源。要创业，就必然依赖各种各样的资源。创业者应该清楚地审视自己所拥有或能够使用的一切资源，是否足以支持创业的启动和创业成功之后可持续地进行。这里所说的资源，不仅指经济上的资金，还包括社会关系，即通过自己既有人际关系以及既有人际关系的进一步扩展所可能带来的各种具有支持性的东西。

总之，一份创业规划也必须将个人理想与社会实际有机地结合，创业规划同样能够帮助一个人真正了解自己，并且进一步评估内外环境的优势、限制，从而设计出既合理又可行的职业事业发展方向。只有使自身因素和社会条件达到最大程度的契合，才能在现实中发挥优势、避开劣势，使创业规划更具有可操作性。

【拓展阅读】

职业生涯规划5个"what"的思考模式

职业生涯规划的制订，可参考5个"what"的思考模式，它构成了制订职业生涯规划的前提。

第一，what are you? 要求一个人对自己做一个深刻反思与认识，对自身的优势与弱点都要加以深入细致地剖析。

第二，what do you want? 要求一个人对自己未来职业发展的目标和前景做出一种愿望定位、心理预期和取向审视。

第三，what can you do? 要求一个人对自己的素质，尤其是自身的潜能和实力进行全面的测试和把握。

第四，what can you support you? 要求一个人对自己所处的环境状况和所拥有的各种资源状况有一个客观、准确的认识和把握。

第五，what can you be in the end? 要求一个人对自己所提出的职业目标以及实现方案做出一个具体明确的说明。

一般而言，清晰、全面地回答了以上 5 个问题，就为系统地制订出一份个人的职业生涯规划准备了一个重要前提。

改编自《职业规划中五个 WHAT 认清自己》

【小测试】

1. 有人说创业太早了，会死在沙滩上；太晚了，也就没机会了。你怎么看？
2. 你五年后开始创业会比今天就创业的成功概率更高吗？
3. 你会选择创业人生吗？为什么？

教学设计

章节	内容	时间	授课方法	教具
主题游戏	喝可乐	5 分钟	游戏	
第一节 激发创业意识	创新与创新思维 创新的基本类型 创新与创业的关系	30 分钟	讲授	PPT
开放式讨论	创业的概念和内涵	5 分钟	讨论	活页挂纸/卡片
第二节 掌握创业知识	创业的概念和内涵 创业的要素和类型 创业的过程与阶段	15 分钟	讲授	PPT 和案例
小组讨论	创新型人才应具备哪些素质？ 如何能够做到？	15 分钟	小组讨论	活页挂纸
第三节 实现创新创业人生	创新型人才的素质要求 创新创业能力培养 创新创业与职业生涯发展	15 分钟	讲授	PPT
本课总结	本课内容现场复习测试	5 分钟	现场测试	PPT
合　计		90 分钟		

本章小结

创业是不拘泥于当前的资源约束、寻求机会、进行价值创造的行为过程。迄今为止，人们对创业要素的认知和分析模型中，最为典型和公认的为蒂蒙斯模型。该模型提炼出了创业的三大关键要素，即创业机会、创业者及其创业团队、创业资源。基于创新内容的不同，创业可以分为基于产品创新的创业、基于营销模式创新的创业和基于组织管理体系创新的创业。一个全过程的创业可大致划分为四个主要阶段，即机会识别、资源整合、创办新企业、新企业生存和成长。

创新型人才，就是具有创新精神和创新能力的人才。知识经济时代要求创新型人才要有可贵的创新品质、坚韧的创新意志、敏锐的创新观察、丰富的创新知识和科学的创新实践。

重点词汇提示

创业　创业精神　创业要素　创业类型

创业过程　创业阶段　职业生涯　创业人生

复习思考题

1. 运用头脑风暴法分析创业的要素、创业的功能价值与创新型人才的素质要求。

2. 分析李彦宏创业案例："选择了就要坚持"，请学生总结创业者应具备哪些创业精神，这些创业精神对职业生涯发展有哪些促进作用。

讨论性问题

1. 团队成员共同分享与创业相关且给你印象最深刻的一件事（可以是家人的、朋友的、也可以是公众人物的事件）。谈一谈为什么这件事对你来说是重要事件，你从中受到什么启发。

2. 团队成员共同分享有关创业且对你影响最大的人（可以是家人、朋友，也可以是公众人物）。谈一谈为什么这个人对你来说是影响最大的人，他有什么精神值得我们去学习。

实践性问题

1. 学生自由结组，组成创业团队，在现有的大环境下，确定一个明确的创业方向。

2. 确定方向后，向其他创业团队展示自己团队的创业想法。

3. 分析自己并自我评价一下自己具备哪些创新创业的素质能力。

4. 坚持关注国内外的创新创业环境和机会。

教学辅助教材

李家华主编《创业基础》，北京师范大学出版社，2013 年版。

王艳茹著《创业基础课堂操作示范》，北京师范大学出版社，2014 年版。

徐俊祥主编《大学生创业基础知能训练教程》，现代教育出版社，2014 年版。

董青春、董志霞编著《大学生创业基础》，经济管理出版社，2012 年版。

【美】布鲁斯 R. 巴林杰著，陈忠实等译《创业计划》，机械工业出版社，2010 年版。

邵原（澳）史小龙编译《最后一堂执行课》，上海远东出版社，2008 年版。

辽宁省普通高等学校创新创业教育指导委员会编著《创造性思维与创新方法》，高等教育出版社，2013 年版。

【美】德鲁克著《创新与企业家精神》，机械工业出版社，2011 年版。

第五章　创业团队

第一节　创业者

一、创业者的概念及特质

人们对创业者的认识经历了漫长的过程，也形成了诸多不同的理解与阐释。创业理论的发展，很大程度上与"创业者"这一概念的演变有着密切关联。自20世纪80年代以来，类似比尔·盖茨等所创建的一大批小型企业的快速成长，使得创业者这一概念开始受到学术界的关注。

（一）创业者的概念

创业者的英语单词（Entrepreneur）源于17世纪的法语，意思是"间接购买者"或"中介人"。创业者的概念内涵经历了一个逐步演变的过程。17世纪，著名经济学家理查德·凯迪隆最早提出创业者是风险承担者，这一认识揭示了创业者的个体特质，理查德被后人尊为创业者概念的奠基人。

很多文献中，将创业者称为企业家。实际上，企业家是成功的创业者。

经济学家康替龙（Cantillon，1755）最早将企业家概念引入经济学领域。他认为，企业家是承担风险以及分配利润的人。

熊彼特（Schumpeter）进一步阐释了企业家概念，指出企业家是经济发展的带头人，所起作用在于创新，或"实现新的组合"。哈耶克（Hayek）和柯兹纳（Kirzner）则强调企业家在获取和使用信息方面的作用，认为企业家对利益机会很敏感，并且随时准备利用这些机会开展套利性的经营活动，这导致其成为"市场过程"中的关键因素。

经济学家认为，创业者通过转变、创新和引入新秩序，将资源、劳动力、原材料和其他资产进行整合，产生更大的价值。

心理学家认为，创业者是典型的受某种力量驱动的人，这种力量包括获得一些事物的需求、进行试验的需求、独立完成的需求或摆脱其他权威的需求。

创业者就是创造性地将商业机会转变为经济实体，并扮演经济实体中组织、管理、控制、协调等关键角色的个人[①]。

综上所述，创业者是一类主导劳动方式的领导人，具有使命、荣誉、责任感的人，具有思考、推理、判断能力的人，是组织、运用服务、技术、器物作业的人，是能使人追随并在追随的过程中获得利益的人，是具有完全权利能力和行为能力的人；同时，创业者也是指在高度不确定性的环境与资源约束条件下，识别机会，并迅速做出决策与行动，利用开发机会，创造商业价值的人。

（二）创业者的特质

创业者特质是指创业者特有的品质和特征组成的集合。创业特质论以奥尔波特（Allport）的特质论为理论基础，强调稳定、习惯化的反应方式和行为风格，是创业者独特性的表现。早期的创业研究大多聚焦于创业者特质，学者们试图识别创业者和非创业者之间不同的个体特质。

1. 创新

创新是创业精神的本质所在，因此，创业者是那些趋向于创新精神的人。他们能改变资源的产出，运用新的方法迎接不同的挑战。

2. 高成就导向

创业者几乎无一例外都是目标导向型的行为个体，具有追求卓越的动力、强烈的事业心和坚定的信心，因而，他们很自然地设定个人目标，并且确保成长以完成这些目标。

3. 独立

创业者是出了名的独立自主个体。他们大多数都高度地自我依赖，并且许多人很自然地偏向于独立工作来完成目标。

4. 掌控命运的意识

创业者很少把他们自己看作是环境的受害者，而是自己掌控自己的命运。这可能是由于他们具有把消极环境视为机会而不是威胁的思维趋向。

5. 风险承担

风险和不确定性存在于创业的每个环节。虽然目前没有证据显示任何理性人（包括创业者）为了风险带来的利益而去寻找风险，但是有大量证据表明，创业者对于风险有

---

① 刘帆. 大学生 KAB 创业精讲［M］. 北京：知识产权出版社，2013：6.

更多的包容性，敢于去利用机会谋利，并且在寻找降低风险措施方面更具有创造性。风险承担被认为是一种稀缺的资源禀赋，是一般自然人普遍缺乏的素质，因此是创业者的独有特质。

6. 对不确定性的包容

创业者总是比其他人对待动态变化且不是特别明确的情况更加适应。

（三）创业者和职业经理人的区别

创业者和职业经理人之间存在显著的差异，见表5-1。

表5-1　创业者与职业经理人的区别①

特征变量	创业者	职业经理人
雇佣关系[a]	雇佣者	被雇佣者
创业与否[b]	创业者（与所控制资源无关）	企业内创业
出资与否[a]	出资或继承出资	不出资
承担企业风险[b]	承担企业风险	与本人雇佣契约有关的风险
所有权和控制权[a]	同时拥有	无所有权，有一定的控制权
担任企业主管与否[b]	担任	不一定担任
创新功能②	更强调	强调

注：a表示可以直接识别；b表示需要进一步识别。

其最重要的区别，在于创业者从事的是开拓性工作，通过他们的创业活动，实现了从0到1的变化；职业经理人则侧重于经营性活动，按照程序和制度开展工作，他们将1变成10，将10变成100。

因此，创业者聚焦于发现机会和创造新事物，而职业经理人在维持现状的基础上，保持事物的持续发展和演进。创业者承担财务风险，而职业经理人则不会也不可能承担此类风险。

二、创业者能力结构

创业者能力是指创业者在一定条件下，识别机会、追求机会、获取和整合资源并创造商业价值的能力。创业能力对行为个体是否选择创业具有显著的作用，是提高创业实践活动效率和创业成功的关键要素。创业能力主要涉及机会开发过程中，对资源的获取与整合能力。Man（2000）将创业能力分为6个观测维度，分别为机会能力、关系能力、概念性能力、组织能力、战略能力和承诺能力②。在此基础上，唐靖等指出创业能

---

① 张玉利. 创业管理［M］. 北京：机械工业出版社，2011：33.

② Man T W Y. Entrepreneurial competencies of SME owner／managers in the Hong Kong services sector：A qualitative analysis［J］. Journal of Enterprising Culture，2000，8（3）：235-254.

力还应包含机会识别与开发能力和运营管理能力①。

综合相关研究资料，学者们普遍认为创业者的创业能力维度主要包括机会识别与开发能力、战略能力、组织和管理能力、关系能力、承诺能力等，其中承诺能力和机会识别与开发能力是行为个体完成创业者角色的最直接的能力②。

（一）机会识别与开发能力

机会识别能力是指洞察具有潜在商业价值的初始创意（Gaglio，1992），并将识别出来的机会予以落实、做出与众不同决策的能力。正是由于这种识别能力的差异，当创业机会一旦显现时，大部分人并不能够明显地感知（Hayek，1945），仅有少数人能够敏锐地洞察或发现（Krizner，1973）。同样，基于这种机会开发能力的差异，使得发现机会后，只有少数人能迅速行动，开展创业活动。因此，对一个名副其实的创业者而言，最为核心的能力是"识别、预见并利用机会的能力"（Chandler and Hanks，1993）。成功创业者需要具备的最基本能力，就是能够正确地识别和选择一瞬即逝的商机（Stevenson，1985）。事实上，机会识别能力不仅是创业过程开始的基础，而且也是企业成长的必要条件。强大的机会识别与开发能力，有利于发现更多的创新机会，选择更有竞争优势、突破性的创新方式，进而抢占企业发展的先机。

刘强东在《刘强东自述：我的经营模式》中谈到他是如何发现创业机会时说："为什么我们做京东商城？刚开始的时候，京东可以说是一无所有，我们没有钱、没有技术、没有货源。但我们发现网络购物有很多问题，我想如果京东能够把这些问题解决了，我们就一定可以取得成功，这就是我们的思维。所以，京东在 2004 年刚开始做的时候，第一个坚持就是所有的商品都是正品行货，你不要发票也给你发票。我们实行低价策略，这个低价不是以翻新、水货、走私、逃税为基础，而是通过规模的优化降低运营成本，将节省的成本让利给消费者。我们的服务也在不断地创新。2005 年，我们在中国推出了当日达。有一次接受一个外国媒体采访，记者问我前几年我在哥伦比亚大学上课的时候，是否去亚马逊买过东西，我说买过。他问感觉怎么样，我说很好，但是我实在忍受不了它的物流速度。他说你要是 Prime（高级）会员两天就可以收到货，那多快啊。我说京东在中国，几乎每个用户都是 Prime 会员，并且用户也不用花 99 美元，你只要一次购物满 79 元，我们就可以免运费。而且我们在中国北京、上海这些大城市都是当日达。正因为坚持，我们解决了网络购物领域长期存在的大量问题，这就是京东公司得以生存和快速发展的基础。

因此，如果大家想创业的话，我希望每个人都能问自己一个非常关键的问题——我这个项目解决了什么问题。如果你什么问题都不能解决的话，那么你的这个项目注定会失败。创业就是要解决问题。有的人说：'不，我觉得我创业是为了获取财富。'的确，创业成功获取合理、合法的财富，这无可厚非，但是我从来都没有看到哪一位创业者是

---

① 唐靖，姜彦福. 创业能力概念的理论构建及实证检验［J］. 科学学与科学技术管理，2008（8）：52—57.
② Chandler G N，Jansen E. The founder's self-assessed competence and venture performance［J］. Journal of Business Venturing，1992，7（3）：223—236.

为了获取更多的财富而创业成功的。"

（二）人际沟通能力

Ensley 等（2003）指出，新创企业的成功与否，关键在于创业者是否具备与其他人共同和谐工作的能力。在创建新企业的过程中，存在各种不确定的环境因素，要与众多合作伙伴和谐交往，创业者的人际沟通能力有着至关重要的作用。

（三）组织管理能力

组织管理能力是指为了有效地实现目标，灵活运用各种方法，把各种力量合理地组织和有效地协调起来的能力。包括协调关系的能力和善于用人的能力。组织管理能力是一个人的知识、素质等基础条件的外在综合表现。

（四）战略管理能力

战略管理能力是创业者根据新创企业内部与外部环境，制定企业发展战略并实施的能力。战略管理能力是新创企业赢得竞争优势的关键，可以帮助创业者制定合适的企业战略，培育企业的战略管理团队，通过选择适合企业的商业运作模式等方式来实施战略。

（五）关系能力

Man（2000）研究发现，关系能力有助于创业者获得更为有效的信息，从而突破自身局限去拓宽市场。具有较强关系能力的创业者，通常在创建新企业过程中能够妥善处理与公众（政府部门、新闻媒体、客户等）之间的关系，并能争取政府部门、工商、税务部门的支持与理解，善于团结各利益相关者，求同存异，共同协调发展，并通过政府关系的话语权以及资源分配权来提高自身的市场认可程度。新创企业的生存和成长是不断建构、维持和治理外部交易网络的过程。创业者建立和拓展交易关系的目的在于资源获取和资源交换。因此，良好的关系能力是创业能够快速成长的关键，也是创业者取得成功的重要个体特质。

三、创业动机

（一）创业动机的内涵

创业动机是个体的一种意愿，这种意愿会影响创业者去发现机会、获取资源以及开展创业活动。创业动机直接影响到创业者的努力程度，即其愿意投入多少资源（包括禀赋资源与社会网络资源）开展创业活动。

基本的创业动机包括以下三种。

（1）做自己的老板，拥有梦想并创建属于自己的企业。

（2）追求个人创意，当天生机敏的创业者认识到新产品或服务创意时，常常具有使创意变为实现的意愿。

（3）获得财务回报，改善个人与家庭的生活质量。

（二）创业动机产生的驱动因素

1. 直接因素

依据马斯洛（Maslow）的需求层次理论，当自然人的某一层次需求得到相对满足之后，更高一层次的需求才会成为主导需求，并最终形成优势动机，成为推动个体行为的主要动力。创业者的需求层次不同，由此产生的创业动机也存在差异。根据需求驱动的不同，可分为生存型创业和机会型创业。

2. 间接因素

创业者的需求层次还受诸多具有长远意义的宏观因素影响。这些因素包括社会保障、收入水平、个人特征等。社会保障和长期收入水平高低都可以提高或降低人们的需求层次。创业者的受教育水平、经验和经历不同形成了创业者需求层次的多样化。多林格（Dollinger）在《创业学：战略与资源》中提出了一个社会学分析框架，描述了动力因素与情境因素的协同作用对创业者做出创业决定的影响。

研究表明，驱动创业者做出创业决定的因素主要包括：不利境况触发的创业活动、成功创业者榜样力量点燃的创业活动、创业者不同寻常经历激发的创业活动和由情景感知催化的创业活动。

四、领导力

（一）领导力的内涵

领导力泛指建立愿景目标、激发他人自信心和热情、确保战略实施的能力，这是一种较高层次的综合能力。领导力的本质是影响力。创业者的领导力主要表现在为新创立的公司设定目标、制定计划，建立一个高度自觉的、高绩效的工作团队，并能够将技术研发、市场开拓、财务管理等方面的不同人才凝聚在一起，形成协同优势，共同完成目标。

领导力是创业者素质的核心，能反映出创业者的个体素质、思维方式、实践经验以及领导方法。创业者的领导力对企业成长非常重要。伴随着企业的发展壮大，创业者和管理者角色与技能的逐渐演变，创业者从直接控制每一个员工转变为控制手下的管理人员，他们不仅要承担企业的战略发展，还需要持续从事日常经营活动，进行各种专业化的规范管理。

通常将领导力分为权力影响力与非权力影响力。

1. 权力影响力

权力影响力是来自正式组织的权力。如，创业者是企业的创始人、法人，其身份、所处地位以及拥有的权利（信息权、关照权、法定权、奖赏权、关联权、强制权）可以影响员工的工作岗位、收入、晋升、职业发展等，促使员工追随与服从。

2. 非权力影响力

非权力影响力是源于自身的专长、技能、学识、人品的影响力。如，创业者是某一领域专家或技术能手，得到员工的一致认同，从而影响员工，促使员工追随与服从。

（二）领导力的特征

1. 积极进取

创业者的努力进取包括对成功的强烈欲望和不断地努力提升新创企业形象，这种进取具有雄心、抱负、精力、毅力和主动性。一般来看，创业者的进取欲望与企业的成长及成功率高度相关。

2. 权力欲望

成功的创业者不仅有进取精神，而且他们还有领导的愿望、强烈的权力欲望，喜欢领导别人，而不想被人领导。强烈的权力欲望促使创业者试图去影响他人，并在领导过程中获得满足和收益。

3. 正直

正直的表现是言行一致，诚实可信。它除了是行为个体较重要的品格特征外，对创业者来说也是重要的领导力特质。

4. 自信

创业具有不可避免的挑战性，因而难免会出现挫折。自信则是创业者克服困难、在不确定情况下敢于做出决策的领导力特征。创业者的自信表现为才智过人，能够解释大量错综复杂的信息，并且能逐渐将自信传递给他人。

（三）领导力的表现

新创企业过程中，创业者的领导力主要表现有以下方面。

（1）使每一个团队成员相信自己是组织中的重要一员，具有归属感。

（2）能有效消除创业团队成员的消极心理。

（3）能将企业目标与创业团队目标、团队成员个体目标有机结合，融为一体。

（4）能尽可能地避免或消除创业过程中的不良工作作风，为他人树立良好的榜样。

（5）善于反思创业过程的不足之处，从失败中吸取教训。

（6）能够公正而诚实地对待他人。

（7）善于在创业过程中不断地自我激励并激励、调动他人的工作热情，组建和谐创业团队。

影响并激励创业团队成员的具体措施包括以下几点。

①表扬团队成员的良好工作表现，并让他们感受到自己的良好表现总是被赏识，从而树立团队成员的信心和自尊心。

②告知所有团队成员需要完成的工作。

③奖励每一个值得鼓励的行为，促使团队成员重复同样的行为。

④做一个积极的倾听者并尊重他人的观点。

⑤设定创业过程中的每一个具体、明确、可衡量的工作目标并对之不断确认。

⑥不在公开场合批评团队成员，而是通过私下讨论来了解、纠正团队成员工作表现中的消极方面。

【案例】

优秀创业者的领导才华①

小米科技于 2010 年 4 月正式启动手机实名社区——米聊社区，在推出半年内注册用户突破 300 万。2010 年 10 月，小米手机启动研发。2011 年 8 月 16 日研发完成，正式发布小米手机，自此开创了手机销售的"狂潮"。

目前我国手机市场竞争日益激烈，智能手机也逐渐发展成为主流。小米科技在如此短的时间内，在企业人员规模、产品销量、融资规模等方面获得惊人的成长速度，离不开创始人雷军的领导。

雷军是小米科技公司的灵魂人物，他在创办小米科技公司前已取得出色的成就，并通过广泛的社会关系网物色和组建了小米科技公司的创业团队（董事长兼 CEO 雷军，总裁林斌，副总裁黎万强、周光平、黄江吉、刘德以及洪峰）。事实上，小米科技公司创业团队成员是与雷军有着良好友谊并相互信任的业内同仁或朋友，而雷军丰富的管理经验和领导力也为公司发展提供了重要支持。

雷军认识到对于一个新创企业，清晰的组织模式的建立能够使大量的管理工作规范化、标准化、程序化，好的管理制度也是留住人才的关键。因而，小米科技首先在组织架构上将"强专业弱管理"的理念制度化，建立宽松、扁平化的组织结构。没有严格的等级，每一位员工都是平等的，每一位同事都是自己的伙伴。他们崇尚创新、快速的互联网文化，拒绝冗长的会议和流程，喜欢在轻松的伙伴式工作氛围中发挥自己的创意，形成了小米科技轻松的伙伴氛围。在这种氛围下，团队成员彼此共享信息，组织中人与人之间相互学习，从而不断产生新的知识，形成一种良性循环。

产品是企业各部门共同工作的结果，没有各个部门之间的互相作用和配合，就不可能有好的产品，因此，小米科技公司创业团队成员之间经常进行密切沟通，相关的营销人员、产品研究经理等甚至经常被整合到一个团队，以小组形式促进跨部门沟通合作，从而对市场做出最快的反应。

小米公司实行透明化分配机制，形成物质激励与精神激励双管齐下的激励原则。物质方面，在金山公司工作时雷军就因用宝马汽车激励网游团队而受到广泛关注，在小米公司中，雷军更是为创业团队成员和普通员工提供了优于同行的薪酬和福利；在精神激励方面，金山曾经的"互联网精神""做到极致""用户口碑"和小米时下的"为发烧而生"等口号无不彰显雷军在精神和愿景激励方面的丰富经验。

---

① 徐万里，林文澄，陈艳萍. 高科技企业创业团队的成功特质——基于小米科技创业团队的案例分析 [J]. 科技和产业，2013（6）：126-132.

【小测试】

1. 创业者与管理者有什么区别?
2. 你心中的创业者偶像是谁?

第二节　创业团队

一、创业团队的内涵

单打独斗、演绎个人英雄式的传奇故事,还是组建团队、精诚合作共同创业?这是每一个创业者进行创业活动前必须经历的抉择。

创业团队是一种特殊的群体,是由两个或两个以上具有共同的创业理念、价值观和创业愿景,为了共同的创业目标团结合作、相互信任并共同承担创建新企业责任的人组建的工作团队。

我们的调查表明,70%创业成功的企业,都有多名创始人。其中企业创始人在2～3人的占44%,4人的占17%,5人及以上的占9%。尤其是在高科技领域,团队创业比个体创业多得多。大量事实证明,选择合理的创业模式并组建卓有成效的创业团队,是创业成功的重要基础。创业工作的绩效评估显示,创业团队的工作绩效明显大于所有成员独立工作绩效之和。因此,没有团队的创业也许并不一定会失败,但要创建一个没有团队而具有高成长性的企业却极其困难[①]。

二、创业团队的优劣势分析

(一) 创业团队的优势

著名心理学家荣格曾列出一个公式:I+We=Fully I。意思是说,一个人只有把自己融入集体中,才能最大限度地实现个人价值,绽放出完美绚丽的人生。当今经济社会中,创业已非纯粹追求个人英雄主义的行为,团队创业的成功概率要远高于个人的独立创业。与个体创业相比较,团队创业具有多方面的优势,对创业成功起着举足轻重的作用。

团队创业的优势主要体现在以下方面。

(1) 可以激发团结精神,增强灵活性,提高工作效率。团队成员受教育程度、工作经验以及社会关系网络等方面的多样性使其获取到的资源更加丰富、决策质量更高。

(2) 创业团队工作绩效大于所有个体成员独立工作时的绩效之和。创业团队成员在创业初期把创建新企业作为共同努力的目标,在集体创新、分享认知、共担风险、协作

---

① 邓汉慧. 组建有效创业团队的关键点［N］. 中国青年报,2013-09-23-09.

进取的过程中，形成了特殊的情感；通过坦诚的意见沟通形成了团队协作的行为风格，能够共同地对拟创建的新企业负责，具备一定的团队凝聚力。工作群体绩效主要依赖于成员的个人贡献，而团队绩效则基于每一个团队成员的不同角色和能力而尽力产生的乘数效应。

（3）创业团队能够使新创企业更好地适应内外环境的变化，能够更迅速、更准确地对千变万化的市场做出反应；能够在企业内部建立合作、协调机制；能够适应市场需求多样化的要求，变大规模生产为灵活生产，变分工和等级制为合作与协作，发挥整体优势。

（4）创业团队有利于分散创业风险，通过创业团队成员之间的技能互补可以提高驾驭环境不确定性的能力，从而降低新创企业的失败风险。

（5）创业团队是高层管理团队的基础和最初组织形式。创业团队处在创建新企业的初期或小企业成长早期，现实中往往被人们称之为"元老"。而高层管理团队则是创业团队组织形式的继续。虽然高层管理团队中既可能还存在着部分创业时期的元老，也可能所有的创业元老都不再存在，但创业团队的管理风格将在很长一个时期内被高层管理团队所传承。

（二）创业团队的劣势

创业实践表明，创业团队建立新企业的失败率远低于个人创办的企业的失败率，因此，团队共同创业要比个人创业的风险小得多。这也是风险投资者总是倾向于把资金投给团队创业的重要原因之一。但不能忽视团队创业的如下不利因素。

（1）收益分享冲突。在创业初期没有制定明确的利润分配方案，随着企业的发展和利润的增加，团队成员因为利润分配而发生争执。此外，团队创业必然"稀释"新创企业的所有权。常规情况下，除非股份的接受者能做出实质性贡献，否则给出股权就是不明智的。对于非直接投资者，即便是基于股权，直接分配股权的效果也远不及期权。

【案例】

合伙创业：利益分配要"丑话说前面"

在创业圈里流传着一个真实的故事：几兄弟合伙创业，打造了红极一时的西少爷肉夹馍，事业如火如荼。但在该项目成功登上 CCTV、各种网络媒体之际，却爆出合伙人之间出现分歧与股权纠纷，一个生机勃勃的创业项目瞬间分崩离析。

"熟人不要合伙开公司。"这句电影《中国合伙人》里的论断，被现实案例再次演绎，创业圈内一片哗然。

"其实创业者要明白，合伙人最深层次的关系是利益关系"。在商界流行一句话，即"没有永恒的朋友，只有永恒的利益"。话丑理端，理清楚这个关系，会简单很多。在创业的过程中，合伙人之间的利益分配与权力分配等问题，一定要"丑话说在前面"。

"关系再好的合伙人，最终会落到一个'利'字上"。跟钱有关的事情一定要摆在台面上一条一条说清楚，包括股权分配、利益分成、决策权力等问题，必须事先说明并且落实在白纸黑字上。初创团队最不应该把问题放在"以后再说",即使是小问题,也等于给未来埋下了风险,并且会在团队强大的时候变成一个大问题。

(2)创业团队成员的经营理念与方式不一致,思想无法统一。当一些团队成员不认可新创企业的目标和经营策略时,将导致团队成员之间发生价值观冲突,往往引起创业团队解散,引发企业经营的巨大风险。

(3)情感冲突。创业团队成员之间的个性与兴趣不和,可能导致出现磨合问题,难以正常开展创业活动。

(4)团队创业有可能导致创业决策缓慢,影响创业团队对于一些稍纵即逝的市场机遇的把握。此外,随着新创业企业的发展,企业管理幅度与管理层次发生变化,也可能导致决策迟缓,从而使创新性受到压制。

(5)团队成员之间权利及责任不平等的负面效应。尽管理论上来看,创业团队中每个创业者是平等的,但由于团队成员的个体资源禀赋以及所担负的责任不同,决定了成员间权利、责任、甚至利益的不平等,这有可能导致某些人产生离开团队的想法。

(6)请神容易送神难。组建创业团队时创业发起人请来某人,以股份许诺,期待他能对新创企业做出较大贡献。但如果他没有达到预期的业绩,甚至根本不可能实现事先的承诺,只要他预期这个企业是有前景的,就可能赖着不走。在这种情况下,就很难将他"送出"新创企业,甚至难以收回创业之初给予的股份。这就必然影响新创企业未来的运营与发展。

三、创业团队的组建

依据不同逻辑组建创业团队既可能带来优势,也可能带来障碍,对后续创业活动会带来潜在的影响。一般来说,创业团队需要经历"生存下来→成功转型→规范建设"这个充满艰险的过程。大多数创业团队都没有生存下来并成功转型,而成功转型的企业无疑都成功地建立了成熟的企业制度。在这个"惊险的一跃"中,只有高质量、生存下来的团队,才能为企业成长积累经验和人才,奠定良好的基础。在此过程中,需要遵循团队组建的原则。

(一)团队组建的共同志向原则

志向原则是指创业团队成员具有共同的创业理念、创业愿景,彼此相互信任。

一个优秀的创业团队都有自己的核心理念和愿景。愿景将告诉社会"我们(企业)将成为什么"。一个明晰的愿景,是对企业内外的一种宏伟承诺,使人们可以预见达成愿景后的收益。创业团队应在创建初期召集所有成员,共同商讨新创企业的发展方向,制定详细的规划目标,形成一致的创业理念和共同的价值观,并且在企业发展过程中,始终坚定不移地朝着既定的目标努力,不断完善和巩固团队的共同理念,提高团队的凝聚力。

1. 创业团队形成共同理念需要关注的四大基本要求

(1)积极面对所有事务,包括机遇与危机,培养自身抵抗挫折的心理素质,一切问题从自身找原因，不相互抱怨，不怨天尤人。

（2）认真做事踏实做人，任何一个伟人的成功，都是从细节、从小事认真做起的，团队成员要学会从自己做起，做好本职工作。

（3）了解自己，认识他人，尊重别人的生活习惯和工作方式，团队需要协作和互补。

（4）于无形中迅速提升工作效率，形成团队协作精神，培养积极的团队文化。

2. 创业团队防止不信任的有效途径

创业团队内部只有形成了基于文化认同和道德认同的互尊、互信、互爱、互惠的互动关系，才有可能步入成功的良性循环。建立和维护创业团队成员之间的信任、防止信任转变为不信任是提高团队凝聚力的关键。信任是一种非常脆弱的心理状态，一旦产生裂痕就可能很难缝合，要消除不信任及其带来的影响往往要付出巨大代价。所以，防止不信任比增强信任更加重要。

（1）选择正确的人才。创业团队的组建不是以个人的能力或技能为参考，而是重点考察个人的素质。人的职业技能或专业技能在企业发展过程中能够不断提升，但是个性、品德等隐性的素质很难改变。因此，创业团队组建初期应对团队成员进行评价，以确认该成员是否适合整个团队的发展需求，是否能建立起统一的价值观和行为目标。

（2）考评每个成员的表现。把团队的利益与个人利益挂钩，把企业目标看成团队的共同目标，共同制定目标，定期向团队通报完成情况，使每个成员能够清楚自己得到了什么，还需要做什么。

（3）充分调动团队成员的积极性。团队成员自发自觉地将自己的责任肩负起来，让每个成员有团队成就感和荣誉感。

（4）了解团队成员的需求，建立信任，树立关心意识，满足成员合理需求。

（二）团队组建的利益原则

股份或期权激励。组建创业团队过程中，无论是对于个体还是整体，最核心的还是利益分配。为了聚合人才，一般会采取给予特殊人才股份或期权的做法。这样做的好处是，以较低成本获得最忠实的员工，推动创业成功。股份是指评价一个行为个体能给创业带来的具体价值，比照企业规模总体价值，给予一定的股份。但这个股份不是原始资金股，而是需要一定条件和周期才能取得原始出资人的股东权益。例如，软件公司所需要的技术骨干，可以通过给予一定股份来招募胜任的人才。期权一般是即将上市公司的普遍做法，操作更为复杂一些，但原理相同。

团队利益高于个人利益。博雅天下传播机构总裁荣波认为，股权分布是企业健康成长的基因。奇虎公司董事长周鸿祎指出：不管团队强弱，都不要把股票分完。再强的团队，也要留 15%～20% 的池子，团队弱一些，你要懂得大方地留下 40% 甚至 50% 的池子才行[①]。这样的好处在于，一开始大家利益均沾也无所谓，不论日后有更强的人进入

---

① 王艳茹，王兵. 创业基础课堂操作示范 ［M］. 北京：北京师范大学出版社，2014：79.

你的团队，抑或是你们的贡献与股权不一致，总可以从"大锅饭"中给牛人添点。因此，组建创业团队需要遵循贡献决定权利原则来分配所有权比例，并遵循控制权与决策权统一原则。

（三）团队组建的互补原则

创业团队成员的异质性和互补性，对于创业团队和新创企业取得高绩效具有十分重要的意义。互补性的创业团队成员可以贡献差异化的知识、技能、能力、资金以及关系等各类创业资源，这些资源能够帮助新创企业更好地克服创新的风险和资源的约束。一个企业的快速成长，不仅取决于 CEO 的个体资源禀赋、行为和背景，也取决于全体高层执行团队成员的个性、行为和经验，以及他们合作共事所发挥的优势。因此，在创业团队的成员选择上，必须充分注意人员的知识结构，使技术、管理、市场、销售等人员合理配备，充分发挥个体的知识和经验优势。此外，企业在不同阶段对人才有不同的需求。对于种子期的项目，团队构成往往以技术人员为主；对于发展扩张期的项目，则需要技术和市场开拓并重；而对于成熟期和规模较大的企业，必须加大管理人才的权重。

大学生创业团队组建的特点[①]

我们对大学生新创企业的调查表明，大学生组建创业团队时，成员组成结构通常有三种方式。

第一种，大学生＋大学生模式。该类创业团队依托于校园资源，积极向校外扩展。成功率与发展趋势很大程度上取决于团队内部的人员分工。Facebook 就是这种模式的代表。

第二种，大学生＋就业人士模式。该类创业团队既能得到一定的政策优惠，又具有相当的社会经验，具有较大的发展潜力。例如：李开复从谷歌离职后创办的创新工场。

第三种，就业人士＋就业人士模式。该类团队具有丰富的实践经验与创业资源，创业成功率较高，新东方教育集团的创业团队即为此种构成。

调查中发现：大学生创业企业以大学生＋就业人士合作模式居多，占 45％，就业人士＋就业人士模式占 30％，而大学生＋大学生的模式占的比例最小，仅为 25％。访谈中创业者认为：60％以上的创业活动都是以团队形式开展，团队创业的绩效要比个体创业更好。事实上，只要创业团队与创业项目、拥有的资源及其所处的行业匹配，选择哪种创业团队的组建方式都是可行的。

但是，调查中也发现，创业团队很难保持不变，82％的创业团队的核心成员会离开企业，其主要原因有：个人规划和企业发展冲突，占 40％；利益分配不均，占 30％；内部人员分歧和管理结构调整，分别占 18％和 12％。

大多数大学生创业团队因不能很好地处理团队成员之间的分工和利益分配，导致核心成员离开。离开企业的核心成员会给企业带来巨大的损失，他们不仅带走企业的核心技术，甚至带走优秀的员工，成为企业的竞争对手。

---

① 邓汉慧. 组建有效创业团队的关键点［N］. 中国青年报，2013－09－23－09.

为什么会出现这种现象？

最重要的原因首先在于缺乏核心领军人物。

大学生创业团队组建时经常忽视团队领军人物的个人创业素质与能力，多数情况下，以出资多少、年长、关系远近或者最早识别到商机的发起人确定为创业团队领军人物，过于简单、过于依赖情感关系，这样导致企业在成长过程中遇到重大问题时，没有核心人物迅速做出决策，凝聚团队成员共识，并带领团队走出困境。

团队领军人物需要有胸怀和魅力，能将团队利益放在第一位，能与真正有贡献的人分享财富，信任并给予团队成员适当的权责，使他们成为能完成任务的英雄，能妥善处理各种权力和利益关系，了解团队成员的需求，识别并尊重团队成员之间的差异，制定合理的团队管理规则，并使所有指标尽可能地量化。

俞敏洪为我们做出了很好的榜样。1995年，新东方学校在经历了3年的艰苦创业之后，俞敏洪决定把事业做大，于是邀请徐小平、王强、包凡一、胡敏等加盟新东方，分工明确，利益分配制度合理，使新东方开始了迅速发展的第二个黄金时期。

其次，许多大学生创业团队成员缺乏优势互补。

互补性的创业团队成员可以贡献差异化的知识、技能、能力、资金以及关系等各类创业资源，这些资源能够帮助新创企业更好地克服创新的风险和资源的约束。企业快速成长，不仅取决于CEO个人的个性、行为和背景，也取决于全体高层执行团队成员的个性、行为和经验，以及他们合作共事所发挥的优势。

许多大学生创业团队成员来自同一专业领域，或者同校，或者同班。虽然他们志同道合，相互之间更加了解、信任，但是，由于他们拥有的知识、技能、经验相似，重叠程度高，对企业获取创业资源（如资金、人脉等）有限，不利于企业成长。

【案例】

创业团队的最佳组合[①]

腾讯创业团队，堪称难得，其理性堪称标榜。马化腾与同学张志东"合资"注册了深圳腾讯计算机系统有限公司。之后又吸纳了三位股东：曾李青、许晨晔、陈一丹。为避免彼此争夺权力，马化腾在创立腾讯之初就和四个伙伴约定清楚：各展所长、各管一摊。马化腾是CEO（首席执行官），张志东是CTO（首席技术官），曾李青是COO（首席运营官），许晨晔是CIO（首席信息官），陈一丹是CAO（首席行政官）。5人创始团队一直合作，不离不弃。直到腾讯做到如今的帝国局面，其中4个还在公司一线，只有COO曾李青挂着终身顾问的虚职而退休。都说一山不容二虎，尤其是在企业迅速壮大的过程中，要保持创始人团队的稳定合作尤其不容易。在这个背后，工程师出身的马化腾从一开始对于合作框架的理性设计功不可没。

从股份构成上来看，5个人一共凑了50万元，其中马化腾出了23.75万元，占了47.5%的股份；张志东出了10万元，占20%；曾李青出了6.25万元，占12.5%的股

份；其他两人各出 5 万元，各占 10％的股份。虽然主要资金都由马化腾所出，他却自愿把所占的股份降到一半以下——47.5％。"要他们的总和比我多一点点，不要形成一种垄断、独裁的局面。"而同时，他自己又一定要出主要的资金，占大股。"如果没有一个主心骨，股份大家平分，到时候也肯定会出问题，同样完蛋。"

保持稳定的另一个关键因素，就在于搭档之间的"合理组合"。据《中国互联网史》作者林军回忆说："马化腾非常聪明，但非常固执，注重用户体验，愿意从普通的用户的角度去看产品。张志东是脑袋非常活跃，对技术很沉迷的一个人。马化腾技术上也非常好，但是他的长处是能够把很多事情简单化，而张志东更多是把一个事情做得完美化。"许晨晔和马化腾、张志东同为深圳大学计算机系的同学，他是一个非常随和、有自己的观点但不轻易表达的人，是有名的"好好先生"。而陈一丹是马化腾在深圳中学时的同学，后来也就读深圳大学，他十分严谨，同时又非常张扬，他能在不同的状态下激起大家的激情。

如果说，其他几位合作者都只是"搭档级人物"，只有曾李青是腾讯 5 个创始人中最好玩、最开放、最具激情和感召力的一个，与温和的马化腾、爱好技术的张志东相比，是另一个类型，比马化腾更具备攻击性，更像拿主意的人。

案例启示：一个优秀的创业团队，需要有一个能带领团队不断走向成功的领导；同时，团队成员构成上，如果能在技能、知识和能力方面形成互补，那么创业团队就能实现整体大于部分之和的高效率；创业团队的社会关系在一定方面上意味着这个创业团队获取资源的能力，这在企业创立与发展时十分重要。这些经验在创业团队组建初期时，为我们物色和挑选创业伙伴提供了重要启示。

四、创业团队的管理策略

（一）创业团队管理的五要素

创业团队管理的重点，是维持团队稳定的前提下尽可能发挥团队多样性优势。创业团队管理需要具备五个重要的要素（简称为 5P）：目标、人员、定位、职权和计划。

1. 目标

创业团队应该有一个既定的共同目标，为团队成员导航，知道要往何处去。目标在创业企业的管理中以创业企业的愿景、战略的形式体现出来。

2. 人员

在一个创业团队中，人力资源是所有创业资源中最活跃、最重要的资源。应充分调动创业者的各种资源和能力，将人力资源进一步转化为人力资本。目标是通过人员来实现的，所以，人员的选择是创业团队中非常重要的一个部分。在一个团队中可能需要有人出主意，有人定计划，有人负责实施，有人协调不同的人一起工作，还有人监督创业团队工作的进展、评价创业团队的最终贡献。不同的人通过分工来共同完成创业团队的目标。在人员选择方面要考虑人员的能力如何、技能是否互补、人员的经验如何。

3. 定位

创业团队的定位蕴含两层意义。其一是创业团队的定位，即创业团队在企业中处于什么位置，由谁选择和决定团队成员，创业团队最终应对谁负责，创业团队应采取什么方式激励下属；其二是行为个体（创业者）的定位，即作为成员在创业团队的角色，是制订计划还是具体实施或评估，是大家共同出资、委派某个人参与管理，还是大家共同出资、共同参与管理，或共同出资、聘请第三方（职业经理人）管理。这体现在创业实体的组织形式上，即是合伙企业还是公司制企业。

4. 职权

创业团队中领导人的权力大小与团队发展阶段和创业实体所在的行业相关。一般而言，创业团队越成熟，领导者所拥有的权力相应就越小。在创业团队发展的初期，领导权相对比较集中。

5. 计划

计划有两层含义，一是目标的最终实现，需要一系列具体的行动方案，可以把计划理解成达到目标的具体工作程序；二是按计划进行，可以保证创业团队的顺利进展。只有在计划的指导下，创业团队才会一步一步地贴近目标，最终实现目标。

在创业团队形成和发展的不同阶段，5P 因素有不同的特点。详见表 5-2。

表 5-2　创业团队的管理要素①

要素	形成	规范	震荡	成熟
定位	主要是根据项目类型，寻找必需的创业核心，一般是管理、技术、产品、销售、融资（财务）几个方面的互补性人才，可优先考虑熟悉型人脉	磨合后的各种管理规范建立，形成稳定的制约机制	经营一段时间后，公司和个别成员出现问题的应对	根据企业发展新阶段，为企业新的发展储备人才
职权	宜根据特长与职能初步划分，在磨合中微调	划分清晰，形成组织架构	根据团队问题，权责调整	制定新组织架构，建立新发展格局
目标	快速揽定企业经营的关键人才，为企业快速起步做好准备	提高绩效，提升团队作战能力	应对各种可能出现的大问题	为企业新发展做好准备
计划	根据人脉情况，圈定目标后，做出计划时间表	根据经营情况制定管理计划	人员调整计划	人员长远发展规划
人员	核心团队，人员不多，可忽略	确定长期合作者，做好沟通	稳定现有成员，通过各种渠道寻求新的合作伙伴	建立创业团队层次与大团队建设

---

① 陈文彬，吴恒春. 创业实务教程 [M]. 广州：暨南大学出版社. 2010：140-141.

（二）创业团队中领导者的行为策略

1. 针对不同阶段采取不同措施

在形成期，团队共同的目标、成员之间的关系、共同规范尚未形成，此时领导者的核心任务是快速让成员融入团队，要让成员理解个人的目标和团队目标的相互依存性。在凝聚期，日常事务能正常运作，但主要的决策与问题仍需要领导的指示。此时领导的管理内容是挑选核心成员，培养核心成员的能力，建立更广泛的授权与更清晰的权责划分。在开放期，允许成员提出不同的意见与看法，目标由领导者制定转变为团队成员的共同愿景。此时管理内容是培养团队的自主能力。在成熟期，团队爆发出前所未有的潜能，创造出非凡的成果，并且获得很高的客户满意度。此时的管理内容是保持成长的动力，避免老化。

2. 维护团队的意识

团队是企业凝聚力的基础，成败是整体的而非个人的，成员能够同甘共苦，经营成果能够公开且合理地分享，团队就会形成坚强的凝聚力与一体感。团队中没有个人英雄主义，每一位成员的价值表现为其对于团队整体价值的贡献。每一位成员都应将团队利益置于个人利益之上，个人利益是建立在团队利益基础上的，因此成员必须愿意牺牲短期利益来换取长期的成功果实，而不计较短期薪资、福利、津贴等，将利益分享放在成功后。这样的团队是不可能不成功的。因此，团队领导应该在创业的整个过程中贯彻团队意识与集体合作的精神，从而提高团队的凝聚力，这是提高创业绩效的基本保证。

3. 培养成员间的融洽关系

创业团队领导者应该将团队打造成互信互赖的高效整体。因此，领导者必须积极地与团队成员进行良好的沟通并且正确地处理好成员之间的矛盾，多为团队成员着想，培养成员间的融洽关系，从而能够帮助团队拥有抵御创业风险的能力。

4. 及时解决成员间的矛盾

作为团队领导者，必须及时认识到团队内部的矛盾，并且找出产生矛盾或冲突的原因，进而合理地解决问题。然而，矛盾不仅仅代表着团队内部的不和谐，如果处理得当，还可能促进团队绩效，领导者应该对矛盾和冲突做出正确的判断和调节。

一般说来，冲突按其性质可以分为两大类：一类是恶性冲突，也可以称其为破坏性冲突，主要是由于冲突双方的目的和途径不一致所导致。此类冲突所带来的后果往往是具有破坏性的。持不同意见的双方缺乏统一的既定目标，过多地纠缠于细枝末节，在冲突的过程中不分场合、途径，是团队内耗的主要原因，严重时还可能会导致团队的分裂甚至解体，这类冲突是管理层应当尽量避免的。还有一类冲突称为建设性冲突或良性冲突，即指冲突双方的目标一致，在一定范围内所引发的争执。良性冲突的主要特点是双方有共同的奋斗目标，通过一致的途径及场合了解对方的观点、意见，大家以争论的问题为中心，在冲突中互相交换信息，最终达成一致。这类冲突对于创业团队目标的实现是有利的，应当加以鼓励和适当引导。GE 公司前任 CEO 杰克·韦尔奇（Jack Welch）在团队建设的过程中就十分重视发挥建设性冲突的积极作用。他认为开放、坦诚、不分彼此以及建设性冲突是团队合作成功的必需要素。团队成员必须反对盲目的服从，每一位员工都应有表达反对意见的自由和自信，将事实摆在桌上进行讨论，尊重不同的意见。韦尔奇称此为建设性冲突的开放式辩论风格。

【案例】

在校大学生组建创业团队的案例①

怎样的创业团队是最有效的？如何管理团队以保持团队效率？

作为中南财经政法大学创业先锋的陈镜荣和黄衍博在他们创业的初期遇到了很多关于组建和管理创业团队的问题。如何选才、如何管才成为了摆在他们面前的一道难题。在经过不断地摸索之后，他们成功实现了选才、育才和用才，带领自己的创业公司不断走向成功。

陈镜荣：兴趣＋"师傅＋徒弟"

创业项目："PPT 定制＋翡翠精准营销"

（1）团队成员的招募：PPT 定制创业团队主要是以兴趣为集合点，通过开展公益PPT讲座，网罗高校内喜欢做直观类型 PPT 的大学生，聚集在一起。对于团队成员而言，既是创业，又是兴趣，也是学习，还是交友。每个 PPT 设计师同时也是翡翠（公司另一业务）的分销商。

（2）创业团队的管理：当优秀的设计师因为年龄、视力、腰椎等问题，被调升至管理岗后，或者优秀设计师跳槽，容易出现设计师断层。例如，创始人由于过度操劳，导致设计师职业病"眼压高"而视力下降，此时，公司丧失重要中坚力量。因此，公司重视培养新人，以"师傅＋徒弟"的方式，大胆提拔新人，从而保证技术梯队的稳定，为长远发展而奠定基础。公司培养新人的方式是"手把手教学"，团队领导者每周组织 3次培训，将往期制作的案例逐一进行拆分，梳理逻辑、排版、动画制作的套路，教会"徒弟"。

黄衍博：要的就是优秀的你

公司简介：黄衍博创建武汉市追忆那年网络科技公司，旨在为亲密关系的人打造一个线上移动的家。从 2015 年 8 月开始，与武汉天使翼创业服务有限公司签订深度创业辅导；同年 10 月研发第一版"忆年"产品进入新媒体推广期；直至目前，公司已获得武汉天使翼创业服务有限公司的天使轮投资，继而又获得了赛马资本董事合伙人的投资。完成"忆年"2.0 版本上线工作并取得 20 万以上的下载用户。

组建和管理创业团队的做法：

（1）寻找最优秀的同行者。

两位联合创始人——黄衍博和希热娜依·艾力在此之前均有创业经历，目前两人分别担任武汉市追忆那年网络科技有限公司 CEO 及 COO。公司团队始终秉承打破单一的理念，打破将创业团队局限于校园内的传统大学生创业模式，不仅吸纳优秀的在校大学

---

① 邓汉慧根据对中南财经政法大学创业先锋陈镜荣、黄衍博的访谈整理。

生，更是敢于向社会融资，吸纳其他优秀的社会在职人员。这种多元化人才选拔模式为公司发展提供了人才支持。为了做最优秀的产品，需要最优秀的团队。技术研发方面吸引了来自华为、微软等知名公司人才的加入；产品方面吸引了国内知名电商公司产品总监的加入；运营方面吸引了来自腾讯、阿里巴巴等知名互联网公司人才的加入；投资方面吸纳到原北极光创投投资总监和赛马资本董事合伙人。

（2）共同构筑一个未来。

只有真正理解忆年的人，才能跟忆年一起走下去，一年又一年。忆年创始人确保每一位团队成员都能够理解忆年现在做什么，未来要做什么，忆年的出现与成长对社会大众意味着什么——忆年的价值在哪里，为亲密关系的人打造一个线上移动的家是忆年的愿景。忆年想要去为用户搭建一个线上的私属空间，即使彼此海角天涯，也永远有一个手机上移动的家，里面有和他们的全部印记（照片、视频等）。忆年，让亲密有图有据。

（3）勇敢做不容易的事。

做好一件事从来都不容易。公司创始人在团队成立初期便有意识地在工作中让团队成员感受到创业的氛围，让每一位成员铭记创业者的身份，以创业者的要求进行自我约束。在忆年，加班既是一种团队成员自发的行为，也是创始人认可的工作常态；在忆年，每一位成员既各司其职，同时随时待命为其他成员打下手；在忆年，快速成长、快速适应才能避免被市场淘汰。正是这种紧迫感，使得团队成员真切地感受到创业的不易，从而更加团结地为公司的发展而努力。

（4）向前走比什么都重要。

向前走，比什么都重要。公司的研发团队及运营团队坚持每隔半个月一次讨论确定工作计划，每隔半年一次讨论确定下一步的工作目标。忆年要求团队成员即使在高压下也要做出实实在在的成绩，用实力证明自己的能力。对于创业公司，时间就是生命。设立目标，用实力带领忆年向前走是对每一位忆年团队成员的要求。忆年创始人为团队成员植入使命感，激励各成员不断突破，不断前行。

五、创业团队的股权设计

股权设计是指如何将适当的股权分配给合适的创业者的安排和规划。股权分配，又称所有权分配。科学合理地分配股权，建立利益分配机制，实现利益共享，是维护创业团队长期稳定的重要举措。通过分配股份，把成员的利益同团队的利益联系起来，以此激发各个成员的能动性，促使团队成员为团队的长期利益考虑，从而使每个成员的利益长期化，同时也避免和减少不必要的矛盾。

组建创业团队，最核心的还是利益分配。如何合理地分配股权是一个非常重要且需认真思考的问题。若给其中一位创业者较低的股份，则其能动性就无法完全发挥，影响到全身心投身创业的过程。如给予股权太高，则其犯错误的成本就会很大，可能面临创业公司无法承担的风险。

从所有权的角度来说，股权意味着对企业财产的拥有量。公司法规定，按出资的比例分配股权，按出资比例行使表决权，在股东大会上表决，实行一票一股。这里所说的出资不仅包含货币出资，还包含以实物、知识产权、土地使用权等可以用货币估价并可以依法转让的非货币财产作价的出资。在股东大会上，所有权、表决权、分红权是1∶1∶1的关系。股份大小代表你在公司中说话的分量，也代表着股东的分红量。在通常情况下，所有权和表决权是统一的。有些问题的决策是董事会的职权范围，在董事会进行表决时，不需要提交股东大会，实行一人一票制。小型创业团队，可以采用灵活的股权计划。有时在特殊情况下可以将所有权和表决权相分离。

每个公司的情况都不同，创始人股权分配并不存在最优方案，没有标准答案。但是，这其中有一个隐形标准：当股权分配完毕尘埃落定时，每个联合创始人都对这个分配方案满意。

马化腾创立腾讯之初，就和4个伙伴约定清楚：各展所长、各管一摊。虽然马化腾提供了主要资金，但为了避免日后出现垄断与独裁的局面，他自愿把所占股份降到一半以下。如此设计，使创业团队能在维持张力的同时保持和谐。创业团队中没有人能够独断，从而保证了意见不合与讨论沟通的空间。直到现在，腾讯创业团队的5个伙伴仍不离不弃。

【案例】

火锅店三剑客分股权的启示①

A是个厨子，拥有独家家传秘方，让人吃了一次想第二次，念念不忘，肚子咕咕响。

B钱多而且熟悉各种工商流程，愿意提供大部分的启动资金和负责初期的开店注册手续。

C是个年轻IT小伙，觉得目前移动互联网风刮得呼呼的，想用互联网思维来为餐饮业创造更可观的利润，有IT技术，会做微信平台开发，也提出了一个全新的商业模式，听起来前景诱人。

三个人都没有什么运营餐饮行业的经验和经历，但决定开店后共同经营管理。三人针对股权分配的问题展开讨论：

A说："开餐饮没什么壁垒，人人都能做，但味道好坏是吸引顾客的第一要素，所以厨师的手艺是很重要的。"B和C都同意。

B说："没错，厨师的手艺是很重要，不过光有手艺也不能把我们的事业做起来。开店需要一大笔启动资金，再说咱一起做这事不也是为了赚钱回来么，所以一开始的资金投入也是非常重要的。"A和C表示没有异议。

C说："光满足以上两点可能只是小打小闹，累不说也赚不到大钱，我提出的这套商业模式结合好的推广，一定能帮我们提高很多营业收入！"

A和B琢磨了下，觉得这个新模式谁都没有去验证过，风险很大，运营方面C也没有特别多的经验，于是跟C说："这样好了，我们暂时认可如果能按你预想的那样，我们可以得到更多的营收。但这事也没个准，等我们做起来之后，发现你的方法确实有

---

① http://www.zhihu.com/question/22851516.

效果、带来了额外的营收和利润，再给你兑现这部分股权，你这部分贡献是预期的，所以相应部分现在你先拿期权好了。"C是个通情达理的人，觉得于情于理这样做都会比较合适。

经过一番友好的商讨之后，他们结合餐饮这个行业的实际情况，把100%的权重分为手艺25%，合伙人出资55%，商业模式和运营20%三个部分。然后A、B、C三人各自对这三项进行打分，以0~5分为标准，以下为他们的最后商讨结果：

表2-3 股权权重统计表

	A	B	C
手艺25%	5	0	1
出资55%	2	5	1
运营20%	1	2	5
总股权	37.1%	39.4%	23.5%

接下来他们还约定了与权力相对应的职责和义务：

对应股权相应的责任约定为：A主要负责调料制作和烹制，需要C帮着打打下手；而在出资上，A、B、C达成了2：5：1的承诺；运营上，A会偶尔帮着搭把手，因为主要做菜，B也会费点心来操作运营，C主要负责运营并且承诺一年以后自己提出的模式能初见成效，而且大概约定了一个营业额，未达到目标则酌情稀释相应部分股权，同时他提出A也要保证自己的手艺确实能得到顾客的认可，可以招揽很多回头客才好兑现相应部分股权。

最后他们细化了每个人的权益和责任，并提出了可考量的指标，以三个月、六个月和一年为期限，逐步兑现相应的股东权益。最终三个小伙伴在愉快而友好的氛围下完成股权和责任的分割，此后勠力同心，共同为事业抛头颅洒热血，数年后在江湖上成了赫赫有名的火锅三剑客。

案例启示：

可操作的分股流程：

（1）对贡献元素进行分类，比如资金、运营、技术、资源等，然后根据团队的情况，确定每个类别的权重。

（2）所有成员梳理自己已做出的贡献和将可能做出的贡献，列出来放入相应大类，然后给予每个贡献元素相应的权重比例。

（3）接下来对照着每个贡献元素小项逐项给每个人打分，0~5分，建议把已经落实的贡献项目用蓝色标记，承诺可以做出的贡献项目用红色标记。

（4）加权统计每个人的股权。

（5）量化那些承诺要做出的贡献，约定个期限来考察，起草并签订书面协议。

（6）在约定期到的时候检查承诺，并对股权进行微调，或分配或进入期权池。

根据上述案例分析，创业团队的股权设计需要重点关注以下问题。

1. 有可信可靠的创业团队领导

企业的股权架构设计，核心是创业团队领导的股权设计。创业团队领导不清晰，企业股权就没法分配。新创企业，要么一开始就有清晰明确的创业团队领导，要么通过磨合产生出一个团队领导。很多公司的股权战争，缘于创业团队领导的不清晰。

企业有清晰明确的团队领导，并不是代表领导专制。苹果、微软、Google、BAT、小米等企业，都有清晰明确的团队领导。团队领导不控股时，这些企业都通过 AB 股计划、事业合伙人制等确保团队领导对公司的控制力。创业团队的决策机制，可以民主协商，但意见有分歧时必须集中决策，一锤定音。

2. 股份杜绝平均和拖延分配

创业团队的股权分配绝对不能搞平均主义。很多时候，创始人不愿意谈论股权分配问题，这个话题不容易启齿，所以他们要么完全回避这个问题，要么只是说一些模棱两可的约定。创始人普遍会犯的错误是：没有在第一天就把股份的分配问题谈清楚，并写下来。股权的分配等得越久，就越难谈。随着时间的推移，每个人都会觉得自己是项目成功必不可少的功臣，关于股权分配的讨论就会变得越来越难以进行。因此，尽早进行股权分配的讨论并达成共识。

3. 股份绑定，分期兑现

仅仅达成股份比例的共识还不够。如果一个创始人拿了很多股份，但后来做事不给力怎么办？如果有人中途离开公司，股份如何处置？在美国，初创企业一般对创始股东的股票都有关于股权绑定（Vesting）的机制设置，公司股权按照创始人在公司工作的年数或月数逐步兑现。任何创始股东都必须在公司做够起码 1 年才可持有股份（包括创始人）。好的股份绑定计划一般按 4~5 年期执行，例如 4 年期股份绑定，第一年兑现25%，然后接下来每年兑现 25%。"股权绑定"可以有效平衡合伙人之间可能出现的股份分配不公平情况。

4. 遵守契约精神

股权分配中最核心的原则是"契约精神"。对创业团队的所有成员而言，股权比例一旦确定，也就意味着利益分配机制的确定，除去后期的调整机制不说，接下来干活的时候，每个人的努力和贡献其实和这个比例没有太大关系，在"契约精神"的约束下，尽自己的最大努力是对创业团队成员的基本要求。事实上，对于所有早期创业者而言，尤为需要明晰一个道理：一旦创业获得成功，即使 1% 的股份也将获得优厚的回报；创业失败，就是占有 100% 的股份也分文不值。

教学设计
第一次课

章节	内容	时间	授课方法	教具
主题游戏	猜谜语（创业者）	5 分钟	游戏	
上周内容回顾	上周课程内容	10 分钟	学生讲授	PPT

续表

章节	内容	时间	授课方法	教具
第一节 创业者	创业者的概念及特质	15 分钟	讲授	PPT
课堂活动	写出自己心中的创业偶像及特质	15 分钟		活页挂纸、卡片
第一节 创业者	创业动机	15 分钟	讲授	PPT、案例
第一节 创业者	创业能力、领导力	20 分钟	讲授	PPT、案例
本课总结	本课内容现场复习测试	10 分钟	现场测试	PPT
合 计		90 分钟		

第二次课

章节	内容	时间	授课方法	教具
主题游戏	团队游戏	5 分钟	游戏	
上周内容回顾	上周课程内容	10 分钟	学生回顾	PPT
第二节 创业团队	创业团队的内涵及优劣势分析	20 分钟	讲授	PPT、案例
课堂活动	如何寻找合伙人	15 分钟	小组讨论	大白纸卡片
第三节 创业团队	创业团队的组建	10 分钟	讲授	PPT
第三节 创业团队	创业团队的管理 团队股权结构设计	25 分钟	讲授	PPT
本课总结	本课内容现场复习测试	5 分钟	现场测试	PPT
合 计		90 分钟		

本章小结

创业者就是创造性地将商业机会转变为经济实体，并扮演经济实体中组织、管理、控制、协调等关键角色的个人。

创业者是一种主导劳动方式的领导人，具有使命、荣誉、责任能力的人，具有思考、推理、判断的人，是组织、运用服务、技术、器物作业的人，是能使人追随并在追随的过程中获得利益的人，是具有完全权利能力和行为能力的人。

成功的创业者必须具有敏锐的机会识别能力，宽阔的视野是创业者洞察机会的必要特质。风险和不确定性存在于创业的每个环节。创业者敢于去利用机会谋利。胆量被看作一种稀缺资源，是人们普遍缺乏的素质，是创业者具有的特质。

创新不是指单一的发明，是一种系统化的、有目的的活动，是经过精心策划和组织、并通过努力且有可能实现的结果，是有着高度的可预测性，因此创业者必须学会如何进行系统化的创新。

成功的创业者具备强烈的事业心和坚定的信心、领导的才能、创造或者寻找机遇的执着、对于风险和不确定性的承受力、创新能力、追求卓越的动力。

创业团队是一种特殊的群体，是由两个或两个以上具有共同的创业理念、价值观和创业愿景，相互信任，为了共同的创业目标团结合作，共同承担创建新企业责任的人而组建的工作团队。

创业团队的组建、管理及团队股权设计是企业成长的基础。

创业团队成员在知识、技能和经验方面互补，而在个人特征和动机方面则需要相似性。创业团队组建之后，需要制定成员分工与所有权分配方案。工作分工是对成员之间所承担任务以及协调方式的规划，所有权分配则是对创业利益分配方式的约定，是维系创业团队凝聚力的基础。对公平和激励做出良好的权衡，所有权分配方案设计需要重视契约管理，遵循贡献决定权利及控制权与决策权统一原则。

除此之外，创业团队需要搭建一个透明沟通的平台，制定一套规范的运作，形成一种创业企业的独特文化，提升有效的执行能力。因此，独特的小微企业管理制度是维持团队稳定的前提下发挥团队的多样性优势的关键。

重点词汇提示

创业者　创业者特质　创业动机　领导力　创业团队

创业团队组建与管理　股权设计

复习思考题

1. 什么人适合创业？
2. 创业动机产生的根源有哪些？
3. 如何寻找合伙人？
4. 创业团队与群体的区别？
5. 试说明创业团队的组建原则。

讨论性问题

1. 创业团队股权设计需要注意什么？
2. 你认为什么样的创业团队更容易创业成功？

实践性问题

请关注身边的创业者和创业团队并分析他们：

1. 当初准备创业的动机有哪些？
2. 如何组建创业团队？
3. 有无创业团队的股权计划？如果有，请详细了解该创业团队的股权计划。

教学辅助教材

【美】本·霍洛维茨著，杨晓红、钟莉婷译《创业维艰：如何完成比难更难的事》，中信出版社，2015年版。

【美】彼得·戴曼迪斯、史蒂芬·科特勒著，贾拥民译《创业无畏：指数级成长路线图》，浙江人民出版社，2015年版。

参考文献

罗伯特 D. 赫里斯，迈克尔 P. 彼得斯，迪安 A. 谢泼德. 创业管理［M］. 7 版.
蔡莉，葛宝山，译. 北京：机械工业出版社，2013.

刘帆. 大学生 KAB 创业精讲［M］. 北京：知识产权出版社，2013.

张玉利. 创业管理［M］. 北京：机械工程出版社，2011.

邓汉慧. 大学生创业轨迹与创业成长调查研究［M］. 武汉：湖北人民出版
社，2014.

邓汉慧. 创业基础［M］. 北京：北京大学出版社，2016.

陈文彬，吴恒春. 创业实务教程［M］. 广州：暨南大学出版社，2010.

德鲁克. 管理的实践［M］. 乔若兰译. 北京：机械工业出版社，2009.

第六章　创业机会

【**本章教学目标**】

- 了解创新、创意和创业机会的联系和区别。
- 认识创业机会的概念、来源和类型。
- 熟悉创业机会识别的一般步骤与影响因素。
- 掌握创业机会评价的方法。

第一节　创业机会识别

创业的核心是创新，创新首先表现为创意。从众多创意中识别出创业机会，需要了解创业机会的类型和来源，熟悉识别创业机会的关键要素和有助于机会识别的影响因素。

一、创意、创新和创业机会

创意是创新的基础，创新是创意的飞跃和创业的核心。厘清三者之间的关系，有助于把握创业成功的核心要素，更好发现创业机会，实现创业成功。

（一）创意

经济学意义上的创意是指通过创新思维意识，进一步挖掘和激活资源组合方式进而提升资源价值的方法。创意是创新的特定形态，是创新创业的基础。一项能够产生价值的创意需要具备新颖性、真实性和价值性。

1. 创意要具有新颖性

新颖性可以是新的技术或新的解决方案，可以是差异化的解决办法，也可以是更好的措施。新颖性还意味着一定程度的领先性，可以加大模仿的难度。

如随着人们之间沟通的日益重要和计算机网络技术的发展，扎克伯格想到了Facebook，王兴从美国退学归国创办了人人网，张小龙则带队开发出了微信；由于道路交通拥堵的状况愈益严重，陕西西安开发区建设了悬挂公交，[①] 河南周口拟采用巴铁作为公共交通工具；[②] 对于早晚高峰拥堵的现状，北京朝阳区规划出一条潮汐车道[③]。这都是新颖的想法、措施或方案，都具有一定的领先性。[④]

2. 创意要具有真实性

真实性是指该创意能够开发出可以把握机会的产品或服务，而且市场上存在对产品或服务的真实需求，或可以找到让潜在消费者接受的产品或服务的方法。以上第一个特征中所说的创意，不仅具有新颖性，而且都可以开发出产品和服务，满足市场的真实需求。

历史上富有新颖性的创意还有很多，如 1955 年发明的超豪华烟斗（一次可以抽掉1 盒香烟）、1962 年发明的过海鞋子（后面有小螺旋桨，发明家已经证明这个鞋子可以漂浮），1953 年的弧线机关枪以及 1962 年的夜光轮胎（女士可以在夜晚借助发光的轮胎整理长袜和衣服），但是由于这些创意不存在真实的市场需求，而无法变成创业机会。[⑤]

3. 创意要具有价值性

价值特征是创意的根本，好的创意要能给消费者带来真正的价值，要经由市场检验。社交网络的创意给客户带来了超越空间交往的体验，解决交通拥堵的创意则减少了路途中消耗的时间，都在一定程度上为使用者创造了新价值。盐水灯的发明，使得仅靠2 匙盐＋1 杯水就能照明 8 小时，在手机没电的紧急情况下，可利用这种灯的电力为移动设备充电。它不但很好地解决了偏远山区的照明问题，居住在邻近海岸地区的人们也能利用海水来供给照明，既有很好的社会价值，也会有可观的商业价值。[⑥]

尽管不是所有的创意都具有商业价值，也并不是所有具有商业价值的创意都可以被实现，但是正是大量的灵感乍现的创意诱发了众多的创业机会。因此，我们应该通过系统学习，有意识地培养和训练自己的创造意识和创新意识，从而在日常生活中产生更多美好的创意。

（二）创新

经济学上，创新概念起源于美籍经济学家约瑟夫·熊彼特在 1912 年出版的《经济发展概论》。熊彼特在其著作中提出：创新是指把一种新的生产要素和生产条件的"新结合"引入生产体系。"企业家"的职能就是实现"创新"，引进"新组合"，带来经济发展。

按照熊彼特的观点，创新包括五种情况：采用新的产品，采用新的生产方法，开辟

---

① 新型悬挂式公交有望现身西安 将在开发区进行尝试，华商网。
② 中国原创巴铁 2017 年周口亮相 每辆车能载 1200 人，新浪河南。
③ 北京潮汐车道在哪？详解朝阳路潮汐车道标志，北京本地宝。
④ 王艳茹，王兵．创业基础课堂操作示范［M］．北京：北京师范大学出版社，2014：117－118.
⑤ 网易校。
⑥ 新华网，http://news. xinhuanet. com/info/2015－08/26/c_134555600. htm.

一个新的市场，获得原材料或半成品的一种新的供应来源，建立新组织。各种途径的创新都会驱动创业机会的进一步发展和完善，为创业机会的实施提供相应保障。幸运的是，创新思维是可以学习的、创新能力是可以训练的，广大学生应该在平时学习中，积极主动地锻炼自己的创新能力，培养自己的创新思维，为使中国从人力资源大国变成人力资源强国贡献自己的一分力量。

（三）创业机会

对创业机会的开发形成创业活动，即狭义的创业。创业具有增加就业、促进创新、创造价值等功能，同时也是解决社会问题的有效途径之一。[①]

再好的机会如果只存在自己的脑海中和嘴巴里，那就无法产生任何的效益，只有把看起来美好的创业机会运用到实践中，让其经过实践的检验，真正得到消费者的认同，才能够实现它的价值。因此，当代大学生不但要有创新的意识、思维和能力，还应该有开展创业活动的激情和行动，以便将更多的创意创新付诸实践。

二、创业机会与商业机会

（一）创业机会和商业机会的概念

商业机会是有利于某个商业活动主体（个人、企业）获得某种商业利益的一组条件的形成（现实情景或未来趋势）。按照非瓦尔拉斯经济学的观点，市场上的供给和需求多数都不能"出清"，即供求不可能均衡。当市场上某种需求没有被满足时，就意味着出现了商机。

创业机会是适合以创业的方式实现商业利益的商业机会，是一种特殊的商业机会。创业机会是可以引入新产品、新服务、新原材料和新组织方式，并能以高于成本价出售的情况。对于大多数大学生来说，轻资产、小团队加上能开发出产品的创意才是真正的创业机会。

（二）创业机会和商业机会的关系

普遍意义上的商业机会中包含着创业机会，但商业机会中只有很小一部分是创业机会。创业机会比一般商业机会更具有创新性甚至创造性，创新性强的创业机会容易形成竞争优势，有利于创业活动的成功。

一般情况下，创业机会与商业机会之间并不存在严格的界限。

三、创业机会的类型

创业机会按照不同的标准可以进行不同的分类，按照来源可以分为问题型机会，趋势型机会和组合型机会三种类型。

---

① 李家华. 创业基础［M］. 北京：北京师范大学出版社，2013：20—21.

1. 问题型机会

问题型机会指的是由现实中存在的未被解决的问题所导致的一类机会。问题型机会在人们的日常生活中和企业实践中大量存在，比如顾客的抱怨、大量的退货、无法买到称心如意的商品、服务质量差等，在对这些问题的解决中会存在着价值或大或小的创业机会。

2. 趋势型机会

趋势型机会是在变化中看到未来的发展方向，预测到将来市场潜力的一类机会。趋势型机会一般出现在经济变革、政治变革、人口变化、社会制度变革、文化习俗变革等多个方面，一旦被人们认可，它产生的影响将是持久的，带来的利益也是巨大的。

3. 组合型机会

组合型机会是将现有的两项或两项以上的技术、产品、服务等因素组合起来，实现新的用途和价值而获得的创业机会。

现实社会中大部分的商业机会都是组合型的机会。在校大学生可以从身边出发，通过自己创新性的思维将现有产品或服务进行整合，更好满足市场需求，实现自己的创业梦想。

四、创业机会的来源

创业的核心是创新，创新机遇是最好的创业机会来源。按照彼得·德鲁克在 1985 年出版的《创新和企业家精神》一书中的说法，创新机遇有七个主要的来源，分别是意外之事、不一致之处、流程需要、产业和市场结构的变化、人口结构、观念改变和新知识。

（一）意外之事

意外的成功或失败都有可能引发新的商业机会，尤其是意外的成功所提供的创新机遇，风险小，求索的过程也不艰辛；而经过精心设计、规划及小心执行后的失败又常常反映了隐藏的变化，以及随变化而来的机遇。1921 年，患重感冒的亚历山大·弗莱明（Alexander Fleming）坚持工作时，在一个培养基中发现了溶菌现象，细究之下原来是鼻涕所致，由此发现了溶菌酶；在 1928 年 7 月下旬，弗莱明将众多培养基未经清洗就摞在一起，放在试验台阳光照不到的位置就去休假了。9 月 1 号，在工作 22 年后，他因溶菌酶的发现等多项成就，获得教授职位。9 月 3 号，度假归来的弗莱明，刚进实验室，其前任助手普利斯来串门，寒暄中问弗莱明最近在做什么，于是弗莱明顺手拿起顶层第一个培养基，准备给他解释时，发现培养基边缘有一块因溶菌而显示的惨白色，因此发现青霉素，并于次年 6 月发表了最终使其获诺贝尔生理学或医学奖的论文。[①] 正是由于弗莱明对于意外事件的观察和思考，帮助其取得了研究上的辉煌成就。

因此，在日常生活中，我们应当对身边发生的意外之事保持一颗好奇之心，凡事多

---

① 360 个人图书馆。

问几个"为什么"，多一些思考和研究有助于发现可能被其他人忽略的创业机会。

（二）不一致之处[①]

不协调是指现状与"理应如此"之间，或客观现实与个人主观想象之间的差异，这是创新机遇的一个征兆。这些不协调包括产业的经济现状之间的不协调，产业的现实与假设之间存在的不协调，某个产业所付出的努力与客户的价值和期望之间的不协调，程序的节奏或逻辑的内部不协调等。

集装箱的首次出现就源于行业的假设与现实之间的不协调。20世纪50年代之前，航运业一直致力于降低航运途中的成本，争相购买更快的货船，雇佣更好的船员，但成本仍居高不下，导致航运业一度濒临消亡。直到货运集装箱的出现，航运总成本下降了60%，航运业才起死回生。集装箱的发明者用简单的创新解决了现实和假设之间的不协调。航运业当时的重要假定是：效率来自更快的船和更努力的船员，而事实上，主要成本来自轮船在海港闲置、等待卸货再装货的过程中。

（三）流程需要

流程需要与其他创新来源不同，它并不始于环境中（无论内部还是外部）的某一件事，而是始于需要完成的某项工作。它是以任务为中心，是完善一个业已存在的程序，替换薄弱的环节，或者用新的知识重新设计一个旧程序等。

按照法律法规的规定，创业者需要经过工商注册拿到营业执照从事合法经营，但2014年3月份新《中华人民共和国公司法》实施之前，注册的流程极为繁琐，需要的时间也很长，给拟创业者带来很大烦扰。但是，注册又是开业之前的必备流程，于是，很多人看到这个机遇，成立了代理注册公司，帮助创业者办理工商注册，客户量很大，效益不错；企业开始生产经营之后，需要按规定进行会计核算、办理申报纳税事务，但是很多创业者不是经济管理类的专业出身，不懂如何进行处理，即便是经济管理类专业毕业的学生，开业之后由于忙于企业的生产经营，也难以亲自处理相应业务，于是会计公司应运而生。

在评估流程需要时，须考虑三条要求：是否清楚地了解该需要，所需的知识是否能够获得，解决的办法与操作者的企盼是否一致。以上三条都能够满足的流程需要一般来说都是不错的创业机会。

（四）产业和市场结构的变化

产业和市场结构会发生变化，这通常是由于客户的偏好、口味和价值在改变。另外特定产业的快速增长也是产业结构变化的可靠指标。

由于汽车行业的飞速发展，汽车进入普通家庭现象的普及，汽车对路面空间的占用造成了严重的交通拥堵，加之作为耐用消费品的汽车预计使用寿命较长，更新不频繁，油价又一直在攀升之中，使得美国重要工业支柱的"汽车三巨头"——通用、福特和克

[①] 张焱，德鲁克：创新的七种来源，微口网。

莱斯勒总部所在地底特律市不得不在 2013 年申请破产保护。但与此同时，车身较轻、省油的日本汽车在美国的销量却大增。中国服务产业的打车软件，制造产业的创新发明等也提供了不错的创业机会。如面对交通拥堵带来的打车难问题，创业者们发明了很多打车软件，如嘀嘀打车、摇摇招车、易达打车、移步叫车等。同样面对交通拥堵带来的公共交通堵塞问题，2012 年 8 月西安市政府开始做悬挂公交的论证，[①] 亮相于北京科普展的立体快巴当选为《时代周刊》年度最佳发明[②]；而为解决私家车出行难的问题，英、美等国家已经研究生产出会飞的汽车，并且开始正式销售，[③] 2010 年在美国的售价为 19.4 万美元，折合人民币 131 万元。

要预见工业结构的变化，需要查看这一行业是否出现快速增长，市场领导者是否制定了不协调的市场细分战略，是否出现了技术趋同，业务做法是否有迅速变化等迹象。

（五）人口结构

人口结构，通常被定义为人口数量、规模、年龄结构、组合、就业情况、受教育状况以及收入情况。相比于其他来源，人口结构的变化是最可靠的一个来源。

我国人口老龄化的现象日益严重，2015—2020 年，老龄人口总数将从 2 亿上升至 2.5 亿，占比将由 15% 左右增加至 17.17%。随着老龄化社会的到来，大量针对老年人群的服务将有更多需求，养老刚需消费市场在 4 万亿元以上。[④] 于是，居家养老服务、"京东"的养老服务供给索引平台等项目诞生，老年代步车、多功能老年拐杖等产品需求旺盛，保险公司推出的以房养老的保险产品将会逐渐受到欢迎。

同样，随着全面放开二胎政策的实施，婴幼儿用品市场势必迎来新一轮的发展高峰。

（六）观念改变

观念是人们对事情的主观与客观认识的系统化的集合体。人们会根据自身形成的观念进行各种活动。随着社会经济的发展，人们的观念也一直在发生变化，如果创业者或创业企业不能够意识到这种变化，不能及时抓住相应变化，可能就会影响企业的发展和创业成功。

进入 21 世纪，随着知识经济的到来和移动互联网的普及，大家更习惯利用碎片化的时间，从移动端获取信息，传统的电视媒体的地位受到严重挑战。于是，很多媒体人便利用这个机会，辞职做起了自媒体。如曾担任《决战商场》《中国经营者》等节目主持人的罗振宇 2008 年从中央电视台辞职创业，2012 年底，与独立新媒创始人申音合作打造知识型视频脱口秀《罗辑思维》，半年时间就由一款互联网自媒体视频产品，逐渐延伸成长为全新的互联网社群品牌，仅 2015 年其售书收入已超过 1 亿元。传统企业的

---

① 张蕾，新型悬挂式公交有望现身西安，三秦都市报。
② 立体快巴当选《时代》周刊年度最佳发明，闽南汽车网。
③ 黄博，会飞的汽车美国正式开售、约合人民币 131 万。英国发明首部会飞汽车，驾驶员有望摆脱塞车之苦，人民网。
④ 2016 年中国养老产业处于爆发年市场需求巨大，中国产业信息网。

创始人宗毅通过观念改变，提出了"裂变式创业"的思路，使企业在短期内获得了飞速发展。

需要善意提醒的是，观念转变的创新应从具体化开始，并从小规模开始。从一个小的细分市场进入，提供一个"爆款"产品，有利于对人们原有的观念形成强大的冲击，从而改变其消费习惯，快速赢得市场认可。

（七）新知识

基于知识的创新是企业家精神的"超级巨星"，它可以得到关注，获得财富。尽管它难以管理、无法预见、花费较高，需要较长的生产准备时间。但是它引人注目、令人兴奋，目前多数组织在各种来源中依然首先强调新知识。而且在创造历史的创新中，这种创新机遇占有很重要的分量。不过基于知识的创新往往不是基于一个因素，而是几种不同知识的汇合，所以单一组织难以成功地引进以新知识为基础的创新，也难以在短期内实现该创新。

2004 年，石墨烯就由英国曼彻斯特大学的物理学家安德烈·盖姆和康斯坦丁·诺沃肖洛夫在实验室中成功分离出来，并被证实可以单独存在，将会具有广泛的用途，被称为"黑金"。于是，欧盟委员会将石墨烯作为"未来新兴旗舰技术项目"，设立专项研发计划，在 10 年内拨出 10 亿欧元经费支持。英国政府也投资建立国家石墨烯研究所（NGI），力图使这种材料在未来几十年里可以从实验室进入生产线和市场。直到 2013 年初，美国加州大学洛杉矶分校的研究人员才开发出一种以石墨烯为基础的微型超级电容器，该电容器不仅外形小巧，而且充电速度为普通电池的 1000 倍，可以在数秒内为手机甚至汽车充电，同时可用于制造体积较小的器件。2015 年 1 月，西班牙 Graphenano 公司（一家以工业规模生产石墨烯的公司）同西班牙科尔瓦多大学合作研究出首例石墨烯聚合材料电池，其储电量是目前市场最好产品的三倍，用此电池提供电力的电动车最多能行驶 1000 公里，而其充电时间不到 8 分钟。

需要强调的是，知识并不一定是科技方面的，基于知识的社会创新也同样甚至更加重要。大学生在校期间应该认真学习专业知识，并能够将其吸收转化为内在的能力，以便结合自身的体验和认识，基于新知识进行创新，为社会发展尽一己之力。

【小测试】

1. 创意、创新和创业机会的关系是什么？
2. 创业机会和商业机会的关系是怎样的？
3. 创业机会按照来源可分为哪些种类？
4. 创新机遇有哪些来源？

五、创业机会识别的关键要素

从众多创意中识别出创业机会，需要具备一定的知识，了解相应的识别方法。识别和认识创业机会，需要观察社会发展趋势，解决现实问题，发现市场空隙，并且基于创业者的个性特征。

（一）观察趋势

顺应时代发展，引领时代潮流的创业项目容易成功；逆潮流的或者与社会发展趋势相反的项目则容易走向失败。所以，创业者应在众多的创新性想法中，从政治、经济、社会和科技的角度进行分析，选择符合发展趋势的创业机会。

1. 政治趋势

政策制度的变革为创业机会提供了基础。如 2014 年 10 月 1 日"三证合一、一照一码"登记制度改革在全国范围内全面实施，改革成效明显：11 月、12 月新登记企业数量连创新高，分别达到 46 万户和 51.2 万户。2015 年全国平均每天新登记企业 1.2 万户。截至 2015 年年底，全国实有各类市场主体 7746.9 万户，同比增长 11.8%，注册资本（金）175.5 万亿元，同比增长 35.8%。随着商事制度改革的深入推进，市场活力持续激发，改革红利进一步释放。[①]

政府规章制度的变化，也会为创业者创建差异化的企业提供支撑。比如欧元区成立之后，2002 年 7 月欧元成为欧元区唯一合法货币。一个偶然的机会，温州商人得知欧元将在欧洲大面积发行流通的信息，并且得知欧元纸币的面积要比一般纸币长 1.4 厘米，这就意味着欧洲人原来装钱的钱包放不下新欧元。这条很不起眼的信息瞬间触动了他们十分敏感的商业意识。于是，他们迅速组织一流的设计人员昼夜兼程，开发出质地上乘做工精湛的专用钱包，马上发往欧洲市场促销。由于恰逢其时，营销得力，使其很快成为市场的热销产品，赚钱在情理之中。[②]

对于那些依赖政府的支持性规定存在的企业，在规章制度发生变化后生存就会受到威胁。如烟草行业和高档酒店行业。因此，创业者在进行机会识别时，要关注机会和政治制度的关系。

当然，政治变革还会带来很多创业机会。例如，全球政治不稳定与恐怖主义的威胁，导致许多企业变得更有安全意识，于是数据备份行业得到扩张和快速发展。黄维学在清华同方工作期间，意识到进入信息化时代后，随着用户的信息化程度提高对数据的依赖增强的现象，发现数据容灾备份、数据存储和安全市场的巨大需求和潜力，于2004 年 12 月成立和力记易公司，致力于帮助客户实时备份重要数据，做到对历史数据的任意可追溯并确保业务连续性，从而全面确保数据和业务系统安全。公司业务得到快速发展，从 2005 年下半年至今，该公司的市场占有率已达到 70% 以上。

2. 经济趋势

对于经济趋势的理解和观察，有助于确定创业机会的适宜领域或回避领域。当经济强劲时，人们会增加消费，而经济低迷时则会减少支出。如经济高速发展时可以从事奢

---

① 2015 年日均新登记企业 1.2 万户，新华网时政。
② 欧元钱包的启示，瓯网。

侈品交易，而经济下行时化妆品的经营会取得不错的效果，实现所谓"口红效应"的效益。[①] 比如，在 2009 年美国金融危机的影响之下，重庆的商贸流通、中低档餐饮、微型汽车、国内旅游、文化娱乐休闲健身和教育培训市场却得到了不错的发展。[②] 因此，面对经济的不同发展趋势，应该选择不同行业的创业机会。

经济因素的影响还涉及创业机会所提供的产品和服务的主要消费群体，应该考虑该群体的购买力。比如，Jane Chen 与其团队发明的"拥抱"保温袋。在斯坦福大学就读工商管理硕士时，Jane Chen 与其团队发明了一个像睡袋般大小的育婴箱，这些育婴箱已成功救活全世界无数婴儿。由于传统保温箱价格昂贵，贫困地区的人们买不起，每年有四百万母亲只能眼睁睁地看着自己的孩子死去。而这个价格低廉的叫作"拥抱"的保温袋拯救了超过 150000 个小生命。[③]

经济因素导致的另一个趋势是企业受到持续的降低成本的压力。如随着人力成本的上升，温州眼镜业就开始用机器换人并因此降低了成本，尝到了甜头。通过用激光电焊机取代原来的人工电焊，在减少物料损耗的同时，生产效率提升 1 倍，生产成本减少 60%。[④] 由此，势必带动机器人行业的快速发展。大学生如果能立足于自身专业，在自动化领域大显身手，就会找到好的创业机会。

了解经济趋势，有助于识别创业需要回避的领域。例如，由于受国内外市场需求明显下降、国际大宗商品价格持续下跌等影响，钢铁煤炭行业产能过剩矛盾凸显，于是，国家下大力气促使其化解过剩产能。而这势必会带来新型能源和清洁能源产业的发展，清洁能源领域的创业机会就有很好的发展优势。

最后，随着分享经济到来，分享成为生活的主题，以分享为基础的创业机会均实现了超常增长。如优步在全球各地的快速发展，在中国类似的企业——滴滴和快的等项目也有较快增长。基于分享的时代刚刚开始，相信会有越来越多的好的创业机会等着大家去发现和挖掘。

3. 社会趋势

社会趋势的发展会对大多数创业机会形成非常大的影响。因为，所有产品或服务存在的原因，主要都是满足了社会需求而不仅仅是物质层面的需求。例如，O2O 餐饮的快速增长，不是因为大家喜欢快餐、喜欢在家吃外卖，而是在竞争日益激烈的情况下，人们的工作太忙，没有时间做饭；社交类网站的流行，也是基于人们忙碌之中交往的需求。

随着人们对美的追求，让人美的创意也得到较为广泛的人群的大力支持，为人们提供美的工具的美图公司由此得到快速发展。美图公司成立于 2008 年，是中国领先的移动互联网平台公司，围绕着"美"创造了美图秀秀、美颜相机、美拍、美图手机等一系

---

① 所谓"口红效应"是指一种有趣的经济现象，在美国，每当在经济不景气时，口红的销量反而会直线上升。因为在美国人们认为口红是一种比较廉价的消费品，在经济不景气的情况下，人们仍然会有强烈的消费欲望，会转而购买比较廉价的商品。

② 黄奇帆详解"口红经济"现象 十大行业可逆市而上，中国经济网。

③ 花了七年，这个华裔女孩的发明拯救了数十万早产儿，连奥巴马都为她点赞。微日报。

④ 一副眼镜售价 300 欧元 温州制造实现逆势突破，新华网。

列软硬件产品，让"颜值"文化深入人心。截至 2015 年 7 月 22 日，美图公司移动端产品的用户总数已达到 12 亿，覆盖了 7.5 亿台移动设备。[①]

人们对于环保和健康的关注，二胎政策的全面放开，三胎时代的到来，业务的全球化等社会趋势，都会带来相当多的创业机会。只要用心观察，善于分析社会趋势，就能够从若干创意中找到适合开发的机会。

4. 科技趋势

科技趋势常常与社会、经济趋势等相结合，共同创造创业机会。对于科技趋势的预测和利用，可以用来满足人们日益提高的生活品质需求。

如随着人们生活节奏的加快和地球村的形成，国际合作已经成为很多企业的基本特色，但是跨国的交通时间较长，带给需要出差的人群极大的烦恼。2013 年 7 月，美国电动汽车公司 Tesla（特斯拉）和美国科技公司 ET3 相继公布了"超级高铁"设想和"胶囊列车"计划，利用"真空管道运输"的概念，建造一种全新的交通工具。这种列车车行速度是飞机的两倍，子弹头列车的 3 至 4 倍；置身"胶囊"车厢，像炮弹一样从车站发射，逐渐加速至每小时 6500 公里，从纽约至北京只需 2 小时，环球旅行也仅 6 小时。2016 年 5 月 11 日，美国"超回路 1 号"公司在西部内华达州荒漠首次对"超回路技术"中的推进系统进行公开测试，测试结果符合预期。[②]

随着人们对预期寿命提高的期盼以及住房条件改善的要求，3D 打印技术得到迅猛发展，而且已经取得了不小的成功。2014 年 4 月就有首批 10 幢应用 3D 打印技术建成的房屋在上海张江高新青浦园区正式交付使用，[③] 这大大缩短了房屋的建筑周期，而且大大降低了房屋的建筑成本；2016 年 5 月 20 日，清华大学长庚医院成功为骶 1—2 骨巨细胞瘤患者实施根治术，该手术精准化整块（en-bloc）切除高位骶骨肿瘤，并植入 3D 打印个体化适型假体，重建脊柱骨盆稳定性，成功为患者保住下肢及二便功能，为世界首例。[④] 可见，随着科技的发展，技术变化可以使原来很多难以实施的项目变为现实，为创业者带来更多契机。广大学生应善于发现这种变化，充分利用科技趋势。

（二）解决需求问题

创业机会除了可以顺应政治经济社会科技的趋势，还应该能够真正解决市场中消费者的需求，满足当前供给中的不足。

中国人民大学农业与农村发展学院博士，清华大学人文与社会科学学院博士后石嫣在北京创办了"小毛驴市民农园"和"分享收获"，采用了 CSA 模式（社区支持农业），把有机蔬菜配送到消费者家里，取消中间商，让农民与消费者对接，共同承担风险，分享利益。[⑤] 中科大化学系本科毕业生、布朗大学攻读硕士的宁博，2013 年回国后也毅然

---

① 词条：美图网，搜狗百科。
② 时速 700 英里！快若音速 胶囊列车首测，搜狐网。
③ 首批 3D 打印房屋上海张江完成 过程仅花费 24 小时，光明网。
④ 清华长庚骨科完成世界首例高位骶骨整块切除并 3D 打印假体重建术，清华大学官网。
⑤ 张洪，分享收获、石嫣"有态度"，今日中国。

走上了自主创业的道路，发明了"VeggiePal"懒人智能种菜机，这种种菜机占地面积仅约 0.4 平方米，每台机器有六层的种植空间，每天可以产出近半斤（200 克）蔬菜，每种蔬菜的成熟期约两到三周左右，关键是这种种菜机还不用换水，深受青年人欢迎。① 海尔的洗土豆洗衣机也很好地解决了农民用洗衣机洗衣服同时洗土豆的难题。

由此可见，从身边出发，关注日常的需求，从他人的抱怨中深入思考，就会发现很多不错的创业机会。可以借用并改编一句中国的老话，"怨兮机所存"，抱怨本身就是商机的隐身地。发现抱怨，解决抱怨中的问题是比较不错的识别商机的方法。

（三）发现市场空隙

许多新产品的出现，就是因为消费者需要但无法在特定市场买到或者市场根本不存在。此时，沮丧的消费者如果意识到其他人也深有同感时，市场空隙就会被识别出来。

"三个爸爸"空气净化器填补了儿童专用空气净化器的市场空隙，Stance 公司的男袜则将袜子变成穿衣搭配时尚单品，大受街头文化爱好者的喜爱。② 万里学院 2008 届的毕业生沈旭波成立的宁波联安房产经纪有限公司，通过不收中介费，而且提供装修和托管服务的方式弥补了房屋租赁市场的空隙，为其赢得了很好的发展空间。③

因此，立足身边，善于观察，通过寻找市场空隙可以有效识别创业机会。

【小测试】

1. 在众多创意中识别创业机会应关注哪些趋势？
2. 经济趋势是如何影响创业机会识别的？
3. 你是如何理解市场空隙的？

六、有助于创业机会识别的因素

当一件事情发生的时候，对于大部分的人只是一件普通的事情，对于有些人来说就是很好的创业机会。拥有识别创业机会技巧的少数人抓住了创业机会，取得了创业成功，不了解创业机会识别因素的大多数人则白白丧失了很多良机。一般来说，经验和认知、人际关系网络、分析问题的科学方法和创造性等都是有助于创业机会识别的关键因素和技巧。

（一）经验和认知

1. 先前经验

按照"走廊原理"，在某个产业工作的个体，相比于那些在产业外的人来说，基于其在该产业的经验和对于产业的认知，更可能识别出未被满足的利基市场。

腾讯公司正是在 QQ 运营经验的基础上，基于智能手机的普及和移动互联网的发

---

① 丁婉星，80 后海归女孩回国种菜，研发"懒人种菜机"不用人换水，好酷网。
② 金错刀，五个老男人做了一款袜子，一年卖到 10 亿，东方财富网。
③ 孙嘉群. 做有技术含量的现代"包租公"，创新创业创青春. 浙江大学出版社，2015：186—189.

展，克服了中国移动提供的飞信服务的局限，在 2011 年 1 月 21 日推出了一个为智能手机提供即时通讯服务的免费应用程序微信，它支持跨通信运营商和跨操作系统平台，可以通过网络快速发送免费（需消耗少量网络流量）语音短信、视频、图片和文字。同时，也可以使用通过流媒体共享的内容资料和基于位置的社交插件"摇一摇""漂流瓶""朋友圈""公众平台""语音记事本"等服务插件，一举获得成功。对于大多数学生来说，在校期间获得直接经验的机会较少，因此就需要多读书，尤其是多读一些创业类读物和人物传记，通过多获得间接经验来弥补直接经验不足，帮助我们更好地识别创业机会。

2. 认知因素

近年来众多学者从创业认知理论出发，研究个体在机会识别方面存在差异性的原因，认为个体层次上的认知因素差别是区别创业者和非创业者的关键要素。机会识别可能是一项先天技能或一种认知过程，多数创业者认为他们比别人更警觉，正是这种警觉性可以引发创造性思维，发现比他人更多的创业机会。

在 2013 年 9 月胡润财富榜中以 1350 亿人民币身价成为中国首富的王健林，就以其独到的认知方式做出了一系列重大的商业选择。王健林基于对大政方针、行业趋势、发展热点的把握，能够将企业发展和利润丰厚的地产行业挂钩，将地产发展和中国的城市化进程紧密相连，一开始就能专注商业地产开发，并带领万达将业务范围拓展到北京、上海、深圳等 45 个城市，在全国建立了超过 60 座万达广场，造就了中国最大的商业地产企业。同样，对未来文化消费行业高速发展的预期，使得他在 2012 年 9 月完成了对美国第二大院线公司 AMC 娱乐公司的并购，让万达集团同时拥有全球院线排名第二的 AMC 公司和亚洲排名第一的万达院线，成为全球规模、收入最大的电影院线运营商。2015 年以来，万达集团又通过并购瑞士盈方体育、美国世界铁人公司、法国拉加代尔公司运动部门，形成了体育赛事举办、运动员经纪、赛事营销、赛事转播的全产业链，成为全球收入最大的国际性体育公司。2016 年 3 月 21 日，国际足联（FIFA）与万达集团签订战略合作协议，万达成为中国首个国际足联顶级赞助商，协议有效期长达 15 年。从房地产开发转向文化创意产业，又一个华丽转型，和王健林对于中国房地产市场的前景预测，对于文化产业的快速发展认知紧密相关，和"企业经营的最高层次是经营文化"的理念吻合。

研究发现，拥有某个领域更多知识的人，倾向于比其他人对该领域的机会更警觉。因此，大学生应该在学好某一个学科知识的基础上，不断培养自己的创造性思维能力，以发现更多创业机会。

（二）人际关系网络

我国著名学者包昌火教授认为，所谓人际网络，即为达到特定目的，人与人之间进行信息交流的关系网。它基本上是由结点和联系两部分构成。结点是网络中的人或机构，联系则是交流的方式和内容。按照小世界理论的观点，你和任何一个陌生人之间所间隔的人不会超过六个，也就是说，最多通过六个中间人你就能够认识任何一个陌生人。因此，找到关键的六个结点是打造人际关系网络的第一步。

建立了大量社会与专家联系网络的人，比那些拥有少量网络的人更容易得到创业机会。2009年年底，辞去中央电视台公职的王利芬开始创业，2010年3月，她所创办的优米网正式上线，到2013年5月，优米网拥有100万注册用户，15万付费用户，优米网和王利芬的社交网站关注度超过800万人。之所以能取得如此突出的成绩，主要与优米网精准锁定高知、商务消费群，用户覆盖中国经济发达、创业活跃的地区有关，而达到上述目标的前提应该说和王利芬在中央电视台15年的工作经历，以及工作过程中形成的广泛的社会关系网络不无相关，"在路上"系列视频能够顺利录制并在地方120多个电台播出，同样和王利芬工作期间策划和主持的大量创业类节目，以及和参加节目嘉宾在互动过程中形成良好的私人关系有关，和其做记者期间以及主持人的工作经历有关。2014年7月16日，新版优米网正式上线，降低了用户门槛。优米域名也正式更为"youmi"，方便好记的意蕴同时给优米网的每一位学习者带去价值。

建立广泛的人际关系网络，大学生在校期间可以利用熟人介绍、参与社团、利用网络等途径拓展自己的人际关系，以互惠互利、诚实守信、分享、保持等为原则，以"3A"原则、换位思考、善于倾听等技巧扩充人脉，扩大自己的人际关系网，为未来的事业发展做准备。[①]

（三）科学的问题分析方法

一个好的创业者是能够发现问题，并能找到好的解决方法的人。要找到好的解决方法，就需要有科学的问题分析方法。多数机会都可以通过科学系统的问题分析得以发现。

V印自助云打印的创始人通过分析日常打印工作中的瓶颈（高耗能、高污染、设备重复采购、利用率低等），研制出了能够带来颠覆性便捷的云印产品。用户在家里就可以通过网络传输实现资料、照片、文件等打印；还可以选择黑白或者彩色打印。如用户将拍摄的照片通过微信发送到V印云打印平台，就可以在V印云打印终端设备上把照片打印出来，非常简单、便捷，提供了打印行业的社会自助公共服务平台。平台在高校、社区、写字楼、政府、企事业单位、街道、酒店、咖啡馆等地的公共区域添置云打印终端，将那些使用率不高的打印机淘汰。据V印团队介绍，只要投放200万台左右的公共自助云打印设备，至少可以整合掉4000万~6000万台打印复印设备，可每年直接减少139~212亿度电的消耗，让打印成为节能的事情。目前，公共自助云打印的应用正在悄悄地改变用户打印的习惯和用户对打印机品牌的认识、认知度。[②]

由此可见，掌握科学的分析问题的方法，有助于我们更好地识别出创业机会。日常生活中，应养成善于思考的习惯，并能够将课堂上学到的系统知识和发现的问题相结合，进行有针对性的分析，更好地解决问题，发现并利用商机。

---

① 王艳茹，王兵. 创业资源［M］. 北京：清华大学出版社，2014：112-121.
② V印时代到来了——世界第一个自助云打印平台V印横空出世，中国商网.

（四）创造性

创造性有助于产生新奇或有用的创意。从某种程度上讲，机会识别是一个创造过程，是不断反复的创造性思维过程。

19世纪末，法国园艺学家莫尼埃想设计一种牢固坚实的花坛，于是，对建筑结构一窍不通的他便充分利用自己的特长，把花坛的构造转换成植物的根系，以此作为出发点，将植物的根系转换为一根一根的钢筋，将土壤转换为水泥，并用水泥包住钢筋，制成了新兴的花坛，并发明了具有划时代意义的新型建筑材料——钢筋混凝土，引发了建筑材料的一场革命。

及时抓住富有创造性的思维，采用具有创造性的做法，不但可以引发革命性的变革，带来颠覆式的创新，更有利于创业机会的实现。

【案例】

余佳文和他的超级课程表

余佳文，1990年出生于广东潮汕一个普通家庭。2004年，14岁的他开始做生意。2007年，在饶平二中读高一的余佳文开始自学编程，开创了一个高中生社交网站。网站2008年盈利，他赚得了人生的第一个一百万。

2009年，余佳文进入广州大学华软软件学院开始了自己的大学生涯。

2011年，余佳文的大学生活在继续，一星期有三十节课，基本记不住课程表，经常忘记在哪里上课。在校园里遇到漂亮女生，也不敢主动要联系方式。这些日常小烦恼，给了余佳文创业灵感。他拉上几个朋友，组建了8个人的创业团队，成员都是清一色的大学生。2011年下半年，他们开始研发软件"超级课程表"，而由于课程软件"超级课程表"设计粗糙、功能单一、只能显示上课名称、地点和老师姓名，其开发团队的"主角"余佳文在广州大学华软软件学院遭到冷嘲热讽，但这款应用却迅速吸引了几千名在校学生的使用。

后来随着不断改进，这款应用加入了许多小清新功能：比如"同班同学"模块，方便实时搜索到课堂周围的同学；发送聊天"小纸条"（这也和余佳文的需求有关，他刚上大学时不敢和女同学说话）；可以搜索空教室、设立考试倒计时；可以在应用中讨论课程内容，让老师知道上课时学生最关注什么；可以分享上课的笔记，共享文件资源；还可以查看到全校课程，并添加为个人旁听课程，制订计划；可以给课程进行评价打分。

此外，App小卖部挑了适合大学生用户的App进行分类导流，对应用市场各种良莠不齐的App起了把控质量的作用，这也是超级课程表的部分广告收入来源。

超级课程表的功能很多，但余佳文和他的团队将这些功能拆分细化，每个月只做一个功能的推广，每个诉求点又会配以10个以上的营销方案，每句文案都会经过仔细推敲，纠结几百次。在这个过程中余佳文会亲自测试不同文案的转发率，有很出位的配图，也有小清新校花评选。

课程表、下课聊、小纸条、大学男神等功能开发，成功吸引大量的学生用户。在余佳文眼里，超级课程表起码解决了学生的两点刚需，"首先，它和学校教务系统对接，方便学生下载课程表，还能根据学生的课堂评价，把学校里最优质的课程列出来，做精准的课程推荐，方便学生蹭课；其次，它能通过课程数据建立起同学间的关系链，提供一个社交平台，方便同学交友。"

到 2014 年，那个曾被嘲笑的大学生，以他独特的市场判断力及领导魅力，掌管着拥有 60 多名员工的广州周末网络科技有限公司，并使公司成功获得四轮融资，获得数千万美元投资，而公司旗下名为超级课程表的校园应用已覆盖全国 3000 所大学，拥有 1000 多万注册用户，用户日均登录量 200 多万。

（资料来源：百度百科：余佳文不代表不爱学习，凤凰资讯。吴晓波，超级课程表创始人余佳文，"丧心病狂"的美男子，今日头条）

请讨论：

1. 余佳文是如何想到"超级课程表"这个想法的？这是一个好的创业机会吗？
2. 余佳文团队是如何识别和判断该创业机会的？
3. 你对"超级课程表"项目的评价如何？

【小测试】

1. 什么是走廊原理和人际关系网络？
2. 先前经验和认知因素是如何影响创业机会识别的？
3. 如何识别一个创意是不是创业机会？
4. 影响创业机会识别的主要因素有哪些？

第二节　创业机会评价

识别出的创业机会并不一定都能够驾驭，也不一定都要去进行开发。只有那些具备特定特征的创业机会才值得投入时间和精力付诸实施。掌握创业机会评价的方法和技巧，有助于将那些真正适合的创业机会挖掘出来。

一、创业机会评价的策略

有价值的创业机会除了具备第一节有价值的创意中提到的新颖性、真实性和价值性之外，还应该具有另外一些特征，如《21 世纪创业》的作者杰夫里·蒂蒙斯教授提出的，好的创业机会有以下四个特征：第一，它很能吸引顾客；第二，它能在你的商业环境中行得通；第三，它必须在"机会之窗"敞开期间被实施；[1] 第四，必须有资源（人、财、物、信息、时间）和技能与之匹配。所以，应从以上几个方面来评价创业机会。

（一）评价机会的吸引性

蒂蒙斯等人认为，好的机会需要有需求旺盛的市场并带来丰厚的利润，而且还容易赚钱。只有创业机会具有很强的吸引性，才能够得到潜在客户的关注。

在创业机会实施之前，可以通过市场调查或者市场测试的方法，对项目的吸引性进行验证。小米手机在推出之前就做了产品吸引力的调查分析，得到了大量米粉的支持，雷军说"因为米粉所以小米"，正是吸引性在创业机会实施中基础性作用的表现。现在大量众筹的网上项目，都是从吸引性的角度出发来进行产品开发的。

（二）评价机会的可行性

好的想法未必是好的商业机会，超过 80％的新产品都是失败的。只有可行的创业机会才是好的商业机会。

分析创业机会的可行性可以从宏观、中观和微观的角度分别展开分析。宏观角度的分析可以采用 PEST 分析法，从创业机会的政治、经济、社会和科技的角度入手；中观角度的分析主要是行业层次的分析，常用的方法是波特的"五力分析模型"，从进入壁垒、替代品威胁、买方议价能力、卖方议价能力以及现存竞争者之间的竞争对行业的竞争影响进行分析，并需要通过行业数据的分析，了解行业生命周期，判断是否是"机会窗口"打开的期间，对创业机会实施的时机进行判断；微观方面借助 SWOT 分析法，深入了解外部环境中的机会和威胁，以及创业项目自身的优劣势，对创业机会的可行性进行把握。

（三）评价机会的适时性

马克·吐温说："我很少能看到机会，往往在我看到机会的时候，它已经不再是机会了。"日常生活中，我们也常说"机不可失，失不再来"，这些都说明了机会转瞬即逝的特性。因此，创业者一定要适时抓住机会，开发利用机会。适时性是指在恰当的时间做恰当的事情，不早不晚，过早或过晚的机会可能都是"伪机会"。

通常情况下，只有那些需要很快满足某项重大的需要或愿望，或者尽早帮助人们解决一些重大问题的机会才有较大的胜算，在开发过程中容易取得成功。及时抓住消费者的"痛点"，是创业成功的关键之一。

（四）评价机会的匹配性

对很多人而言，有些机会只能看见，却不能为自己所把握。即使创业机会的潜力再

---

[1] "机会窗口"是一种隐喻，用以描述企业实际进入新市场的时间期限。创业者利用机会时，机会窗口必须是敞开的。一旦新产品市场建立起来，机会窗口就打开了。随着市场成长，企业进入市场并设法建立有利可图的定位。当达到某个时点，市场成熟，机会窗口也即被关闭。

大，如果自己缺乏必备条件和因素，盲目行动带来的后果往往是血本无归。因此，对于创业机会是否适合自己的判断，需要分析资源、团队能力的匹配程度。"90后"大学生王子月的创业故事很好地说明了匹配性分析的意义[①]。截至 2015 年年底，王子月已经拥有 300 家加盟店，获得 11 项国家专利，被评为"浙江省十佳大学生"，成功入围"中国大学生年度人物"。

（五）评价机会的持久性

创业机会的持久性是指机会持续时间的长短与市场成长性。一般来说，好的创业机会一般具有可持久开发的潜力，并且能够为企业带来持续的竞争优势。

无人机由于具有体积小、造价低、使用方便、对作战环境要求低、战场生存能力较强等优点，对未来空战有着重要的意义，在各种不同的灾害救援中也发挥了很大的作用。因此，研发无人机就是一个很好的创业机会。据路透社的统计数据显示，中国无人机制造公司"大疆"创新的产品在美国商用无人机市场占据领先地位，市场份额达 47%，遥遥领先于排名第二的竞争对手。而在全球商用无人机市场中，大疆更是独领风骚，一举夺得近 70% 的市场份额。大疆无疑已成为无人机里的领军企业。同时，大疆在无人机工业、行业用户以及专业航拍应用方面也做了很多探索，为客户提供性能最强、体验最佳的革命性智能飞控产品和解决方案。无人机的民用领域非常广阔，具有很强的持续性。[②]

【案例】

万燕早飞和苹果成熟

1992 年 4 月，美国国际广播电视技术展览会在美国拉斯维加斯举办，时为安徽现代集团总经理的姜万勐带着自己的同事赴美观展，被展览会上美国 C-CUBE 公司展出的一项不起眼的 MPEG（图像解压缩）技术所吸引，他凭直觉立刻想到，用这一技术可以把图像和声音同时存储在一张小光盘上。此后，姜万勐先后出资 57 万美元，于 1993 年 9 月，将 MPEG 技术成功地应用到音像视听产品上，研制出一种物美价廉的视听产品——VCD。同年 12 月，他又与美籍华人孙燕生（时为 C-CUBE 公司董事长）共同投资 1700 万美元成立了万燕公司。可惜万燕推出的第一批 1 000 台 VCD 机，几乎都被国内外各家电公司买去做了样机，成为解剖的对象。中国的老百姓到了 1994 年底才逐渐认识 VCD。在这一年，万燕生产了几万台 VCD 机，每台定价 4250 元。1996 年开始到 1997 年，中国的 VCD 市场每年以数倍的速度增长，销量从 1995 年的 60 万台猛增至 1996 年 600 多万台，1997 年销量达到 1000 万台。只用了短短 5 年，VCD 影碟机累计销量已有 5000 万台，并催生了爱多、步步高、新科等国内响当当的品牌。但"万燕"却在这个产业中，从"先驱"成为"先烈"，其市场份额从 100% 跌到 2%，也就在

① 王艳茹，王兵. 创业基础课堂操作示范 [M]. 北京：北京师范大学出版社，2014：140-143.
② 无人机如果只知道大疆，你就真的弱爆了！环球网.

这一年，"万燕"被同省的美菱集团重组，成为美菱万燕公司。

世界上第一台平板电脑是台湾宏碁 2002 年所推出的 TravelMate C100，但是这个产品和安徽万燕一样都因为进入市场太早而夭折。现在最流行的苹果的平板电脑却是在 2010 年才推出的。苹果公司的策略是：首先在 2001 年推出了 iPod 以及 iTune，在音乐播放器的生产上开始试水；在 2007 年，市场的网络环境已臻成熟时，推出了第一代 iPhone 智慧型手机，开创性地将手机从通信工具变成社交工具；在 2008 年推出了 AppStore 这款软件商店平台，并不断丰富商品品种；到 2010 年，当苹果在软件内容拥有相对的竞争优势、网络环境对于移动上网变得友善、科技生产力得以生产出轻薄便宜的平板电脑之后，该公司才终于推出了 iPad 这个平板电脑产品，即便是他们早在 2004 年 3 月就已经申请了相关专利。

进入过早的万燕，只是做了 VCD 市场的培育者，没能够成为市场的收获者，所以，"早一步是先烈，早半步是先驱"的说法不无道理。而直到时机成熟才推出的苹果平板电脑，则一经推出便备受推崇，销量一路走高。

请思考：

1. 万燕 VCD 为什么失败了？苹果的 iPad 为何取得了成功？

2. 万燕 VCD 和苹果 iPad 项目中，除了推出的时机外，还有什么因素影响了二者的成败？

3. 案例对于你有何启发？

二、创业机会评价的方法

创业机会评价常用的方法有史蒂文森法、隆杰内克法、巴蒂选择因素法、标准打分矩阵法、普坦辛米特法、蒂蒙斯法等。

（一）史蒂文森法

霍华德·史蒂文森（Howard Stevenson）认为可从以下几方面评价创业机会：第一，机会的大小，存在的时间跨度以及成长性；第二，潜在的利润是否可以用来弥补资本、时间和机会成本的投入，并获得令人满意的收益；第三，机会是否开辟了额外的扩张、多样化或综合的商业机会选择；第四，在可能的障碍面前，收益是否会持久；第五，产品或服务是否真正满足了真实的需求。

（二）隆杰内克法

隆杰内克（Longenecker）认为，以下五方面对于创业机会的评价至关重要：第一，对产品有明确界定的市场需求，推出的时机也是恰当的；第二，投资的项目必须能够维持持久的竞争优势；第三，投资必须具有一定程度的高回报，从而允许一些投资中的失误；第四，创业者和机会之间必须互相合适；第五，机会中不存在致命的缺陷。

（三）巴蒂选择因素法

巴蒂选择因素法的具体内容见表 6—1。

表 6-1　巴蒂选择因素法

序号	选择因素
1	这个创业机会在现阶段是否只有你一个人发现了？
2	初始的产品生产成本是否可以承受？
3	初始的市场开发成本是否可以承受？
4	产品是否具有高利润回报的潜力？
5	是否可以预期产品投放市场和达到盈亏平衡点的时间？
6	潜在的市场是否巨大？
7	你的产品是否是一个高速成长的产品家族中的第一个成员？
8	你是否拥有一些现成的初始用户？
9	是否可以预期产品的开发成本和开发周期？
10	是否处于一个成长中的行业？
11	金融界是否能够理解你的产品和顾客对它的需求？

巴蒂（Baty）选择了11个对创业机会有重要影响的因素，让使用者据此对发现的创业机会进行评价。如果某个创业机会只符合其中的六个或更少的因素，则这个机会很可能不可取；相反，如果某个创业机会符合其中的七个或以上的因素，则该创业机会将会大有希望获得成功。

（四）标准打分矩阵方法

该方法选择对创业机会成功的重要影响因素，经由专家打分，据以对不同的创业机会进行比较。每一个因素由专家根据其重要性程度给出1~3分的分值，1为一般，2为好，3为很好。标准打分矩阵的具体指标见表 6-2。

表 6-2　标准打分矩阵评价法

标准	专家评分			
	很好（3分）	好（2分）	一般（1分）	加权平均分
易操作性				
质量和易维护性				
市场接受性				
增加资本的能力				
投资回报				
专利权状况				
市场的大小				
制造的简单性				
广告潜力				
成长的潜力				

（五）普坦辛米特法

普坦辛米特法（potentionmeter）是一种让创业者填写针对不同因素的不同情况，预先设定好权值的选项式问卷方法。对于每个因素来说，不同选项的得分可以从−2分～+2分，通过对所有因素得分的加总得到最后的总分，总分越高说明特定创业机会成功的潜力越高。只有那些最后得分高于15分的创业机会才值得创业者进行下一步的策划，低于15分的都应被淘汰。该方法的具体内容见表6−3。

表6−3 普坦辛米特法

序号	选择因素	评分（−2~+2）
1	对于税前投资回报率的贡献	
2	预期的年销售额	
3	生命周期中预期的成长阶段	
4	从创业到销售额高速增长的预期时间	
5	投资回收期	
6	占有领先者地位的潜力	
7	商业周期的影响	
8	为产品制定高价的潜力	
9	进入市场的容易程度	
10	市场试验的时间范围	
11	销售人员的要求	
总分		

三、创业机会评价的标准

无论采用什么方法评价创业机会，都应该把握一定的判断标准。这些标准主要有创意及其竞争力、行业和市场、创业团队以及项目的回报等。

（一）创意及其竞争力

创意是否具有价值，符合新颖性、真实性和价值性的特点。如果具备以上三个特性，就需要具体分析其在市场上的竞争力。一般来说，要确认并且列出所有竞争产品和竞争企业，而且至少要与3个满足相似市场需求的竞争对手的产品或服务进行对比。通过分析突出自己产品或服务的差异性，形成独特的卖点。与市场上竞争对手的产品或服务相比，企业的产品或服务至少要具备3~5个与众不同的特点。[1]

---

[1] 罗伯特 D. 赫里斯，迈克尔 P. 彼得斯，迪安 A. 谢泼德. 创业管理［M］. 7版. 蔡莉，葛宝山，译. 北京：机械工业出版社，2010：39−40.

只有那些有价值和竞争力的创意才值得投入时间和精力去进行开发。

（二）行业和市场

行业一般是指生产同类产品或具有相同工艺过程或提供同类劳动服务的经济活动类别。行业由出售者，即生产者或劳务提供者构成。

市场是由一切具有特定需求和欲望，并且愿意和能够通过交换的方式来满足需求和欲望的顾客构成。

创业机会评价时首先要关注提供相同或类似产品或劳务的行业，包括其竞争情况、收获条件等，在行业的机会窗口打开期间进入才能获利；其次要关注消费市场，只有市场足够大，才能收回成本获取利润。

创业者一定要能够清晰界定细分市场。

一般来说，市场数据应至少3年收集一次，要尽可能多的收集二手数据。充分竞争的行业和有较大潜力的细分市场可以为创业机会的成功开发提供基本保障。

（三）团队

创业团队永远是创业中最核心的因素，是决定创业成败的关键，也是风险投资家最看重的因素。创业团队的评价是项目评价中最重要的标准之一。在进行评估时，要确保团队中至少有一人具备新创意所属行业领域的相关经验，而且团队成员要对拟开发的项目感兴趣，以保证机会的成功开发。

兴趣永远是最好的老师，知识和经验有助于识别并低成本解决开发过程中的问题。

（四）经济因素和回报

创业的目的之一便是获取经济回报，因此，经济因素和投资回报也是评价创业机会时需要重点考虑的标准。创业者应尽可能在成本效益原则的指导下，在较短时间内，以较低成本获得较高的回报。

一般来说，成长较快的行业，收益率较高的行业都是具有吸引力的领域，值得进行创业尝试。当然，这样的领域也会是竞争较激烈的领域。所以，创业者在开发创业机会时要能够进行风险分析和管理，并设计好商业模式。

【小测试】

1. 如何评价创业机会的可行性和匹配性？
2. 如何判断创业机会的竞争力？

教学设计
第一次课

章节	内容	时间	授课方法	教具
主题游戏	猜谜语（机会）	5分钟	游戏	
上周内容回顾	上周课程内容	10分钟	学生讲授	PPT

续表

章节	内容	时间	授课方法	教具
第一节 创业机会识别	创新创意和创业机会	10 分钟	讲授	PPT
视频	立体快巴	5 分钟	播放视频	视频资料
第一节 创业机会识别	创业机会和商业机会 创业机会的分类	15 分钟	讲授	PPT 和案例
	产生创意和发现创业机会	25 分钟	小组讨论	活页挂纸 卡片
	创业机会的来源	15 分钟	讲授	PPT
本课总结	本课内容现场复习测试	5 分钟	现场测试	PPT
合计		90 分钟		

第二次课

章节	内容	时间	授课方法	教具
主题游戏	抓手指	5 分钟	游戏	
上周内容回顾	上周课程内容	10 分钟	学生回顾	PPT
第一节 创业机会识别	创业机会识别的关键要素 有助于创业机会识别的因素	20 分钟	讲授	PPT、案例
课堂活动	有价值创业机会的评价	15 分钟	头脑风暴	大白纸或卡片
第二节 创业机会评价	创业机会评价的策略	10 分钟	讲授	PPT
	创业机会评价的方法 创业机会评价的标准	25 分钟	讲授	PPT
本课总结	本课内容现场复习测试	5 分钟	现场测试	PPT
合计		90 分钟		

本章小结

创意是创新的基础，创新是创意的飞跃和创业的核心。一项能够产生价值的创意需要具备新颖性、真实性和价值性。

创业机会是适合以创业的方式实现商业利益的商业机会，是一种特殊的商业机会。创业机会按来源可以分为问题型机会、趋势型机会和组合型机会。

按照彼得·德鲁克的说法，创新机遇有七个主要的来源，分别是意外之事、不一致之处、流程需要、产业和市场结构的变化、人口结构、观念改变和新知识。从众多创意中识别出创业机会，需要观察社会发展趋势，解决现实问题，发现市场空隙，并且基于创业者的个性特征。而经验和认知、人际关系网络、分析问题的科学方法和创造性等都是有助于创业机会识别的关键因素和技巧。

对创业机会的评价可以从吸引性、可行性、适时性、匹配性、持久性等角度入手；具体的评价方法可以采用史蒂文森法、隆杰内克法、标准打分矩阵法、巴蒂选择因素法、普坦辛米特法、蒂蒙斯法等；评价标准则包括创意及其竞争力，创业机会的行业和市场，创业团队以及项目的回报等。

教学辅助教材

创业机会的来源，王艳茹、王兵编著《创业基础课堂操作示范》，北京师范大学出版社 2014：120－125．

【美】布鲁斯 R 巴林格等著，杨俊等译《创业管理：成功创建新企业》，机械工业出版社，2010 年版，第二章：识别机会，产生创意，24－32。

【美】谢德荪《源创新》，五洲传播出版社，2012 年版。

王艳茹主编《创业资源》，北京师范大学出版社 2014 年版，第四章，创业人脉资源。

【美】克莱顿·克里斯坦森，迈克尔·雷纳著，李瑜偲等译《创新者的解答》，中信出版社，2013 年版。

创业机会评价的蒂蒙斯法，见李家华主编《创业基础》，北京师范大学出版社，2013 年版：74－75。

重点词汇提示

创意　创新　创业　创业机会　商业机会　走廊原理

机会识别　机会评价　行业　市场

复习思考题

1. 什么样的创意是有价值的创意？

2. 熊彼特认为创新的途径有哪些？

3. 按照德鲁克的说法，创新机遇可以来源于哪些方面？

4. 创业机会评价有哪些方法？

5. 你认为创业机会评价的标准有哪些？

讨论性问题

1. 应该如何看待创新、创意和创业的关系？

2. 创业的作用有哪些？你是如何理解的？

3. 关于创业机会的来源你还知道哪些观点？你认为创业机会应该来源于何处？

4. 请就每一种创业机会的来源列举 2～3 个你熟悉或了解到的创业机会。

5. 创业机会的识别需要考虑哪些关键要素？

6. 创业机会评价时要关注哪些因素？

实践性问题

走访身边 2～3 家创业企业，或者从网上搜集 2～3 家创业企业，分析以下问题：

1. 企业的想法来源于何处？

2. 创业者是如何从众多的想法中识别出创业机会的？

3. 创业者是如何评价目前的创业机会的?

参考文献

王艳茹, 王兵. 创业基础课堂操作示范 [M]. 北京: 北京师范大学出版社, 2014.

布鲁斯 R. 巴林格, R. 杜安. 爱尔兰. 创业管理: 成功创建新企业 [M]. 杨俊; 薛志红, 译. 北京: 机械工业出版社, 2010.

李家华. 创业基础 [M]. 北京: 北京师范大学出版社, 2013.

蒋建军. 创新创业创青春 [M]. 杭州: 浙江大学出版社, 2015.

王艳茹, 王兵. 创业资源 [M]. 北京: 清华大学出版社, 2014.

罗伯特 D. 赫里斯, 迈克尔 P. 彼得斯, 迪安 A. 谢泼德. 创业管理 [M]. 7 版. 蔡莉, 葛宝山, 译. 北京: 机械工业出版社, 2010.

第七章　创业市场

【本章教学目标】

- 了解创业市场获取的基本方法。
- 了解市场竞争分析的要素，掌握市场竞争的策略。
- 理解市场营销的基本理论，了解创业市场营销的方法。
- 了解市场调查的基本方法。

第一节　创业市场确定

创业者最初萌发一种创业冲动或创业构想，但创意是否可行，能否转化成为一个真正的创业项目，需要看有没有实际的顾客愿意花钱购入，甚至把这种概念开发出某种产品原型或技术趋势，与顾客进行沟通，才可能进一步争取关键资源、融资、组建团队，再到建立企业。所以，从产生创业想法一开始，就已经考虑市场和接触市场。这之后，经过对市场的分析，认为有市场、有需求，创业者开始组建团队、撰写详尽的商业计划。成功的商业计划除了要有概念上的创新和创意、项目，更需要进行现实的严谨的市场调研和分析。如果商业计划营销成功，创业团队获得资金可以正式建立企业。再之后，新产品开发出来，创业企业开始用更多投资进行批量生产，开始大规模的产品营销，这也是将产品放到市场全面检验、考察新产品市场好不好的时候。可以看出，创业市场不是某一环节的事情，而是伴随创业企业从萌发创意到真正创业的各个时期。

一、市场细分

创业者最初创业资源有限，很难覆盖整个庞大的市场，还可能面对各种竞争对手的防御。而且随着个性化消费时代的到来，不同的消费者的需求也大不相同，需求动机和购买行为越加多元。所以，创业者和初创企业需区分消费者，寻找最适合企业面向的那部分市场，这一过程就是通过市场细分进行目标市场选择，并通过市场定位再次明确顾客对相应市场的认同度。

市场细分（Marketing Segmentation）由美国的温德尔·斯密（WenDell Smith）提出，指根据消费者需求的差异性，选用一定的标准，将整体市场划分为若干具有不同需求特性的更小市场的过程。

市场细分是指以消费需求的某些特征或变量为依据，区分具有不同需求的顾客群体。其结果是使同类产品市场上，同一细分市场的顾客需求具有更多的共同性，不同细分市场之间的需求具有明显的差异性，从而使企业明确有多少细分市场及各细分市场需求的主要特征。

市场细分的意义在于：第一，有利于掌握潜在市场需求以开拓新市场。通过市场细分，企业比较容易了解消费者需求，可以对细分市场的购买潜力、满足程度、竞争情况等进行分析对比，探索出有利于本企业的市场机会，使企业及时做出投产、销售决策或根据本企业的生产经营条件编制新产品开拓计划，进行必要的产品技术储备，掌握产品更新换代的主动权，开拓新市场，以更好适应市场的需要。第二，有利于满足一部分消费者需求以提高企业的经济效益。通过市场细分后，企业可以提供更加细致的产品和服务，使产品和服务更加适销对路，从而加速商品流转，加大供应数量以及提高产品质量，从而全面提高企业的经济效益。

由于大学生创业企业更多地面向消费者市场，以消费者市场看，通常细分市场的变量主要有地理变量、人口变量、心理变量、行为变量这四大类，创业企业可以根据不同的变量作为市场考虑因素，运用有关变量来细分市场。

1. 按地理变量细分市场

按地理变量也就是按照消费者所处的地理位置、自然环境来细分市场。国家、地区、城市规模、气候、地形地貌、人口密度等方面的差异都是变量要素，创业者可以依据变量分为不同的小市场，因为不同变量影响下消费者对于同一类产品往往有不同的需求与偏好，对企业采取的营销推广活动也会有不同的反应。

2. 按人口变量细分市场

按人口变量即按人口统计因素来细分市场，如年龄、性别、家庭规模、家庭生命周期、收入、职业、教育程度、宗教、种族、国籍等，都是市场细分的要素。

年龄：不同年龄的消费者有不同的需求特点，例如青年人对服饰的需求与老年人的需求就有差异，青年人需要鲜艳、时髦的服装，老年人则需要端庄素雅的服饰。

性别：男性与女性在产品需求与偏好上有很大不同，比如在服饰、发型、生活必需品等方面均有差别。

收入：低收入和高收入消费者在产品选择、休闲时间的安排、社会交际与交往等方面都会有所不同。

职业与教育：消费者职业的不同、所受教育的不同也会导致所需产品的不同。例如，农民购买自行车偏好载重自行车，而学生、教师则喜欢轻型、样式美观的自行车。

家庭生命周期：一个家庭，按年龄、婚姻和子女状况，可分为单身、新婚、满巢、空巢和孤独五个阶段。在不同阶段，家庭购买力、家庭成员对商品的兴趣与偏好也会有很大的差别。

3. 按心理变量细分市场

心理变量即购买者所处的社会阶层、生活方式、个性特点等心理因素。

社会阶层：指在某一社会中具有相对同质性和持久性的群体。处于同一阶层的成员具有类似的价值观、兴趣爱好和行为方式，而不同阶层的成员对所需的产品也各不相同。

生活方式：人们追求的生活方式不相同也会影响他们对产品的选择。例如，有的追求新潮时髦，有的追求恬静、简朴，有的追求刺激、冒险，有的追求稳定、安逸。西方的一些服装生产企业为"简朴的妇女"、"时髦的妇女"和"有男子气的妇女"分别设计不同服装；旅行社针对不同人群安排到乡村体验乡土文化与风俗，也可以到现代化都市感受都市气息。

个性特点：一个人比较稳定的心理倾向与心理特征，也会对市场的产品有不同的反应。有些人个性自信、自主、支配，而有些人顺从、保守、适应。在西方国家，对诸如化妆品、香烟、啤酒、保险之类的产品，一些企业以个性特征为基础进行市场细分并取得了成功。

4. 按行为变量细分市场

行为变量即购买者对产品的了解程度、态度、使用情况及反应等。很多人认为，行为变量能更直接地反映消费者的需求差异，因而成为市场细分的最佳起点。

【案例】

郁金香传媒、航美传媒、分众传媒的经营

郁金香传媒、航美传媒、分众传媒三家广告公司为典型的户外广告媒体运营商，但细分不同的市场，共同策略为在细分领域跑马圈地，形成垄断优势以增强获取媒体资源、获取客户及议价的能力。其短期经营业绩的差异，除了经营管理能力之外，所选细分市场的差异也是重要原因。

从三家广告公司近几年的业务状况来看，营业收入普遍保持平稳增长的态势，但利润情况则大相径庭。这其中反差最大的航美传媒，营业收入持续增长，营业利润却波动巨大，多数季度出现亏损，营业收入的增幅大幅落后于成本增幅。这种情况正是由于航美选择的是航空市场，其业主实力雄厚，整体议价能力强劲，航美获取这些媒介资源代价不菲。广告市场受到经济周期波动的影响较大，而成本却呈现单边上涨格局。

再看微利的郁金香。他选择了竞争最为激烈的大众户外媒体，媒体资源竞争激烈，客户争夺激烈。加之最初投资购入的 LED 大屏成本高，每年摊销额巨大。且目前跑马圈地仍在进行中，而新建的媒体又需要一定的经营周期才能见效益。这种微利状态估计要持续相当长的时间，直到完成基本的布局并进入稳定经营期后才会有改观。

经营最为成功的分众传媒是中国营业收入最高的户外媒体公司。他面对的楼宇广告、卖场广告市场受众众多，成为快速消费品的首选媒体。而且这些广告位置拥有者非常分散，议价能力弱，加之分众先发构建的细分市场垄断优势，媒体租赁成本相对低廉。而且分众注重销售渠道的建设，分销渠道由主要依靠广告代理商逐步转向自建分公司经营，加强了渠道控制力，减少了渠道成本。战略得当、厚积薄发、开源节流正是分众一枝独秀的原因。

（资料来源：根据 sina 博客内容改编）

二、目标市场选择

市场细分的目的就是根据细分情况选择目标市场。

所谓目标市场，就是指通过市场细分，被企业所选定的，以相应的产品和服务去满足其现实的或潜在的消费需求的一个或部分细分市场。

在选择目标市场前，创业者和创业企业应对细分市场进行评估，判断细分市场是否具备目标市场的基本条件。

主要条件包括以下几点。

1. 是否有适当市场规模与增长潜力

评估细分市场具有适当规模和增长潜力，是看市场规模、企业经营规模和资源禀赋能否相适应。对于实力雄厚的大企业，如果选择较小的细分市场不能充分发挥企业经营能力会造成一定浪费和利润的损失。但对于初创企业和小企业，如果选较大的细分市场，可能又会缺乏资源能力，难以满足市场有效需求或者难以抵御较大市场上的激烈竞争。

2. 是否有足够的市场吸引力

市场吸引力主要是从获利方面看市场长期获利率大小。市场可能存在适当规模和增长潜力，但从利润立场看不一定具有吸引力。那么，决定市场是否具有长期吸引力的因素主要从现实的竞争者、潜在的竞争者、替代品、购买者和供应者等五方面判断。不仅是大企业，初创企业亦需要考虑能否具有长期获利率以及这几方面因素对长期获利率的影响，从而便于预测细分市场的预期利润量。

3. 是否符合企业的目标和资源

有些细分市场可能规模适当，也具有一定吸引力，但对创业者而言还需考虑：细分市场是否符合企业的长远目标，如果不符合那必须放弃；另外，企业是否具备了在该市场取得成功和获利所需的各种资源条件，即企业的人力、物力、财力、信息、技术等，如果不具备则需果断放弃。

通常，根据市场情况，目标市场选择可有三种策略。

1. 无差异化的目标市场选择

无差异化的目标市场就是将整体市场作为创业企业的目标市场，推出一种市场服务和产品，实施一种统一的营销策略或营销组合，以满足整体市场的某种共同需要。比如，我国的奶品企业伊利、蒙牛等，都是面向国内市场提供主要产品并全方位进行营销。在这个市场内，企业把市场作为一个整体，不考虑实际存在的个别和部分需求差异，把消费者看待为对某种或几种商品的一致需求，因此在营销上会依靠相同主题的广告和其他促销策略。

这种策略的优点是生产、经营和营销成本较低。因为产品品种相对单一但批量大，销售面却非常广，广告投入比较集中。这种策略适用于一些消费者有共同需要、差异性不大的商品，或者市场处于卖方市场即商品供不应求，竞争相对不激烈的情况。对于初创企业一般很难实现。但是，在信息技术和互联网时代，很多互联网创业项目因为信息传递的无成本和渠道的零设置使这一市场成为可能，即我们通常说的大众市场。这时，初创企业更多需要创新产品设计和提供优质用户体验，才可进入大众市场。如滴滴和快的最初成长时，通过互联网平台提供打车服务，对消费者没有进行细分，为不同消费者提供比较统一的几种打车服务。

2. 差异化目标市场选择

差异化目标市场选择，指企业根据各个细分市场中消费需求的差异化，设计生产出目标客户群体需要的不同产品或提供不同服务，同时制定相适应的营销策略，去满足不同细分市场客户的需求。它是一种复合式的目标市场选择策略。首先，每个细分市场内有自己的产品或者服务，产品的特性甚至类别明显不同。其次，每个细分市场内产品的价格只为该市场的顾客所接受。最后，各种产品或服务有自己相应的销售促销渠道，需要依据产品或服务特点制定各个策略。选择此战略的企业很多为成熟企业，例如康师傅生产方便食品（方便面/粉丝）、饮料、饼干、蛋糕糕点等多种产品，方便面中有牛肉面、拉面，饮料有冰红茶，绿茶，茉莉清茶，饼干有米饼等，从而满足众多不同消费群体的需要。

这种策略的优点在于：第一，能够以顾客为中心，满足不同客户的需要，从而有利于增加销售收入；第二，企业同时在几个细分市场中占优势，有利于提高企业声誉，树立良好企业形象，增进消费者对企业和产品的信任，提高市场占有率。此类市场的缺点在于：第一，企业资源分散于各个细分市场，由于不能集中采取策略，相对不容易突出竞争优势；第二，由于需根据各市场采取不同的销售策略，相对成本较高。初创企业有时也可以选择差异化目标市场，例如新东方在最初发展时选择英语培训，但又细分为TOFEL、雅思、四六级英语等不同细分市场，成长起来后又开设语文、数学等课程教学和音乐、美术等艺术修养课程。

3. 集中化目标市场选择

集中化目标市场指创业企业在众多子市场中只选择一个细分市场进行营销，即面对一类客户群体的单一目标市场。针对单一市场，创业企业必须充分展现选定的细分市场客户群体的消费特点并营销对路，可以选择能将产品或服务信息传达到特定客户群体的媒介即可，不一定大量投放面向大众的广告，而且在制定产品或服务价格时需考虑消费群体对价格的敏感程度。例如，饮料市场中有众多功能的饮料，王老吉公司和加多宝公司在饮料市场中专门致力于具有降火功能的饮料，提供给消费者在外出运动休闲、消费较辣餐食时饮用。

集中化目标选择是初创企业最为适合的一种市场选择策略，创业企业如果选一两个能发挥自己技术、资源优势的细分市场，目标集中不仅可以大大节省营销费用以增加盈利，还可以因为生产、服务、销售的专业化，更好地满足特定客户的需求从而取得竞争优势。但是，对于市场细分的判断和目标市场的选择就显得非常重要。

【小测试】

1. 市场细分考虑哪几个因素？
2. 目标市场选择有哪几种策略？

第二节 创业市场竞争

初创企业与成熟企业一样，不论是面向一个全方位的大众市场还是进入一个或几个细分市场，都会面临各种竞争者。创业企业不仅要了解谁是自己的顾客，还要分清谁是自己的竞争对手。由于需求的复杂性、易变性，技术的快速发展和演进、产业的发展、市场的变化不仅使创业企业面临变化，竞争对手也处在变化之中。因此，初创企业需要在变化中识别竞争者和竞争者的策略，评价竞争者的竞争实力和竞争优势，预测竞争者的战略定位，以便在市场中突出自己的竞争优势，从而确定本企业在市场中乃至行业中的地位。

一、市场竞争分析

（一）识别竞争者

如图 7—1 所示。

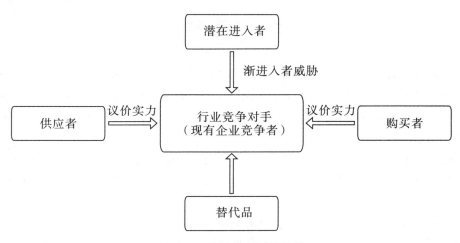

图 7—1 行业维度竞争关系

1. 以行业为维度

一是现有竞争企业，即本行业内现有的与创业企业经营同样产品或提供同样服务的企业，这些企业是创业企业的直接竞争者。

二是潜在加入者，当某一行业前景乐观、有利可图时，会引来新的竞争企业进入本行业，使该行业增加新的生产能力，但会重新瓜分市场份额和主要资源。另外，当初创企业看到可行的市场机会，某些多元化经营的大型企业也可能发现该机会并利用其资源优势从一个行业侵入该行业，进行跨界经营。这些新企业的加入，会加剧竞争，可能将导致产品价格下降，利润减少。

三是替代品企业，指与某一产品具有相同功能、能满足同一需求的可以替代该产品的不同性质的其他产品。随着科学技术的发展，替代品将越来越多，某一行业的所有企业都将面临与生产替代品的其他行业的企业进行竞争。例如在手机不断更新增加了摄影、摄像功能后，曾经的普通用途照相机市场大幅缩减，只有在专业人士使用的专业相机市场还保持较多的市场需求。

2. 以市场为维度

如图 7-2 所示。

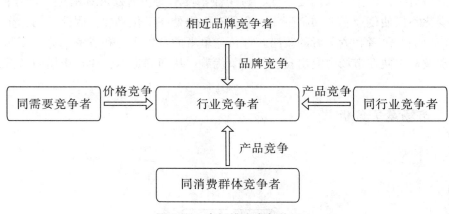

图 7-2　市场维度竞争关系

一是相近品牌竞争者，在同一行业中为同样的顾客提供与企业类似产品或服务并且价格相近的其他企业，如家用空调市场中，格力空调、海尔空调、三菱空调等厂家都是品牌竞争者。这些企业的产品替代性较高，竞争比较激烈，各企业均以培养顾客的品牌忠诚度作为争夺顾客的重要手段。

二是同行业竞争者，企业提供同类产品或服务，但产品规格、型号、样式不同或者服务规格、标准、方法有所差异，例如家用立柜空调和墙装空调，家用空调与中央空调厂家之间存在相互竞争关系。

三是同需要竞争者，这些竞争者提供不同种类的产品，但满足和实现消费者同种需要，如航空公司、铁路客运、长途客运汽车公司，它们处在不同行业，都可以满足消费者外出旅行的需要，当火车票价上涨时，乘飞机、坐汽车的旅客就可能增加，相互之间争夺满足消费者的同一需要。

四是同消费群体竞争者，其目标客户群体一样，但可以提供不同产品来满足消费者不同愿望，即消费者很可能改变对原来产品或服务的需要。例如，很多消费者收入水平提高后，可以把钱用于旅游，也可用于购买汽车，或购置房产，因而这些企业间存在相互争夺消费者购买力的竞争关系，消费支出结构的变化，对企业的竞争有很大影响。

（二）评估竞争者的实力

了解竞争者的战略目标后，需要进一步分析竞争者的实力，找出竞争者的优势与劣势，并与自己进行对比，才便于企业选择和确定竞争战略。竞争者实力需要看几个主要方面。

（1）产品与服务，包括竞争企业提供产品或服务在市场中的地位，受顾客接受程度，其产品主要的特性、功能和其他价值开发情况。

（2）销售渠道，包括竞争企业销售渠道的广度与深度，销售渠道的效率与实力，销售渠道的服务能力。

（3）市场营销，竞争企业市场营销组合的情况，市场调研与新产品开发的能力，销售队伍的培训与技能。

（4）生产与经营，如果是生产企业，分析竞争企业的生产规模与生产成本水平，设施与设备的技术先进性与灵活性，专利与专有技术，生产能力的扩展，质量控制与成本控制，是否具有区位优势，人力资源状况以及原材料的来源与成本等。

（5）研发能力。竞争企业内部在产品、工艺、基础研究、仿制等方面所具有的研究与开发能力；研究与开发人员的创造性、可靠性等方面的素质与技能。

（6）资金实力，竞争企业的资金结构与现金流情况，其筹资能力和资信状况以及财务管理能力。

（7）组织管理情况，竞争企业管理者的领导素质与激励能力、管理能力，组织成员价值观的统一，组织结构与企业策略的一致性；组织结构与信息传递的有效性；组织对环境因素变化的适应性与反应程度；组织成员的素质等。

二、市场竞争策略

处于竞争的市场中，通过对竞争者进行分析，辨识竞争者在市场中的相对地位，创业者方可根据自己的实力、结合市场的具体情况制定相应的应对竞争的策略。企业实力不同，进入市场参与市场竞争的身份也有所不同，选取的竞争策略也可以有所不同。初创企业可以根据企业实力与产品类型、市场状况采用不同的竞争策略。

1. 低成本战略

低成本战略就是尽最大努力降低成本，通过低成本来降低商品价格，维持企业竞争优势。低成本战略又称为成本领先战略。要做到成本领先，就必须在管理方面严格控制成本，在生产环节、管理服务环节、营销环节都降低成本，才可以获得高于产业平均水平的利润。在与竞争对手进行竞争时，由于企业运营成本低，竞争对手已没有利润可图时，企业就可以获得利润。当然，价格不能一味降低到低于成本，也不能一味进行价格战，这不仅没有让利给消费者，反而会引起恶性竞争甚至限制行业整体的良好发展。

降低生产成本，可以通过改进产品设计或者一开始使用简约化的产品设计，可以节约材料、进行生产创新，甚至采用自动化节约人工费用。降低营销成本，可以调整利用营销方式与市场资源，争取产生更大经济效应，例如变革渠道、调整供应关系和改变促销策略。降低服务成本，可以将多种系统优化以减少服务的维护工作，提高效率、改善用户体验，可以实行服务流程或以自动应答服务等新方式减少服务费用，也可以将售后服务外包，委托有实力的售后服务商进行专业售后服务。

【案例】

如家快捷酒店

传统的酒店行业，酒店之间都在为追赶竞争对手而制定竞争策略。与之相反，"如家"创建以来就定位为经济型，通过对传统星级酒店要素的剔除、增加、创造，把自己与星级酒店和社会旅馆区别开来，创新地推出了中国的经济型酒店模式。

商务旅行人士和经济条件好的旅游者，第一需要的是充足的睡眠，传统星级酒店提供的许多空间和服务他们其实根本无暇享受。对他们而言，最重要的空间只有两个：床和卫生间。因此，"如家"做的第一点是：给客人提供一个温馨、舒适的睡眠——即睡个好觉同时能够舒舒服服地洗个澡，而把星级酒店具有的不必要的服务和娱乐设施去掉。

如家在客房的卫生、房间的布局、床铺以及淋浴上下足了功夫，而不在餐厅、大厅和娱乐设施等地方过多投资，其成本也就自然地降了下来。"花社会旅馆的钱，享受星级酒店的服务"，自然广受旅客的欢迎。无怪乎"如家"发展势头如此之猛，一跃而为中国经济型酒店的龙头，在中国酒店业激烈的竞争中找到了全新的蓝海。

（资料来源：如家商业模式研究，百度文库，有删改）

2. 差异化战略

差异化战略指使企业产品、服务等与竞争者有明显的区别，以获取市场中的竞争优势的策略。差异化战略的重点是创造、提供全行业和顾客认为特点显著的产品和服务，即提供的产品或服务别具一格，或功能多，或款式新，或更加美观。如果别具一格的战略可以实现，它就获得在行业中赢得超常收益的可能，能建立起竞争的防御地位，并利用客户对品牌的忠诚而处于竞争优势。

对于初创企业，可采取的有效差异化战略，可以为产品的差异化、服务的差异化和营销的差异化等。产品差异化主要从产品或服务质量、产品服务特征及其产品服务设计方面实现，通过为自己的产品和服务注入新的元素来吸引顾客。服务差异化主要将服务要素融入产品支撑体系，通过服务建立障碍，阻止其他企业竞争。顾客服务水平也是企业的竞争力的一个方面，服务能力越强，市场差异化就越容易实现。营销差异化可以采取从产品的营销渠道、销售条件、售后服务条件等方面实行差异的方法。特别是售后服务差异化，在越来越多的相同产品、相同性能、相同质量的产品情况下，售后服务不同可以带来很好的竞争地位。

【案例】

当当网的图书经营

当当网于 1999 年开通，多年来保持着高速成长，业务规模年增长率均超过 100％，是目前全球最大的中文图书音像电子商务网站，面向全世界中文读者提供 30 多万种中文图书和音像制品。

1997 年前后当当网在处于准备期时，俞渝和李国军了解国外亚马孙、yahoo 等网站的运营，通过分析亚马孙的商业模式与传统贸易方式的区别，开始筹备、制作书目信息数据库。1998 年马云推出了综合电子商务平台阿里巴巴，为众多企业客户提供信息，后来建立淘宝开通了众多主要消费品的网上购物平台。当当网坚持做图书，观察亚马孙的做法，模仿亚马孙围绕图书经营众多产品种类，让消费者有更多选择，另外采取价格战略，通过天天打折方式让顾客得到实惠。为了将图书服务做强、做专，当当网还模仿传统行业中的沃尔玛等大型零售商，虽然没有自建物流网络，但却利用航空、铁路、城际快递、城市内快递公司等多种渠道，力求快速将图书送达。在收费上采取货到付款的方式，由邮递员将款给快递公司，再转给当当网。在服务上，利用电话、QQ、E－mail 等多种方式进行服务，从而建立了网上图书销售的整体系统。

（资料来源：《从零开始学创业》，阳飞扬著，机械工业出版社，第 215—216 页）

3. 集中化战略

集中化战略指企业把优势资源集中某一个特定的细分市场，主攻某个特定的客户群、某产品系列的一个细分区段或某一个地区市场，通过更好地服务于这一特定市场的客户，以获取高的收益率。集中化战略的优点为：企业集中力量为一个市场服务，能全面了解市场的需求，便于采取集中营销，从而突出竞争优势。但是，其前提是公司能够以更高的效率、更好的效果为某一狭窄的战略对象服务，从而超过在更广阔范围内的竞争对手，可知该战略具有赢得超过行业平均水平收益的潜力。

对于创业企业，此战略是最为有效的战略。创业企业资源有限，如果能够提前看到市场上存在的空缺，选择合适的方式进入市场，同时将有限的资源投入到一个领域，避免和资源实力雄厚的成熟企业正面竞争，从而争取更为宽松的生存发展环境，利于自身技术、服务不断优化提升。创业企业也可以集中开发专门技术获取优势。管理大师德鲁克提出的专门技术战略可以为初创企业所借鉴。他指出，看企业能否开发独有的技术，要在新产业、新行业或新趋势的发展早期进行系统的研究和调查，寻找到专门技术的机遇，在整体趋势开始之前行动。

20 世纪 90 年代末以来，美国著名战略学家迈克尔·波特提出成本领先战略、差异化战略和集中化战略三种基本竞争战略。以此为指引，企业几乎都采取了价格战、功能战、广告战、促销战、服务战、品类战来建立自己的竞争优势，以此来打败竞争对手。但是过度的打击对手也会使企业家们面临普遍低利润或者亏损的局面。针对竞争战略理论的缺陷，韩国战略学家 W·钱·金教授和美国战略学家勒妮·莫博涅教授 2005 年提出了蓝海战略理念。蓝海战略只能短期改善企业遇到的竞争状况，但并没有解决竞争战略理论的缺陷。我国著名战略专家唐东方在 2009 年提出了发展战略理论，提出企业首要关注的应该是企业的发展，而不应是企业的竞争，企业可以通过竞争来实现发展，还可以通过合作来实现发展，也可以避开竞争，选择更具前景的领域来发展。发展战略理论是对传统竞争战略理论的一种颠覆，使企业更加良性的参与竞争，把主要精力投入到企业发展问题的解决上，发展方向、发展速度与质量、发展点和发展能力的规划与实施上，最终实现企业的快速、健康、持续发展。

尽管竞争战略存在一定缺陷，企业面临竞争是一个基本状态，很多企业也会采取一些竞争手段。创业企业确定了目标市场之后，面对市场竞争需了解基本的竞争策略。

【小测试】

1. 市场竞争分析包括哪些？
2. 创业市场竞争策略有哪些？

第三节　创业市场营销

根据美国市场营销协会的定义，市场营销是在创造、沟通、传播和交换产品中，为顾客、客户、合作伙伴以及整个社会带来价值的一系列活动、过程和体系。

基于不同的观点和学者给出的不同定义，本书认为市场营销的主要目的是创造顾客，获取和维持顾客。从整体上看，营销过程包括前面所提到的市场细分、目标市场选择、市场定位等，还包括后面提及的产品开发与设计、营销推广计划以及营销活动管理、售后服务等一系列活动。初创企业由于资源禀赋的不同，无法像大企业有更多的优势资源进行营销，但仍可采取一定的市场营销策略。

一、产品导向的营销

以产品为导向的营销理论，即 4P 理论，为四个基本策略的组合，即产品（Product）、价格（Price）、渠道（Place）、促销（Promotion），由于这四个词的英文字母开头都是 P，再加上策略（Strategy），所以简称为"4Ps"。它在 20 世纪 60 年代由美国杰罗姆·麦卡锡提出，相对而言从供给方角度考虑如何将产品或服务成功传递到客户群体以实现产品或服务的价值。

企业市场活动受不可控因素和可控因素影响。不可控因素，即营销者本身不可控制的市场；营销环境，包括微观环境和宏观环境。可控因素，即营销者自己可以控制的产品、商标、品牌、价格、广告、渠道等，而 4Ps 就是对各种可控因素的归纳，其贡献价值就在于把错综复杂的经济现象用四个方面来概括分析。

（一）产品策略

产品策略是 4Ps 市场营销组合的核心，是价格策略、分销策略和促销策略的基础。产品策略主要指企业面向目标市场提供满足顾客需求的有形和无形产品，以实现其价值主张。它包括对产品的品种、规格、式样、质量、包装、特色、商标、品牌以及相关服务等方面。

1. 产品层次

企业的生产经营活动都是围绕产品和服务来进行的。企业开发满足顾客需求的产品，并将产品传递到顾客方。因此，企业必须明确生产什么产品，为谁生产产品，生产多少产品。随着科学技术的快速发展和信息技术的进步，消费者需求日趋个性化，产品的内涵和外延也随之不断丰富和扩大。

产品层次包括核心利益、基础产品、期望产品、附加产品和潜在产品五个层次。核心利益层次是消费者购买产品时所追求的最重要、最基本的那部分利益，是产品最主要的价值所在，消费者购买某种产品不是为了获得产品本身，而是为了获得能够满足其消费需要的效用和利益。因此，核心利益层次代表产品最本质的竞争能力。基础产品层次即产品的基本形式，包括品质、特征、商标、样式和包装，它是核心产品层次能够实现的外在形式。期望产品层次是购买者在购买产品时期望得到的与产品密切相关的一整套属性和条件。附加产品层次是顾客购买产品时所获得的全部附加服务和利益，包括提供信贷、免费送货、安装、售后服务等。随着市场竞争的加剧，用户要求不断提高，增加的服务和利益也就成为赢得竞争的有效手段。潜在产品层次指现有产品包括所有附加产品在内的、可能发展成为未来最终产品的潜在状态的产品，它指出了现有产品的可能的演变趋势和前景。

2. 品牌策略

品牌策略是利用品牌将产品和服务推广到消费者心坎里。品牌有利于突出产品的独特性以树立产品形象，有利于保护产品不受竞争者模仿，有利于订单处理和对产品的跟踪，等等。但是，不一定每种产品每个企业都使用品牌，还必须考虑产品的实际情况，因为在获得品牌带来的上述好处的同时，建立、维持、保护品牌也要付出巨大成本，如包装费、广告费、标签费和法律保护费等。

那些在加工过程中无法形成一定特色的产品，由于产品同质性很高，消费者在购买时不会过多地注意品牌，所以可以不采用品牌。此外，品牌与产品的包装、产地、价格和生产厂家等一样，都是消费者选择和评价商品的一种外在线索，对于那些消费者只看重产品的式样和价格而忽视品牌的产品，品牌化的意义也就很小。在欧美的一些超市中又出现了一种无品牌化的现象，如细条面、卫生纸等一些包装简单、价格低廉的基本生活用品。还有，企业实力也是考虑因素。对于实力雄厚、生产技术和经营管理水平俱佳的企业，可以考虑使用品牌；但是对于初创企业，使用品牌就需要通过各种手段来使消费者达到品牌识别，就增加了成本费用，无法通过降低价格来扩大销售。因此，初创企业需要结合企业实力和市场情况、产品特点考虑是否使用品牌。

3. 包装策略

目前，包装已成为强有力的营销手段。设计良好的包装能为消费者创造方便价值，为生产者创造促销价值。包装最基本的作用当为产品保护，便于储运。有效的产品包装可以起到防潮、防热、防冷、防挥发、防污染、保鲜、防易碎、防变形等系列保护产品的作用。进行产品包装时需考虑包装材料选择和包装技术管理。除了基础作用，包装也有利于树立产品形象，说明产品特色与吸引消费者注意力，有助于消费者迅速辨认产品品牌，给消费者信心。

（二）价格策略

价格策略主要是指企业按照市场规律通过制定价格、变动价格来实现其营销目标，其中包括对同定价有关的基本价格、折扣价格、津贴、付款期限、商业信用以及各种定价方法和定价技巧等可控因素的组合和运用。价格策略的基础任务是定价，定价方法需要根据市场分析结果、市场竞争需要与产品服务本身特点来确定。企业定价包含成本导向、需求导向、竞争导向三类。

1. 成本定价方法

成本导向定价法是以产品单位成本为基本依据，再加上预期利润来确定价格的定价法，是企业最常用、最基本的定价方法。成本导向定价法又衍生出了总成本加成定价法、目标收益定价法、边际成本定价法、盈亏平衡定价法等几种具体的定价方法。

2. 撇脂定价方法

撇脂定价即在产品刚刚进入市场时将价格定位在较高水平（即使价格会限制一部分人的购买），在竞争者研制出相似的产品以前，尽快地收回投资，并且取得相当的利润。然后随着时间的推移，再逐步降低价格使新产品进入弹性大的市场。一般而言，对于全新产品、受专利保护的产品、需求价格弹性小的产品、流行产品、未来市场形势难以测定的产品，可以采用撇脂定价策略。另外，竞争者短期内不易打入市场的产品也可以选择这一方法。最常见的撇脂定价产品就是商场中的服装、电子等新产品，刚上市时实行相对较高的价格，销售收入达到一定份额或者退市前降低价格。

3. 渗透定价方法

渗透定价方法是指在产品进入市场初期时将其价格定在较低水平，尽可能吸引最多的消费者的营销策略。它是以一个较低的产品价格打入市场，目的是在短期内加速市场成长，牺牲高毛利以期获得较高的销售量及市场占有率，进而产生显著的成本经济效益，使成本和价格得以不断降低。例如，戴尔公司采用市场渗透定价法，通过低成本的邮购渠道销售高质量的电脑产品。它们的销售量直线上升，而通过零售店销售的 IBM、康柏、苹果和其他竞争产品根本无法和它们的价格相比。渗透价格并不意味着绝对的便宜，而是相对于价值来讲比较低。可以看出，渗透定价与撇脂定价相反，在新产品上市初期把价定得低些，待产品渗入市场，销路打开后，再提高价格。

渗透定价与撇脂定价法都是心理定价方法。

（三）分销策略

分销策略也称为渠道策略，指企业以合理地选择分销渠道和组织商品实体流通的方式来实现其营销目标，其中包括对同分销有关的渠道覆盖面、商品流转环节、中间商、网点设置以及储存运输等可控因素的组合和运用。市场营销渠道是在价值链中配合和参与生产、分销和消费某一产品或服务的那些企业、个人，包括材料供应商、生产商、中间商、辅助商、零售商。分销渠道指某种产品和服务在从生产者向消费者转移的过程中，取得这种产品和服务的所有权或帮助所有权转移的所有企业和个人，包括经销中间商、代理中间商等。

分销渠道设置需考虑层级和宽度。

1. 直接渠道和间接渠道

直接渠道是指生产者将产品直接供应给消费者或用户，没有中间商介入，即通常所说的零渠道。直接渠道的形式是：生产者—用户。直接渠道主要用于工业品分销。例如大型设备、专用工具及因技术复杂等需要提供专门服务的产品，都采用直接分销。消费品中有部分也采用直接分销，诸如不易保存的鲜活商品等。还有非常重要的一个业态就是互联网时代下很多基于互联网的创业项目也没有中间渠道。产品直接从生产者转移到消费者手中，减少了中间环节，降低门槛、降低成本。企业直接分销的方式很多，包括订购分销、自开门店销售、联营分销。例如，很多工业品采取订购分销方式；进行矿石加工的企业不必自设门店，直接派员推销联系矿石生产企业，当这些企业再将产品销售给产业链其他环节的企业时，又可以采取联营分销方式；有些种植农产品的创业企业也可以采取订购分销，选择一些城市，在人口集中的地方自设门店来推广产品，直接面向消费者。

间接渠道是指生产企业通过中间环节把产品传送给消费者。间接分销渠道的典型形式是：生产者—批发商—零售商—个人消费者（少数为团体用户）。间接渠道是消费品分销的主要类型，工业品中也有许多产品采取间接分销方式，例如化妆品通过中间商在商场销售。

当前在多数市场中消费者占主导地位，消费者需求越来越丰富，各级企业、各类企业的联系日益紧密，因此，创业企业是否利用渠道、如何利用渠道使自己的产品进行销售，是考验创业者的一大课题。

2. 宽渠道与窄渠道

分销渠道的宽度是指渠道的每个层次拥有同种类型的中间商的数量多少。如果企业使用的同一层级同类中间商多，产品在市场上的分销面广，则为宽渠道。例如一般的日用消费品，消费需求非常广，可由多家批发商经销，也可转给多家零售商，才可大量地接触消费者。如果企业使用的同一层级同类中间商少，则为窄渠道。例如一些专业技术较强的产品，或者一些贵重的耐用消费品，一般由一家或几家中间商分销。

对初创企业而言，企业实力有限，产品和服务很难在很短的时间内为顾客所接受，可以借助与其他企业合作，比如利用其他企业的营销渠道、生产能力，通过"捆绑式"销售来推广自己的产品和服务；也可以依附于成熟企业，借助品牌广泛度，将产品推向市场。但是，借助成熟企业必须考虑避开竞争问题，同时在市场里占有一席之地后应尽快建立自己产品和服务的知名度和认同度。创业企业还可以自己建立营销渠道，特别是互联网项目，消除了中间层级，可以不必像以往建立众多人员组成的销售部而可以采取网络营销，通过良好的网络营销方案将产品和服务推向广大消费者。

（四）促销策略

促销策略是指企业以利用各种信息传播手段激起消费者购买欲望，促进产品销售的方式来实现其营销目标。通过将促销有关的广告、人员推销、营业推广、公共关系等可控因素组合和运用，向消费者或客户传递产品信息，引起他们的兴趣，激发他们的购买愿望和购买行为。企业促销一般是通过两种方式，一是人员推销，即推销员和顾客面对面进行推销；另一种通过大众传播媒介向顾客传递信息，主要包括广告、公共关系和营业推广等多种方式。

初创企业与成熟企业不同，在市场竞争中处于劣势，一般促销策略应当集中在能够马上吸引顾客、保证良性循环的方式中。可以借他人推荐来扩大企业知名度，通过良好的人际关系网络以良好的口碑树立产品和服务的形象进行宣传推广，这种方式促销效率虽然较慢，但效果却非常稳固并且成本很低；可以借助良好的公共关系进行推广，例如借新闻媒体报道企业开发的新产品，将产品有关信息传递给顾客，可与外部行业协会、技术专家以及中间商建立良好的沟通，有些还需与政府建立良好的沟通；可以进行广告促销，根据产品和服务面向的客户群体特点，选择传统媒体或新媒体投放广告，一些专业工业品和消费品可以借助专业类杂志和报纸，或选择网络广告降低成本。

【案例】

聚美优品营销组合

聚美优品是中国第一家也是最大的专业化妆品团购网站，主要以团购形式来运营垂直类女性化妆品 B2C。聚美优品的目标市场选择在城市地区，其主要消费者是具有独立收入来源而又专注于追求时尚、展现自我的年轻女性。考虑到目标市场和目标消费者特征的单一性（主要为 20—35 岁的女白领）与采购对象（主要是化妆品系列）、营销成本的关系，选择了集中化策略。

产品：主要是中高端化妆品及化妆相关用品，也销售一些名贵手表，服饰。

价格：通过平台收取一定的服务费。

渠道：从原来依靠供应商、物流商，到自建销售渠道、仓储和物流。

促销：多种促销方式。聚美手机 App，陈欧代言的电视广告，团购打折等促销方式。

（资料来源：《"聚美优品"市场营销分析》，MBA 智库，有删改）

二、顾客导向的营销

尽管 4Ps 营销组合被创业企业接受并广泛地用以实践，但在一些方面存在局限。一些市场实践者和营销研究者认为此理论执着于营销者对消费者做什么，而不是从顾客或整个社会利益来考虑，这实际上仍是生产导向观念的反映，而没有体现市场导向或顾客导向。随着"以消费者为中心"时代的来临，消费者需求形态差异很大，整个社会充满了个性化。为此，劳特朗先生 1990 年对应传统的 4P 提出了新的观点："营销的 4C"，以消费者需求为导向，强调企业首先应该把追求顾客满意放在第一位，产品必须满足顾客需求。

这个理论重新设定了市场营销组合的四个基本要素：4C，即顾客（Customer）、成本（Cost）、便利（Convenience）、沟通（Convenience）。

1. 顾客

主要指顾客的需求。企业必须首先了解和研究顾客，根据顾客的需求来提供产品。同时，企业提供的不仅仅是产品和服务，更重要的是由此产生的客户价值。

2. 成本

成本不单是企业的生产成本，或者说 4Ps 中的 Price（价格），它还包括顾客的购买成本，同时也意味着产品定价的理想情况，应该是既低于顾客的心理价格，亦能够让企业有所盈利。此外，顾客购买成本不仅包括其货币支出，还包括其为此耗费的时间，体力和精力，以及购买风险。

3. 便利

便利，即为顾客提供最大的购物和使用便利。4Cs 营销理论强调企业在制定分销策略时，要更多地考虑顾客的方便，而不是企业自己方便。要通过好的售前、售中和售后服务来让顾客在购物的同时也享受到便利。便利是客户价值不可或缺的一部分。

4. 沟通

沟通则被用以取代 4Ps 中对应的促销。4Cs 营销理论认为，企业应通过同顾客进行积极有效的双向沟通，建立基于共同利益的新型企业、顾客关系。这不再是企业单向的促销和劝导顾客，而是在双方的沟通中找到能同时实现各自目标的通途。

其实，4Ps 与 4Cs 是互补的而非替代关系。如：顾客，是指用"客户"取代"产品"，要先研究顾客的需求与欲望，然后再去设计、生产和销售顾客确定想要买的服务产品；成本，是指用"成本"取代"价格"，了解顾客要满足其需要与欲求所愿意付出的成本，再去制定定价策略；便利，是指用"便利"取代"地点"，意味着制定分销策略时要尽可能让顾客方便；沟通，是指用"沟通"取代"促销"，"沟通"是双向的，"促销"无论是推动策略还是拉动战略，都是直线式传播。

4Cs 营销理论以顾客为导向，而市场经济要求的是竞争导向。顾客导向与市场竞争导向的本质区别是：前者看到的是新的顾客需求；后者不仅看到了需求，还更多地注意到了竞争对手，冷静分析自身在竞争中的优、劣势并采取相应的策略，在竞争中求发展。另外，顾客需求有个合理性问题。顾客总是希望质量好，价格低，特别是在价格上要求是无界限的。只看到满足顾客需求的一面，企业必然付出更大的成本，久而久之，会影响企业的发展。所以从长远看，企业经营要遵循双赢的原则，这是 4Cs 需要进一步解决的问题。

如今，信息时代使营销发生巨大改变，传真、电子邮件、互联网和无线技术给营销的方式带来了革命性的变化，甚至在某些方面挑战着传统的营销理论。互联网时代，产品价格将更加透明，超竞争使价格下跌，客户可以定制自己需要的产品。小米就是利用反向营销，通过互联网征询顾客的意见改进手机的设计，再向顾客推出产品，并通过互联网由顾客自己相互宣传从而扩大销售。另外，互联网对于消费者而言最大的好处就是消除了很多中间层级，使渠道扁平化，很多企业可以通过微信、网络社区群等进行营销。不仅如此，企业可以依靠更多信息来进行决策和营销，可以通过自动化软件来完善售后服务。

对于初创企业，可以参考成熟企业在经营管理中的一些策略和办法，但需要有所取舍、有所侧重。初创企业首先需要保证存活下来，这其中正确的营销策略非常重要。创业企业虽然需看清全球化、WTO及行业的发展趋势，但更需要看清楚自己生存的微观市场环境，需要知道自己的客户究竟在哪里，如何开发出吸引顾客的产品和服务，研究具体的销售策略将产品和服务送至顾客群体。与成熟企业相比，创业企业在营销方面也具有一些优势，例如更贴近顾客、更了解客户需求，市场反应和调整速度更快，通过集中化策略更易维护好客户关系。所以，创业企业可以借鉴传统理论，但不能照搬照抄，而应跟上时代发展步伐并结合自身实力开展市场营销活动。

【小测试】

1. 产品策略包括哪些内容，如何进行定价？
2. 如何借助渠道与促销推广产品？

第四节　创业市场调查

从寻找真实需求、确定目标市场到进行市场营销、参与市场竞争，都需要通过市场调查来获取市场信息以进行分析。市场调查（Marketing Research）就是指运用科学的方法，有目的地、系统地收集、记录、整理有关市场信息和资料，分析市场情况，了解市场的现状及其发展趋势。对于初创企业，市场调查不仅可以为市场预测和营销决策提供客观的资料，也可以为最初的创意和创业机会评估提供依据。市场调查包括市场环境调查、市场状况调查、销售可能性调查，还可对消费者及消费需求、企业产品、产品价格、影响销售的社会和自然因素、销售渠道等开展调查。

一、市场调查的作用

1. 有助于学习先进

当今时代科技飞速发展，新发明、新创造、新技术和新产品层出不穷。通过市场调查，有助于我们及时地了解最新的市场动态和科技信息，对创业企业而言，能更好地学习和吸取同行业的先进经验和最新技术，有利于企业的生存和发展。

2. 为企业决策提供依据

任何一个企业都只有在对市场情况有实际了解的情况下，才能有针对性地制定市场营销策略和经营发展策略。创业企业制定产品策略、价格策略、分销策略、广告和促销策略时，需要了解和考虑很多问题：本企业产品在什么市场上有发展潜力；在哪个目标市场上销售，预期可销售数量多少；如何才能扩大企业产品的销售量；如何制定产品的销售价格，保证销售和利润都能增长；怎样组织产品推销，销售费用又将是多少，等等，通过市场调查得来的信息可作为企业决策的依据。

3. 增强企业的竞争力和生存能力

市场情况在不断地发生变化，促使市场发生变化的原因包括产品、价格、分销、广告、推销等市场因素和政治、经济、文化、地理条件等环境因素，它们之间既相互联系又相互影响。因此只有通过广泛的市场调查，企业及时地了解各种市场因素和环境因素的变化，才能及时调整，应对竞争。

二、市场调查的内容

市场调查的内容是指在进行市场调查工作时应该调查的问题和所需要收集的资料。这是调查工作的目标所在，因此，在开展市场调查以前就必须明确。

【案例】

新可口可乐跌入调研陷阱

20 世纪 70 年代中期以前，可口可乐公司是美国饮料市场上的 NO.1，然而 20 世纪 70 年代中后期，百事可乐迅速崛起，可口可乐的市场份额仅领先百事可乐 3 个百分点。为了应对百事可乐的竞争，可口可乐公司进行了一项代号为"堪萨斯工程"的市场调研活动。1982 年，可口可乐广泛地深入到 10 个主要城市进行市场调查，确定口味因素是否是可口可乐市场份额下降的重要原因，征询顾客对新口味可乐的意见。于是，在问卷中，询问了例如"你想试一试新饮料吗？""可口可乐味变得更柔和一些，您是否满意？"等问题。调研结果最后表明，顾客愿意品尝新口味的可乐。这一结果更加坚定了可口可乐公司决策者们的想法——长达 99 年的可口可乐配方已不再适合今天消费者的需要了。

于是，满怀信心的可口可乐公司开始着手开发新口味可乐。在新可乐推向市场之初，可口可乐公司又不惜血本进行又一轮的口味测试。结果 60% 的消费者认为新可乐比原来的好，52% 的人认为新可乐比百事可乐好。新可乐的受欢迎程度一下打消了可口可乐领导者原有的顾虑，可口可乐公司为了争取市场，不惜又一次投入巨资帮助瓶装商们重新改装生产线。在新可口可乐上市之初，可口可乐又大造了一番广告声势，收到良好收益。但是，这种"变化"受到了原可口可乐消费者的排挤，顾客的愤怒情绪犹如火山爆发般难以驾驭。每天，可口可乐公司都会收到来自愤怒的消费者的成袋信件和1500 多个电话。数量众多的批评迫使可口可乐公司不得不开通 83 部热线电话，雇请大批公关人员来温言安抚愤怒的顾客。而当时，由于人们预期老口味的传统可口可乐产量会减少，将其居为奇货，价格竟在不断上涨。在又一次推出的顾客意向调查中，30％的人说喜欢新口味可口可乐，而60％的人却明确拒绝新口味可口可乐。可口可乐公司不得不恢复传统配方的可口可乐的生产，同时也保留了新可口可乐的生产线和生产能力。公司花费了400万美元，进行了长达2年的调查，还有远远超出调研费的改装费、广告费，却没有获得成功。

（资料来源：《巴菲特之路》，小罗伯特·海格士多姆，清华大学出版社）

可口可乐公司的新产品为什么会出现问题？

新可乐的失败，最大的问题就是出在调研上，本来根据调研所得出的结果，新可乐应该是很成功的，然而结果却截然相反，为什么呢？可口可乐公司的测试没有明确告诉消费者新可乐是为取代旧可乐的。调查只限于口味问题，没有考虑无形的资产——可口可乐的名称、历史、包装、文化遗产及产品形象。对许多人来说，可口可乐与棒球、热狗和苹果派一起成为美国的习俗，它代表了美国的社会文化。可口可乐一切都考虑周全了，唯一忽略的就是这种"爱"。在他们看来可口可乐代表永恒，代表爱心，代表关怀。对于许多消费者来说，可口可乐的象征性意义比它的口味更重要。而如果调查的范围能够更广些，能够更深些，应该是能发现这些情感因素的。

一般来说，我们可以把有关市场调查的问题归结为两个方面：市场潜力调查和适销产品市场情况调查。

1. 市场潜力调查

市场潜力调查是指产品在目标市场的销售前景，其目的是通过调查查明直接影响产品在目标市场上销售的各种因素，明确地分析在目标市场上组织销售的可行性及其发展前景，以便更好地选择产品的目标市场。影响产品的市场潜力的因素主要有如下几点：市场所在地的政策法规；市场容量、消费方式和消费需求；影响需求的各种因素以及市场竞争等。

2. 适销产品的市场调查

适销产品是指产品本身符合市场的需要，符合消费习惯，并为市场顾客所喜爱。产品要适销对路，首先要满足消费者的喜好和要求，要对消费者的喜好和要求进行调查。同时还要对目标市场进行细分，了解各类顾客对产品的爱好和要求。

三、市场调查的步骤

条条大路通罗马，市场调查没有固定的"格式"，但总体来说，就其共性而言市场调查一般分为四个阶段，即准备阶段、调查阶段、分析阶段、总结阶段，如图7－3所示。

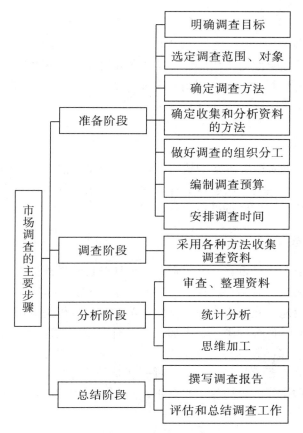

图 7－3　市场调查流程示意图

具体调查步骤如下：

（一）准备阶段

准备工作的充分与否直接决定整个调查活动的成败，主要包括以下几个方面。

1．明确调查目标

对创业者而言，市场调查的主要目标就是了解市场各要素的具体情况，为自己创业行业、创业项目、创业模式等的选择提供必要的决策参考，整个市场调查活动都要紧紧围绕调查目标进行。

2．选定调查范围、调查对象

由于人力、财力的限制，为确保针对性和有效性，调查不能大海捞针般盲目进行，要确定一定的范围和特定的对象，以取得相对准确的调查结果。

3．确定调查方法

方法决定结果。市场调查有很多种方法，例如文献法、问卷法、访谈法、观察法等，每种方法都有各自的优缺点和适用范围。在调查的准备阶段，调查者需对各种方法的使用了然于胸，根据自己的调查目标和内容确定适当的调查方法，或使用其中一种，或多种方法相结合。

4. 其他内容

市场调查是一项综合性的实践活动，需要各个环节的紧密配合，在调查准备阶段，还需确定收集和分析资料的方法、做好调查的组织分工、编制调查预算、安排调查时间等。

（二）调查阶段

调查阶段是市场调查研究方案的执行阶段，主要是按照准备阶段调查方案所确定的调查计划、调查方式和调查方法进行资料和信息的收集，具体贯彻调查设计中所确定的思路的活动，这是整个市场调查过程的核心。

（三）分析阶段

这一阶段的主要工作是审查、整理资料，统计分析和思维加工。

审查、整理资料就是对调查获得的文字和数字资料进行审核、加工，使之条理化、系统化，集中、简明地反映调查对象的总体情况。统计分析是运用统计方法揭示调查的规模、结构、水平和比例等关系。思维加工就是对审核、整理后的文字资料和经统计分析的数据进行分析研究，揭示调查对象的本质及其发展规律并得出理论性结论。

对调查资料的分析要比收集更重要，对于创业者而言，分析应尽量客观，排除个人偏见，必要时可以和第三方机构等一起分析，甚至转换角度站在对立面来分析，然后做出相应预测。

（四）总结阶段

总结阶段的任务主要是撰写调查报告。调查报告应做到反映情况真实完整，所作分析客观科学，所得结论明晰准确。即使在未来的预测中存在多种可能，每种可能也要求有一定的确定性。

一份完整的调查报告应包括以下五项内容。

（1）调查目的：概要介绍本次市场调查的主要目标。

（2）调查范围：根据创业的目标区域，在多大范围内开展调查，调查的对象是谁？在什么时间、什么地点进行调查？

（3）调查方法：是全面调查、重点调查还是抽样调查？主要采用文献法、问卷法、访谈法、观察法还是实验法或者几种方法相结合？采用哪种统计方法？

（4）调查内容：这部分是调查报告的主题，包括资料、分析、结论等内容，其中结论是报告的重点，要通过认真研究和科学分析，使报告具有一定的可确定性。

（5）提出建议：把经过整理、分析、判断而形成的初步构想写成备选方案，作为下一步经营计划的蓝本。

【小测试】

1. 市场调查的步骤是什么？

教学设计

章节	内容	时间	授课方法	教学辅助
第一节 创业市场确定	引导案例　寻找真实需求	5分钟	案例分析	案例
	市场细分	10分钟	讲授	PPT
	目标市场选择	10分钟	讲授	PPT
第二节 创业市场竞争	识别竞争者	5分钟	讲授	PPT
	市场竞争策略	15分钟	讲授	PPT
	案例 小米手机市场策略	15分钟	案例分析	案例
第三节 创业市场营销	以产品为导向的营销	15分钟	讲授	PPT
	以顾客为导向的营销	10分钟	讲授	PPT
	互联网带来营销的改变	5分钟	讲授	PPT
第四节 创业市场调查	市场调查目的	5分钟	讲授	PPT
	案例 可口可乐市场调查	18分钟	案例分析	案例
	市场调查内容	5分钟	讲授	PPT
	市场调查步骤	7分钟	讲授	PPT
本章内容测试		10分钟	测试	PPT
合计		135分钟		

本章小结

　　本章通过寻找真实的需求，以市场细分、选择目标市场的方法，介绍了如何获取真实的市场，并强调创业企业结合自身资源条件找到最适合的客户群体的重要意义，引导同学们用客观存在的竞争的视角分析市场，识别和确定市场竞争者，了解竞争者的竞争优势，从而制定相应的竞争策略，无论是迂回的避强战术、还是直接正面竞争。在明确市场和竞争的基础上，介绍了将产品或服务传递给顾客的渠道和促销手段，以及为了顺利让顾客接受、强化产品或服务在顾客的认知而进行的市场定位，介绍了市场营销的组合方法。另外，介绍了对市场分析、竞争分析和营销推广必不可少的市场调查方法，说明了市场调查的一般步骤。

课后复习题

1. 如何获取真实的市场？
2. 如何进行市场竞争分析？
3. 从供给角度看，市场营销需要考虑的几个方面是什么？

125

讨论问题

1. 结合同学的一个创业项目，（1）谈一谈该产品和服务面向的真实需求是什么？（2）讲一讲如何准确地获取相应市场，即目标市场是什么？

2. 请大家分析市场成长期间，滴滴、快的与 Uber 等企业的竞争。

3. 请从我们身边的大学生创业案例出发，分别举出采用低成本、差异化、集中化竞争策略的案例。

实践性问题

1. 举一个创业案例，说明其如何进行市场细分、市场定位和市场营销的。

2. 以小组讨论的形式，选出身边同学的创业案例进行分析，看市场调查的流程安排与问卷设计情况如何，问题有哪些？

参考文献

李家华. 创业基础 [M]. 北京：清华大学出版社，2013.

加里·阿姆斯特朗，菲利普·科特勒. 市场营销学 [M]. 7 版. 何志毅，赵占波，译. 北京：中国人民大学出版社，2007.

第八章　创业资源

【本章教学目标】

- 了解创业资源的概念、类型。
- 了解关键创业资源的内涵。
- 掌握创业资源整合的方法、原则。
- 掌握创业融资的渠道和路径。

第一节　创业资源概述

美国著名的创业学教育和研究的领袖人物蒂蒙斯提出创业三要素，即机会、资源和团队，资源是其中之一。他认为，资源对于创业者好比颜料和画笔对于画家，当具有了创作的灵感和创作的画布，只有通过笔墨纸砚，才可能挥毫泼墨。同样，对创业者而言，只有具备足够的资源，才能将好的创意和符合市场需求的创业机会付诸商业实践当中。因此，拥有一定的创业资源是创业成功的必要条件。成功的创业者，往往重视使用、优化和管理资源，通过创业团队将有限的资源发挥到最大效用。

一、创业资源的内涵

创业资源是新建企业在创造价值过程中所需要的特定资产，包括企业所需要的各种生产要素和支撑条件，它是企业建立和运营的必要条件。

为了更好地了解和研究创业资源，学术界对其赋予了不同的定义。

从广义上看，创业资源可界定为：能够支持创业者进行创业活动的一切东西，它既包括可见的物质资源，如厂房、机械设备、资金等；也包括不可见的无形资源，如创业战略、创业方案、知识、技术、创业团队等；既包括创业者实际拥有的资源，也包括创业者可间接获取的资源，如广泛的社会关系等；既包括体现创业者个体特征的个体资源，也包括组织性、社会性的资源；既包括国内各种资源，也包括国外提供的丰富资源。总而言之，广义上的创业资源包括使创业者的创业活动顺利进行的一切支持性资源。

从狭义上看，创业资源是促使创业者启动创业活动的关键优势资源。关键优势资源是指建立企业赢利模式的业务系统所必需的和重要的资源与能力，如麦当劳的标准化资源与能力、海尔的创新资源与能力、沃尔玛的低成本战略资源与能力。并不是企业现有的所有资源与能力都同等珍贵，也不是企业的每一种资源和能力都是企业所必需的，只有和企业定位、盈利模式、整个业务系统流程、现金流结构相契合并且能互相强化的资源和能力才是企业真正需要的。

【案例】

陈生创业
——"从无到有"之路

陈生毕业于北京大学，十多年前放弃了让人美慕的公务员工作毅然下海，倒腾过白酒和房地产，打造了"天地壹号"苹果醋品牌，在低调进入养猪行业后，用不到两年的时间在广州开设了近100家猪肉连锁店，营业额达到2个亿。

陈生之前的创业经历很多，卖过菜、卖过房子、卖过饮料……这使得陈生对创业有了独到的见解：很多事情不是具备条件、做好了调查才去做就能做好，而是在条件不充分的时候就要开始做，这样才能抓住机会。然而，"条件不充分"时到底怎么才能"抓住机会"呢？例如，他卖白酒时，根本没有能力投资数千万设立厂房，于是他直接从农户那里收购散装米酒，不需要在固定设施上投入一分钱，通过广大的农民帮他生产，产能却可以达到投资5000万的工厂的数倍。但为了长久发展，此后他利用积累起来的资金租用厂房和设施，开始打造自己的品牌。迅速进入和快速占领市场，让他在白酒市场上打了个漂亮仗。而当许多人"跟风"学习一位到南方视察的国家领导人用陈醋兑雪碧当饮料的饮食方法时，善于"抓住机会"的陈生想到了如何将这种饮料生产出来。经过多次尝试，著名的"天地壹号"苹果醋就此面市。资金积累更多时，陈生发现了传统的中国猪肉行业中的巨大商机，中国每年的猪肉消费约500亿公斤，按每公斤20元算，年销售额就高达上万亿，但与其他行业相比，没有形成产业化，竞争不强，档次不高，这意味着猪肉行业机会很多。他进行资源整合，并开辟了"公司＋农户合作"的路子，针对学生、部队等不同人群，选择不同的农户，提出不同的饲养要求来供货。

（资料来源：中国青年网，有删改）

二、创业资源的类型

（一）创业资源分类

依据不同的分类标准，创业资源能划分为不同的类型，了解分类可以帮助我们进一步认识创业资源。

1. 直接资源和间接资源

按照资源要素对企业战略规划过程的参与程度，创业资源可以分为直接资源和间接资源①。其中，财务资源、管理资源、市场资源、人才资源是直接参与企业战略规划的资源要素，可以划分为直接资源；政策资源、信息资源、科技资源这三类资源可为创业企业成长提供更多便利和支持，但非直接地参与创业战略的制定和执行，创业战略的规划是一种间接作用，可以定义为间接资源。

2. 核心资源和非核心资源

根据资源基础论，创业资源可以分为核心资源与非核心资源。

核心资源主要包括人力、管理和技术资源，这几类资源涉及新建企业有别于其他企业的核心竞争力，是创业机会识别、机会筛选和机会运用几大阶段的主线。人力资源对于企业来说，主要表现为一种知识财富，是企业创新的源泉。高素质人才的获取和开发是新建企业可持续发展的关键，特别是创业者自身素质高低对创业企业的成长有至关重要的作用。管理资源又可理解为创业者和创业团队管理素质方面的资源。科技资源是一种积极的机会资源。对于新建企业来说，主动引进、寻找，甚至研发有商业价值的科技成果，是企业的立身之本和竞争能力之源。这样的例子很多，腾讯最初通过模仿研发了QQ，开发了方便的即时对话窗口，随后又通过自我革命设计了微信，引领了移动互联的沟通。

非核心资源主要包括资金、场地和环境资源。资金资源是创业企业开发机会、实现预期盈利目标和保持稳定的资金周转率的重要保障。良好的场地资源能够为企业大幅度降低运营成本，提供便利的生产经营环境。环境资源也是影响创业企业发展的一种外围资源。据《全球创业观察中国报告》，基于2002—2012年的数据，中国在创业环境方面属于全球创业观察的69个国家和地区中的中游水平，具体包括金融支持、政府项目、创业教育与培训、创业商务环境。当然，这几年中国大力推动与扶持创业，创业环境已有较大改善。

此外，信息资源是在信息活动中积累起来的以信息为核心的各类信息活动要素，例如信息技术、设备设施及生产者信息等。文化资源虽是非核心资源，但是在当今发挥着越来越重要的作用，可以推动创业项目的持续发展。

3. 内部资源和外部资源

按照创业企业资源的"归属权"，分为内部资源和外部资源。内部资源来自内部的积累。这些资源为创业团队自己所拥有，可以自由支配和使用。比如创业者带领的创业团队、员工、土地、自有资金、设备、技术、自己所获得的创业机会信息、自建的营销网络、控制的物质资源或管理才能等。外部资源更多来自外部机会发现。这些资源并不归创业企业所有，例如可以借用的朋友、亲戚、商务伙伴或其他投资者的资金，或者请到的人和借到的空间、设备或其他原材料（有时是由客户或供应商免费或廉价提供的），或通过提供未来服务、机会等换取到的资源，有些还可能是社会团体或政府资助的管理帮助计划。有些通过与具有某些利益共同点的合作方来获取，比如原材料供应商、技术

① 林强（2003）、林嵩（2005）、姜彦福（2007）均有所论述，按照资源要素对企业战略规划参与程度划分的资源类型。

供给者、销售商、广告商等。

以上是对资源分类比较一致的几种看法。对资源的具体分类，目前没有统一的标准，但是 Barney（2001）曾提出资源效用标准，即资源的价值性、稀缺性、不可模仿性和难以替代性等。

（二）主要资源形态

林强（2007）提出一种分类标准，即按照资源对企业成长的作用将其分为要素资源和环境资源两大类。要素资源指直接参与企业生产、经营活动的资源，包括场地资源、资金资源、人才资源、管理资源、科技资源等；环境资源指未直接参与企业生产经营，但其存在极大地提高了企业运营效果的资源，包括政策资源、信息资源、文化资源、品牌资源等。要素资源可以直接促进新建企业的成长，而环境资源可以影响要素资源，间接促进企业的成长。

1. 场地资源

场地资源是要素资源中最基础的资源，任何企业都需要办公场地。对生产型的企业而言，还需要用于生产的厂房，厂房的选址需考虑环境因素和成本问题，比如道路交通是否通畅，是否有利于原料和其他资料的运输，以及场地租金、劳动力成本和技术技能水平等成本问题。传统经营型和服务型企业对企业场所的要求也比较多，要求场地内部拥有健全的基础设施建设，便捷的计算机通信系统，良好的物业管理和商务中心，以及方便的周边交通和生活配套等。知识密集型企业也很注重场地环境能否体现企业形象与文化，这些要素也成为吸引人才和其他合作者加入的重要条件。

2. 资金资源

资金资源对于任何一个企业都非常重要。创业企业发展过程中的不确定性和脆弱的风险承担能力导致其资金供给障碍，而且常常由于资金的限制、融资渠道不畅、投融资双方沟通障碍等问题，使得好技术、周密的商业计划得不到实施，或者出现实施过程中被迫中断甚至退出的情形。融资问题也使创业企业的灵活性优势难以得到发挥，加剧了企业在财务上的脆弱性，成为比大企业更容易陷入破产境地的一个重要原因。及时的银行贷款和风险投资，各种政策性低息或无息扶持基金，以及写字楼或者孵化器提供的较低租金等，都为初创企业发展提供了良好的资金来源。

3. 人力资源

人力资源是创业企业发展除了场地、资金等硬件设施外的更重要的能动因素。高素质人才的获取和开发，成为现代企业可持续发展的关键。当代企业管理中的人才已经由传统的"劳动力"概念转变为"人才资本"的概念。企业需要的是能够为我所用的人，从创业管理的角度来说，初创企业更需要能够与"企业绑在一架战车上的斯巴达斗士"，而不只是需要一个职业人。因此在合适的位置选择合适的人，是任何一个企业发展过程重要的人力资源管理规则。创业者的人脉圈子，也往往决定创业成功的重要因素。血缘、地缘、业缘，同乡、校友、同僚、战友等都是人际交往圈的重要资源。创业者往往靠自己的人脉圈组建核心团队。有人说，得合伙人得天下，腾讯五虎、新东方的三驾马车、携程四君子等都是利用校友资源，成为合伙人建立了团队，才逐步发展到今天。

4. 技术资源

技术资源在当今创业时代是企业成长与发展的强大助推器，技术的进步可以极大地影响到企业的产品、市场、服务、供应商、分销商、客户甚至营销方法等，从而改变相对成本和竞争地位。高科技新创企业更是靠研发和生产科技产品占据优势。积极引进寻找有商业价值的科技成果，加强和高校科研院所的产学研合作，有助于加快产品研制和成型的速度，缩短产品进入市场的时间，为企业的市场竞争提供有力支持。华为多年来走的就是一条自主研发和创新的道路。据世界知识产权组织最新报告显示，2014年华为以3442件的专利申请数超越日本松下公司，成为当年申请国际专利的冠军。过去十年中，华为的研发投入累计达1880亿元人民币，17万员工中研发人员占到45%。[①]

5. 政策资源

政策资源不仅包括企业发展相关的政策制度，还包括配套措施及法律法规。掌握和了解更多的政策资源，有利于及时、准确地了解政策并结合国家发展和人民需求，发现和捕捉到更多更好的创业机会和创业项目。从中国的创业环境看，国家和地方政府以及一些社会机构都给予创业企业大量优惠的扶持政策，在政策允许和鼓励的条件下，为初创企业提供更多的国内外人才、贷款和投资、具有明确产权关系的科技成果、各种服务以及场地优惠等。

6. 信息资源

良好的信息资源环境是企业运营的基础和保障。信息的传递包括企业内部之间的信息传递、企业和外部环境之间的信息传递。一个成功的有效率的企业信息一定是畅通的、及时的、准确的。信息传递的不平衡是绝对的，平衡是相对的，信息传递不平衡带来的信息失真、信息失效、信息丢失等会给企业带来巨大的损失。专业机构对于信息的收集、处理和传递，可以为创业者制定研发、采购、生产和销售的决策提供指导和参考。对于高科技新创企业来说，由于竞争十分激烈，更加需要丰富、及时、准确的信息，以争取到更多的要素资源。这种信息如果由创业者通过市场调研分析获得，成本可能过高。因此，常常由专业机构提供。梁伯强本来是广东一家产销人造首饰的大户，1998年他无意间看到报纸上的一则新闻，说一位国务院领导以国产指甲钳质量不高为例，要求轻工企业努力提高产品质量。这为他带来一个信息，就是国内还没有生产质量很好的指甲钳的企业，他意识到一个新的市场机会出现，于是他做起指甲钳来。

经过多年努力，现在他是国内最大的中高档指甲钳供应商，年销售额两亿元。[②]

7. 文化资源

文化资源是企业内在软实力的具体体现。企业文化是企业全体员工的行为习惯总和。良好的企业文化资源是培养高素质人才的有效途径，同时也是提升企业形象，增加企业附加值的重要手段。对于新创企业来说，文化资源尤为珍贵。文化对于创业企业和

---

① "世界最聪明公司50强"前十有两：中国企业正强势崛起。观察者网。

② 梁伯强指甲钳的品牌战，《中国企业家》，2002年4月。

创业者有着极大的精神激励作用，令新创企业以更强的动力和能力去有效组合要素并创造价值。硅谷成功的一个很重要的原因是那里的浓厚文化氛围，如鼓励冒险、容忍失败等。雕爷牛腩是一家"轻奢餐"品牌，其烹饪牛腩的秘方是向电影《食神》的原型人物——香港食神戴龙，以500万元购得，拟用一种大家认同的文化聚拢讲求品位的顾客，同时店面的装修、互联网上的互动都是为了共同营造一种独特的餐饮文化氛围①。

8. 品牌资源

品牌资源是指企业品牌本身以及围绕品牌的创建、传播、培育、维护、创新等方面的一切可利用资源，包括品牌本身、企业内部可利用资源和企业外部可利用资源。例如资本资源、技术资源、传媒资源、文化资源等。从品牌的系统管理角度理解，首先可将品牌视为企业的一种重要资源，其次围绕着品牌资源的开发与利用，企业需要整合一切可利用资源，最后形成品牌资源的系统管理流程。美国宝洁公司是世界最大的日用消费品公司之一，经营的300多个品牌产品畅销140多个国家和地区，其中包括洗发护发、婴儿护理用品、化妆品、饮料、食品、织物、家用护理用品等，实行"一品多牌"的战略，拥有多个世界知名的品牌，比如在中国大家熟悉的有飘柔、潘婷、海飞丝、玉兰油、汰渍、舒肤佳等。品牌资源具有传播性、增值性、累积性、持续性及两面性等特征。例如，中央电视台曾经播出的"金嗓子喉宝"广告，邀请罗纳尔多作代言人。可是罗纳尔多是足球明星，拍运动品牌广告再合适不过，足球用脑、用脚但不用口，职业的广告实在太牵强，对品牌推广不仅没有效果，而且还引起大家质疑。优秀的孵化器能为创业企业提供品牌保证，这可以提高政府、投资商和其他企业对在孵企业信誉度的估价。

三、创业资源与一般商业资源的异同

在管理学研究中，资源就是企业作为一个经济实体，在向社会提供产品或服务的过程中所拥有或者所能够支配的能够实现公司战略目标的各种要素以及要素组合，这些要素或者要素组合包括企业所有的资产、能力、组织结果、企业属性、信息、知识等，这些都是创业资源与一般商业资源所共有的特征。

但是，与一般意义的商业资源不同，创业活动发展和创业过程推进所需的资源有其独特性，它们所涵盖的内容侧重点也与一般的企业有所不同，需要从创业成长的视角进行分析，把握企业的创建和成长中的最关键要素。因此，我们把新创企业创立以及成长过程中所需要的各种生产要素和支撑条件定义为创业资源，它们不同于一般意义的商业资源。

（1）从创业过程本身来看，创业成长的过程就是创业者组合创业资源、形成产品（或服务）并创造价值的过程。熊彼特认为"创业者的功能就是实现新组合"，这种新组合的对象就是创业资源，创业者实施新组合的途径包括产品（或服务）创新、工艺创新、市场创新、原材料创新和组织创新。新组合的目的就是实现产品（或服务）的市场

---

① 雕爷牛腩，百度百科。

价值并创造超额利润。因此，创业资源是创业者必须时刻放在最重要地位并反复估量权衡的对象。

（2）创业资源的获取途径主要有两个方面：外部获取以及内部积累。创业者一旦开始创业，一般都会遇到资源短缺的问题，特别是在新创企业发展之初：一方面，企业的创新和成长需要用到大量的资源；另一方面，企业自身还很弱小，缺乏自我积累资源的实力。在创业过程中，创业者要能够积极把握各项外部资源，积极发展获取外部资源的能力，利用外部资源支持创业成长。

（3）创业资源不仅包括一般意义上的生产要素，还包括一些支撑条件。相较于成熟的大企业，新创企业更需要一些成熟的支撑条件，例如政策上的特许和优惠、良好的创业文化氛围等。如果没有这些支撑条件，创业者或者根本无法开展创业活动，或者无法顺利开展创业活动。

【小测试】

1. 资源的分类有哪些？
2. 创业资源与一般商业资源的不同有哪些？

第二节　创业资源整合

一、创业资源整合的意义

创业者获取创业资源的最终目的是组织这些资源，追逐并实现创业机会，提高创业绩效和获得创业的成功。无论是要素资源还是环境资源，无论它们是否直接参与企业的生产，它们的存在都会对创业绩效产生积极的影响。

1. 有利于形成企业的核心能力

从企业初创到成长、发展和成功，资源整合伴随着整个创业过程。创业者需要有效识别各种创业资源，积极借助企业内外部力量进行组织，有效识别与选择、获取与配置、开发与激活各项资源，通过持续不断的资源整合，将资源转化为竞争优势，建立企业的核心竞争力。这个过程中，创业者不仅要广泛地获取创业资源，更要有效利用这些资源。那些善于进行资源整合的创业者善于对未来发展形势做出正确预测和判断。

2. 有利于促进创业企业的可持续发展

创业之初，创业者所需的各种资源往往只能依靠创业者自身努力获取，资源的缺乏是创业企业的一般状态。即便企业具有高度成长性，可以迅速成长扩张，但在组织规模发展到一定阶段时，创业者往往会发现通过自身努力获取的资源远远不能满足企业发展的需求。所以，为了确保创业企业能够持续发展，获取创业资源特别是外部资源是相当必要的。

3. 有利于提升创业者的能力

创业者创办新企业固然缺乏资源，但这是任何创业者都会面临的问题。创业者创业需要战略规划、技术开发、人员管理等多方面的能力，但是资源整合能力却能将诸多能力整合在一起，并且通过合理的运用，在企业正常运行的过程中促进企业发展，同时也使得创业者不断提升资源整合能力，这将对其自身的成长非常重要。

二、创业资源整合路径

创业资源的整合是一个识别资源、获取资源并开发资源的过程。具有不同创业动机的创业者，其创业过程不同，资源整合过程和路径也有所不同。从整体看，创业资源整合的路径就两种，一种是在能力构建机制下，基于内部资源的积累，一种是在资源获取机制下，对外部资源的利用。

（一）资源识别

企业创建和成长的过程是一个不断整合资源并逐渐形成竞争优势的过程，因此如何识别创业资源对于创业者至关重要。一方面，由于创业环境的动态性，创业者会提高自身对市场变化的敏感度，从市场变化的角度来识别创业所需的资源；另一方面，在企业创建初期，创业资源网络还不稳定，资源识别在很大程度上要依赖于创业者的某些特质。创业者在创业环境中对风险倾向、成就需要、内控制源、不确定性容忍度都会影响资源识别。创业者不仅需要评估资源的类型，确定资源的数量、质量、使用时间和顺序，还需要识别资源之外潜在的供应商、供应渠道。

（二）资源获取

对于新创企业来说，由于其自身的合法性缺失、企业规模小等特点导致其本身存在资源缺乏的先天不足。尽管新创企业依靠创业者的初始资源获得初步发展，但是由于企业处在动态的环境之中、处于不同的发展阶段，对资源的需求可能也不一样，这就要求新创企业在确定了资源需求以后利用自身的资源再不断地获取新资源，即所谓的资源获取。尽管影响各类资源获取的因素不一，不同资源的获取途径也各不相同，但综合起来，企业资源的获取主要有内部积累和外部获得两种途径，而外部获得又分为外部购买和外部吸引两种方式。

1. 内部积累

内部积累是一种重要的资源获取方式，主要指企业利用自身现有资源通过内部培育的方式来获得所需资源。主要方式包括企业内部开发新技术，对员工进行培训以提高他们的技能，通过内部积累获取资金等。对于企业来说，内部积累是必要的资源获取方式，因为战略要素市场不可能为企业提供所需的全部资源，尤其是在环境的宽松性较低的时候，企业从外部战略要素市场上获得资源就非常困难，而此时内部积累可以弥补这种缺陷。

【案例】

海尔集团的内部发展成长

海尔集团是国内最知名的家电生产企业，它从最初默默无闻的国有小企业一步步成长为今天的国内知名家电厂商，就是因为特别注重内部资源的积累。

海尔以技术创新为核心，中国洗衣机行业 2/3 的专利来自海尔。海尔每年投入销售收入的 4％ 用于新产品、新技术研发，这确实也给企业带来很大收益：当年 80％ 销售收入也是来自于新产品。

海尔充分挖掘人力资源，重能力而不重学历，对各类员工进行岗前教育和岗中培训，鼓励员工求学上进、发奋向上；对各级管理人员采取轮岗培养，并与国际著名企业进行交流，提高企业管理人员的管理水平；注重内部企业文化的塑造，在学习了美国、日本企业推崇的创新精神与团队精神的基础上，与中国传统文化相结合，建立了自己的文化；还提出了企业管理中的"斜坡球体论"——海尔定律，认为企业如同斜坡上的球体，市场竞争与员工惰性会形成下滑力，牵引员工后退，而企业必须形成一个向上的制动力来阻止下滑。

海尔不仅注重产品质量，还特别注重内部管理能力提升，内部管理能力不是像有些资源那么容易识别，它是有形资源、组织协调、投入产出等综合作用的结果。海尔强调从产品研发、生产制造、市场营销，不断强化个人能力和组织能力，要求做到更高质量、更低风险。

（资料来源：实现人才资源整合 提升企业核心竞争力——海尔集团人才资源整合案例分析，郭小金，《经济论坛》，2010）

2. 外部获得

外部获得又分为外部购买和外部吸引两种方式。

所谓外部购买就是企业利用财务杠杆在外部战略要素市场上购买所需的资源，主要包括设备、厂房等，对于大多数新创企业来说，这是它们获取资源的最重要途径。企业有时可以低于资源本身实际价值的价格来获得这种资源。但是这种方式只能获取一些显著的资源，而对于一些重要的隐性资源则要通过其他方式来获取，比如外部吸引和内部积累的方式。我们国产汽车的生产曾经以购买技术进行开发为主，那时像"红旗"这样国内知名的汽车品牌生产企业很少，后来很多以合资设厂的方式共同开发生产。

外部吸引就是指企业利用本身的资源来撬动和获取其他资源，对于新创企业来说，这是非常困难但又是非常重要的一种方式。因为新创企业的初始资源是不完整的，创业者需要取得各种资源供应商的信任来获取所需的资源。它们可以通过展示企业良好的一面来博得资源拥有者的好感，比如完美的商业计划书，良好的行业发展前景或者企业的其他优点。对于这种资源获取方式来说，企业良好的社会资本是获取资源的有利条件，因为良好的社会资本会给企业带来信任、机会等，从而获得资源。企业的形象越好，社会资本能力越强，越有利于吸引资源，获取的资源就越多。

当创业企业逐步成长起来，外部吸引可以通过战略联盟和兼并收购的方式来实现。战略联盟就是两个或两个以上的企业为了达到共同的战略目标而采取的相互合作、共担风险、共享利益的联合行动。战略联盟主要在联合技术开发、合作生产与后勤供应、分销协议、合资经营等方面合作，是松散式的阶段化合作形式。兼并收购指兼并和收购两个概念，兼并是一家或者更多的企业合并成一家企业，由一家具优势的公司吸收其他公司；收购是指一家企业用现金或者有价证券购买另一家企业的股票或者资产，以获得对该企业的全部或部分资产的所有权，从而达到对该企业的控制权。采用以上两种方式的企业实力比较雄厚，能够让另一方企业愿意出让它们的资产而实现利益共享，新建企业在创立之初一般难以通过以上方式整合资源。

（三）资源开发

在创业者识别和获取资源之后，并不能保证企业的存活。资源开发指创业者根据不同的创业理念将资源的价值和潜能加以整合，转化为新企业所特有的资源。资源的开发过程不单单要将获得的资源加以整合，还要将创业者（创业团队）的初始资源和其他资源一起转化为组织资源，以获得特有的能力和功能。再经组合后的资源应该具有新颖性和柔性。资源开发包括资源的合并和转化两个环节。

资源合并是指创业者将各种离散的产权型资源和知识型资源进行整合，形成系统资源的过程。对于大多数新创企业来说，组织资源不是立即形成的，而是通过逐渐的演进，经过一定时间周期后形成的。这一过程可以建立在现有的资源和能力基础之上，对现有能力进行提升，也可以通过吸收新的资源开发新的能力，但无论哪种方式，其最终结果都实现了资源的整合。

资源转化是指在对离散资源组织和整合的同时，创业者或创业团队还必须将个人的优势资源和个人的能力投入到新创企业之中，与组织优势相结合，产生独特的竞争优势。资源转化中，创业者的知识和能力是实现新创企业资源规模不断扩大、价值逐渐提高的必要基础。创业者要通过个人的能力来建立新企业这个学习系统，从而开发、管理和维持整个资源基础。比如，我们想利用一项历史文化资源促进产品——少数民族织锦的销售，那么需要对这一项资源进行具体的挖掘，寻找与该产品相关的连接点，通过传说故事进行创意、设计，从而将历史文化资源转化为产品包装资源、宣传资源，再利用一定的渠道资源进行推广。

创业企业的资源整合最终将新创企业的各种离散资源转化为组织资源，各个环节之间相互依赖，是一个动态的过程。新创企业经过资源识别、资源获取和资源开发过程后，在组织内部都会积淀一部分的组织资源，而这些组织资源又会进入到下一个资源整合过程，并对每个环节产生影响。新开发的组织资源将作为下一环节的初始资源影响资源识别过程，还将作为创业者的资源杠杆用于获取其他资源。因此，新创企业的资源整合过程是一个动态的反馈过程，而新企业的组织资源是不断积累的结果。

【案例】

美特斯邦威整合资源创业

美特斯邦威依靠多方合作实现了迅速成长，成功演绎了相互依附、共同发展的赢利模式。

美特斯邦威是温州农民周成建创办的一家小型服装企业，但是与众不同的是，该企业既不生产成衣，也不销售衣服，而只是进行虚拟经营：主要做好两件事，即服装设计和品牌运营。周成建注意到，服装行业和一些行业一样，其较高价值环节在于品牌、研发和销售，低价值环节为生产、原材料供应等。在生产和采购方面，他决定委托给其他厂家，以解决启动资金不足的问题。他充分整合利用国内生产厂家的闲置生产能力，与300多家企业合作，进行贴牌生产，每年生产系列服装1600多万套。如果他自己花钱建设生产基地，起码需投入2～3亿元。销售方面，他利用品牌的吸引力整合社会闲散资金，进行特许经营，开服装业的加盟连锁经营之先。周成建设计了严格的管理体系，通过契约方式授权加盟店代理品牌，加盟店使用公司统一商标、标识、商号和服务形式。公司对所有加盟店实行"复制式管理"，规定店面形象、产品价格、市场宣传、物流配送以及服务等"五个统一"，并对加盟店进行指导培训，共享管理资源。据统计，其营销体系中，只有15％为直营店。借"加盟连锁"模式，公司节省了1亿多元的市场开发成本，使其以最低成本快速扩张。企业成长起来以后，公司又投资1000万元引进美国系统，通过不断完善网络建设，对专卖店实施远程管理，不仅实现了资源和信息共享，而且加快了供应链上的物流速度。

（资料来源：百度百科，有删改）

三、创业资源整合原则

1. 渐进原则

对于任何创业企业来说，有利的创业资源都难以完全发掘、配置和利用。因此，必须遵循渐进的原则，根据对资源的需求程度以及资源开发和利用的成本、收益和不确定性三者的综合考虑，逐步地寻找和利用各种创业资源。对于每一种创业资源，都应当选择一个适当的整合时机，以降低资源的维护成本。

2. 共赢原则

发掘和应用的每一种创业资源实际上都是一个相对独立的利益体。因此在开发和使用这些资源时，不能从创业企业的自身利益出发，而必须坚持双赢的原则。尤其是长期使用的创业资源，更要重视对方的既得利益。

【案例】

美团和大众点评合并

美团和大众点评合并后进行了新的融资和战略级新业务的调整。从根本上说美团和大众点评区别不大，只是在区域、垂直行业的覆盖渗透率不同。美团和大众点评的这一合并由资本环境、O2O发展等各方面因素共同促成，但更关键的是要看到在未来一段时间内，合并战略发挥作用如何，又会给O2O领域乃至整个国内互联网带来哪些影响。

在合并之前，腾讯和阿里巴巴也涉及相关领域，四家公司在整个O2O领域内各有优势。阿里有流量、强运营，但产品电商的优势目前尚未延伸到服务电商领域中，虽然新口碑宣称要有更大投入，但具体拓展情况尚不明朗。腾讯有流量，但基本已经放弃自己做电商（产品加服务），而是通过持股20％等方式去打造线下触角。新公司与腾讯、阿里巴巴之间的战略默契将加快中国互联网有机体的进化步伐，而百度则可能需要重新调整自己的布局思路。

这几家公司在原有的O2O领域竞争中，摩擦不断加剧，有不断升级的态势。美团与大众点评之间的你来我往已经见怪不怪。阿里的淘点点、淘宝电影票与美团的美团外卖、猫眼，在业务上都是直接竞争对手；再如大众点评在2015年开始力推的闪惠，其矛头其实都指向了支付宝、微信支付等支付工具。这些竞争导致各方的防线如犬牙交错，而在合并之后美团和大众点评之间的厮杀烟消云散，而且新公司与腾讯、阿里的关系也将进一步理顺。新公司作为新崛起的O2O巨头，会充分发挥线下线上联动运营的优势，可以更聚焦于自己的初心了。

（资料来源：中金网，有删改）

3. 量力原则

对于不同的资源，需要渐进开发和使用，即使对于同一种创业资源，也存在着逐步开发的问题。尤其是对于新创企业来说，资源开发的能力和经验都相对较弱，因此就要采取量力的原则，按部就班地对某一种创业资源进行开发和使用。

【案例】

"视美乐"大学生创业项目稳力推进

视美乐是一家由学生团队组建的高科技公司，为1999年在清华大学学生创业大赛中涌现出来的项目，核心技术产品"多媒体投影机"由清华大学材料系学生邱虹云发明。该项技术结合了计算机、电子、材料学等多方面领域，当时在国内属于领先技术。视美乐拥有领先产品和优秀团队，又适时与资本、家电行业相结合，渐进发力、稳进扩张。

视美乐创业团队的成员基本上来自技术相关学科，他们学以致用，正当其时。其团队是一个黄金组合，邱虹云是一位难得的技术人才，被清华校长称为"清华爱迪生"。王科是个战略家、企业家型的人才，有闯劲，有想象力和热情，善于整合各种资源为己所用。徐中与王科正好互补，见多识广、企业经验丰富，做事风格踏实、稳健，是一个实实在在抓落实的管理者。

技术和创新只有与商业和资本结合，完成研发和商品化，产生盈利，才能获得成功。创业初期因为欠缺资本运作能力，他们积极地寻找资本合作方。他们找到了以清华大学经济管理学院为依托的清华兴业投资管理公司，清华兴业找来了国内上市公司上海百货，不到一年清华兴业又找来了青岛澳柯玛集团，促成了北京视美乐科技发展有限公司和青岛澳柯玛集团在清华科技园注册成立信息技术有限公司。视美乐和兴业的合作模式是共担风险、共享收益——兴业以提供全方位的顾问业务拥有视美乐 5% 的股份。从此，视美乐发展中的融资、管理、人力资源等大事都离不开兴业这个高参；同时视美乐的成功也给兴业带来经济回报以及更重要的业界声誉，可见与投资方的理性合作能够实现资源优化。

（资料来源：光明网，有删改）

学生创业在一些方面有一定的优势，有创意、有闯劲，又不怕吃苦，但是他们不懂商业运作，缺乏财务税法和市场方面的知识，也缺少资源整合的眼光和能力，所以创业难度更大。另外，学生创业吸引投资存在三个误区：一是急于得到资金，给小钱让大股份，贱卖技术和创意，以致不少技术拥有者在公司运营一段时间后，对当初协议深感不满并提出毁约；二是即使投资方不能提供增值性服务和指导，仍与其绑在一起；三是对风险投资不负责任地使用，烧别人的钱圆自己的梦。

【小测试】

1. 在创业企业获取资源过程中，资源杠杆的作用是什么？
2. 在创业企业资源开发过程中，资源是如何合并与转化的？

第三节　创业融资

一、创业融资的难度

资金是企业的"血液"，是创办企业最基本的要素，也是最重要的创业资源之一。资金问题已成为困扰创业者的核心问题，新创企业融资更是困难重重。许多创业者有了很好的创业计划，却难以筹措到创业所需资金。

创业融资困难有以下的原因。

1. 创业企业存在劣势

创业企业本身资源有限，甚至没有多少资产。创业企业没有经营历史，未来发展很不确定。另外，由于创业企业没有经营历史和经营经验，投资者很难预测其将来的发展状况，所以对于企业的投资往往十分谨慎。创业投资归根结底是资本逐利的过程，融资又是一种信用关系，而一切信用关系都是以经济实力为基础的。初创企业偿债能力和资信程度都较弱，投资人满足创业企业的融资需求之前必然要首先考虑规避自身风险。

2. 创业者与投资者信息不对称

由于创业企业建立在不确定的创业机会之上，投资者对创业机会的价值认识与对创业者的素质能力的判断存在信息不对称，导致新创企业从外部获得资金困难。一般而言，投资者对融资企业的产品、创新能力、团队实力、市场前景等信息没有创业者清楚，往往处在信息相对劣势的地位，创业者处于信息优势的地位。创业融资者往往会掩饰企业存在的问题，展现的是企业优秀的一面，这也使投资者得不到充分的信息。创业融资中的信息不对称导致信任危机，也就是投资者对创业者的不信任，投资者不会将资金投给一个不了解的企业。

二、创业启动资金预测

创办企业之初，创业者都需要估计创业成本或启动资金需求，还需要考虑融资数额。而许多创业者不明白需要多少创办资金，没有科学具体的财务计划指导，创业者对企业未来现金流入与流出量没有清晰的把握。虽然任何人无法准确预测企业开办前几年需要的资金数量，但是进行实际可靠的估算还是有可能的，创业者应树立财务规划的理念，做好基本的财务规划。

创办企业的费用分为投资支出和营运支出两类。

投资支出是指企业开始运营（做贸易、生产或提供服务）之前必须支出的资金，包括购买土地、建设厂房、购买机器、购置办公设备、企业开办费、开业前的广告宣传费用等。其中企业开办费主要包括企业注册登记费、营业执照费、市场调查费、咨询费和技术资料费等，可以根据相关部门收费标准或参考同行业情况进行测算。

营运支出是指企业开始运作直到产生的销售收入能弥补相应的开支期间发生的支出，包括材料费、工资福利费、销售费、设备维修费、水电费、保险费、税收、工商管理费等很多项目。创业者通常只考虑机器、设备、办公费、材料费等基础投入，忽略企业开始经营的一段时间内其销售收入根本无法满足各项支出需求的情况，因而常常低估对这部分资金的需求量。开办后有各种费用，而销售费用包括产品销售过程中发生的各种费用，主要包括广告宣传、销售人员佣金、运输费、装卸费、储存费、各种促销费用等，根据预测的销售量和制订的销售计划，按照相关收费标准进行测算加总。

对于一般创业企业而言，需要预测一定的收入以假设成本费用最低期限，通过对创办成本和运营前期成本进行估计的加总就得出创业启动资金预算。

三、创业融资方式

从融资主体角度，创业融资的方式可进行三个层次的划分：第一层次为外源融资和内源融资；第二层次根据资金供求双方的交易选择方式将外源融资划分为直接融资和间接融资；第三层次则对直接融资和间接融资再做进一步细分。

1. 内源融资与外源融资

内源融资是指创业企业依靠其内部积累进行的融资，具体包括资本金（除股本）、留存收益转化的新增投资、折旧基金转化的重置投资。外源融资是指企业通过一定方式从外部融入资金用于扩张。

相对于外源融资，内源融资可以减少信息不对称问题以及与此相关的激励问题，节约企业的交易费用，降低融资成本，也可以增强企业的剩余控制权。但是，内源融资能力及其增长，要受到企业的盈利能力、净资产规模和未来收益预期等方面的制约。任何企业在创业发展过程中，都会遇到一个确定内源融资与外源融资合理比例的问题。

内源融资与外源融资的区别见表 8-1。

表 8-1　内源融资与外源融资的比较

分类		来源渠道		特点	投资者
内源融资	股权融资	主要股东投资（原始资本）		原始启动资本	主要股东
		保留盈余（公积金、公益金和未分配利润）		来自企业的税后利润，无风险，融资成本较低，但数量有限	主要股东
	债权融资	主要股东及其亲友的贷款		在企业发展初期较为常见，透明度高，灵活性强，少有信息不对称问题，但利息成本较高	主要股东及其亲友
		事业天使贷款		事业天使指定用途，受监督	有管理/技术技能的人士
		企业内部职工借款		以风险抵押金出现，发达经济中常见	企业职工
外源融资	股权融资	私募方式	创业投资	20 年来发展迅速，中小型高科技企业的融资方式	创业投资者和机构
			场外发行和交易市场	机构投资者、有限合伙制机构参与的投资场所，以股权交易和发行新股筹资，是中小企业股安全整合的市场	个人和各种机构投资者
		主板市场		只有少数的中型企业采用	各种投资者
		二板市场		成长性较好的中小型企业融资和创业投资的重要场所	
		直接方式	发行商业票据	少数信用级别较高的中型企业采用	相关客户
			发行债券	少数发展良好、社会信用较好的中小型企业融资方式	社会公众
			商业信用	提供方以延期收款或购货方以预付方式提供企业的信贷	相关交易客户
		间接方式	银行信用	传统的、主要的融资渠道之一，存在信息不对称、道德风险	商业银行
			非银行金融机构贷款	银行以外的其他金融机构提供的信贷	非银行的金融机构
			融资租赁	常见的融资方式之一，风险和成本均较低，而且方便、灵活	相关金融机构

资料来源：《大学生创新创业基础》，中国传媒大学出版社，刘帆主编。

四、创业融资渠道

融资渠道是指筹措资金来源的方向和通道，体现着资金的源泉和流量。结合大学生创业的特点，融资渠道有自有资金、亲情融资、银行贷款、天使资金、政策性基金等种类，而民间借贷、风险投资、融资租赁、发行企业股票、发行企业债券则非常困难。创业者应对各种融资渠道的特点、融资成本、获取条件等进行详细了解，才能选择最有利的融资方法。

（一）自有资金

创业者为企业融资时，第一个渠道就是来自创业者自身资金的融资。研究发现，近70％的创业者依靠自己的资金为企业提供融资[①]。即使具有高成长潜力的企业，在很大程度上都依赖于创建者的存款提供最初始资金。一方面，创业者比任何投资者都清楚新创企业的商业机会和前景，创业者投入资金本身就是对企业的一种支持和信任；另一方面，投资者也希望创业者能将自己的钱投到新创企业，说明其本身对创业项目的信心，创业者自我融资能缓解部分资金压力，但当所需资金压力较大时，就需要其他的融资方式了。

【案例】

李想创业

李想，喜欢 IT 和计算机，把自己喜欢的各类电脑硬件产品在网上展示并与网友进行交流，每个月也能赚 6000～7000 元，于是 2000 年他高二时退学创业，靠着自己的积蓄（就是前面利用网站介绍产品得到的广告的收入）10 万元创办泡泡网。刚开始网站没有什么访问量，他们便将公司迁移到北京，去了解更多产品、更好地服务解答，通过内容和服务积累了越来越多的访问量，广告收入越来越多。当时他没有学历也不是"海归"，也不太容易受到投资人的青睐，但是他靠着自己的勤奋和对计算机互联网的敏感边学边做，逐步发展起来。

（二）亲友融资

筹集创业启动资金还有一种有效的途径就是向亲友借钱，它属于负债筹资的一种方式，一般不需要承担利息，没有资金成本。因此，这种方式只在借钱和还钱时增加现金的流入和流出。用这个方法筹措资金速度快、风险小、成本低，缺陷体现在向亲友借钱创业会给亲友带来资金风险，甚至是资金损失，如果创业失败就会影响双方感情。最理想的方式是说服亲朋好友对项目进行投资，明晰产权关系和双方责任。

（三）政策融资

各级政府为了优化产业结构，支持新创企业的发展，提供了大量的政策性支持，包括利用财政补贴、优惠贷款、税收优惠以及一些专项基金的方式为创业企业提供支持。如针对大学生创业的创业贷款、针对失业人员再就业的小额担保贷款、针对科技型中小企业的创新基金等，还有很多地方性优惠政策。

目前，值得大学生创业者关注的融资优惠政策主要有以下几点。

---

① 资料来源，百度文库。

（1）国家和地方各级政府的科技计划和引导基金，如国家的 863 计划、973 计划、星火计划、火炬计划等科技计划，各类成果推广及科技兴贸计划，中小企业科技创新基金等。当然，各类科技计划及创新基金主要资助具有自主创新能力、科技含量高、市场前景好的研究开发项目，如软件、生物、医药等。地方各级政府也推出了一系列创业引导资金、孵化资金、产业资金等。

（2）创业小额贷款，即政府为切实解决创业者资金瓶颈问题，努力为中小企业发展以及青年创业提供更多的金融支持，引导广大青年自主创业和自谋职业推出的创业优惠政策。许多地方政府也推出了一系列贷款优惠政策，如青年创业小额贷款、大学生创业小额贷款、创业贷款贴息项目及各类微型信贷产品等。

（3）小额担保贷款，是指通过政府出资设立担保基金，委托担保机构提供贷款担保，由经办商业银行发放，以解决符合一定条件的待就业人员从事创业经营自筹资金不足的一项贷款业务，包括自谋职业、自主创业或合伙经营和组织创业的开办经费和流动资金。国家规定个人申请额度最高不超过 5 万元，各地区对申请小额担保贷款额度有不同规定，许多地区额度高于 5 万元，而且合伙经营贷款额度更大。小额担保贷款的期限一般不超过 2 年，可延期 1 年。

（四）银行贷款

银行贷款是融资的主要方式，从目前的情况看，银行贷款有以下四种：一是抵押贷款，指借款人向银行提供一定的财产作为信贷抵押的贷款方式。二是信用贷款，指银行仅凭对借款人资信的信任而发放的贷款，借款人无须向银行提供抵押物。三是担保贷款，指以担保人的信用为担保而发放的贷款。四是贴现贷款，指借款人在急需资金时，以未到期的票据向银行申请贴现而融通资金的贷款方式。

银行贷款融资的优点在于程序比较简单，融资成本相对节约，灵活性强，只要企业效益良好、融资较容易。但是对初创企业而言，由于一般要提供抵押或担保，往往附加比较苛刻的前提条件，其目的是约束创业者的资金使用和创业行为，或者企业经营不善时拥有处置的权利，所以较难筹集。

（五）风险投资

风险资本是指由职业的创业投资者管理的专门进行创业投资的资本，可以分为专业风险投资公司、风险投资基金和大企业附属的风险投资公司三种。投资赢利的主要模式是通过承担高风险来博取高回报，一般在企业中以入股的形式投入资金，最后以上市或者转让的形式退出创业企业，套取现金。由于风险资本支持的创业企业比其他创业企业更有可能公开上市，所以风险投资家与承担首次公开上市的投资银行家发展了强有力的关系。结果，风险投资家能帮助新创企业公开上市。在风险投资基金的投资回收末期，风险投资企业将所投入资金归还给机构投资者，并加上一定百分比的因投资创业企业所带来的利润。

风险投资的对象大多数是初创时期或快速成长时期的高科技企业，如 IT、生物工程、医药等企业。风险投资基金具有其他融资来源所不具有的优点：一是无须创业企业的资产抵押担保，手续相对简单；二是通过风险投资基金融资没有债务负担；三是可以得到专家的建议，特别是高新技术产业，风险投资通过专家管理和组合资源，降低了由于投资周期长而带来的行业风险。但是风险投资对所投项目选取会有比较严格的要求，如优秀团队、好的商业模式等，相对来说投资成长期、种子期、初创期的项目较少，只是少数介入。

（六）天使投资

天使投资是自由投资者对有创意的项目或小型的初创企业进行的一次性前期投资，是一种非组织化的创业投资形式。他们通常在项目构思阶段就进入，重在获取高额的回报率。天使投资有三个特点：一是直接向企业进行权益性投资；二是不仅提供资金，而且提供知识和社会资源服务；三是过程简单，资金到位及时。

天使投资者通常是以下两类人：一类是成功的创业者，他们主要是基于自己的经验提携后来者，另一类是企业的高管或高等院校和科研机构的专业人员，他们拥有丰富的创业知识和洞察能力。这些投资者就像天使一样，希望通过自己的资金和专业经验辅导和帮助那些正在创业的人们，以自己的企业家精神来激发后者的创业热情，延续或完成他们的创业梦想。

（七）担保机构融资

目前各地有许多由政府或民间组织的专业担保公司，可以为包括初创企业在内的中小企业提供融资担保。担保机构大多实行会员制管理的形式，属于公共服务性、行业自律性、自身非营利组织。创业者可以积极申请成为这些机构的会员，之后向银行借款时，可以由这些机构提供担保。与银行相比，担保公司对抵押品的要求则更为灵活。担保公司为了保障自己的利益，往往会要求企业提供反担保措施，有时会派人到企业监控资金流动情况。

五、创业融资的策略

创业融资的方式有很多，但创业者究竟选择哪种融资渠道，应结合投资的性质、企业的资金需求、融资的成本和财务风险以及投资回收期、投资收益率、举债能力等综合因素来考虑。

创业企业的成长一般可分为四个阶段——种子期、初创期、成长期和成熟期。创业企业在不同的发展阶段具有不同的资本需求特征，创业者应该充分考虑不同融资渠道的特点，针对不同阶段采用不同的融资渠道。

（一）种子期

种子期（成立阶段）是指技术开发和试制阶段，或是商业创意的酝酿与筹备阶段。内部管理是受事件驱动的，一有时间就去解决，没有计划可言。由于管理人员很少，创业者对企业的一切问题都是直接控制指挥。但这一时期的企业面临着高新技术的技术风险、产品的市场风险、创业企业的管理风险等重要风险。此阶段的资本需求量较少，因投资风险太高，风险投资商都会避开这一阶段，故该阶段所融资金应是非营利性的为主，此时的融资渠道主要包括自有资本筹措、亲朋借贷、政府提供的创业基金，以及一部分天使资本。

（二）初创期

初创期一般指从产品开发成功到产品适销阶段。这一阶段，企业已经有了一个处于初级阶段的产品，有一项大致的经营计划，初步建立了管理团队，企业基本没有什么策略，很多市场行为都是试探，生存仍然是这时期主要目的。资金要求较种子期要高出不少，但成功后的获利依然很高。这一阶段，那些非营利性的投资，由于法律的限制将不再适宜，所以创业投资是企业筹集资金的主要形式。这一阶段技术风险相对减少，但需购入生产设备、雇佣人员、形成生产力和开拓市场，对资金的需求往往也较大。企业的失败率很高，投资风险也很大，直接从银行贷款的可能性很小，因为就贷款人来说，创建阶段的企业几乎创造不出可以保证用以偿还短期债务的销售收入、利润和现金；即使用作贷款抵押的企业资产所提供的保障也可能不足以获得银行贷款。创业者只能在前期融资的基础上，通过股权性质的风险资本或是用短期租赁方式来解决这一阶段的资本需求问题。

（三）成长期

成长期是技术发展和生产扩大阶段。企业开始营业，初期产品和服务进入开发阶段，并有数量有限的顾客试用，费用在增加但销售收入少。发展起来以后企业完成产品定型，开始着手市场开拓计划。随着产品和市场占有率得到承认，企业具有了一定的生产规模，技术和管理也较为成熟，从而建立了较稳定的市场声誉，销售收入快速增加，但仍然是以销售为导向。此时，企业通常可以通过银行贷款、融资租赁等融资渠道来补充流动资本，并完善资本结构。

（四）成熟期

成熟期，在最初的试销阶段获得成功后，企业规模扩大，销售快速增长，有了较高的获利能力，有的创业企业开始多元化经营。这时，企业关注的主要问题是筹集足够的资金以支持其快速地成长。在内部管理上，由于企业规模的扩大，管理者直接控制指挥已经制约了企业的成长，因此企业开始尝试授权管理、进行组织结构设计。这表明创业企业在向专业化企业迈进。企业开始考虑上市计划。扩张阶段意味着企业介于创业投资和股票市场投资之间。无论销售、财务，还是管理上，企业都承受着快速成长带来的压力。如果能够度过这个阶段，实现向专业化的转变，创业企业就能实现蜕变，发展壮大成为一个大企业或成熟企业。该阶段仍需筹集拓展资金。由于企业的市场信誉开始建立，这时通过银行贷款融资是比较容易也比较有利的一种融资渠道。考虑以前的业绩，风险性大大降低，企业的管理与运作基本到位，并接近于公开上市的飞跃发展，故而对创业投资家有一定的吸引力。公开上市后创业投资家便完成了自己的使命从而撤出企业。在股本金增加的同时，企业还可争取各种形式的资金，包括私募资金、有担保的负债或无担保的可转换债务、优先股等。

【小测试】

初创企业融资的渠道有哪几种？

教学设计

章节	内容	时间	授课方法	教学辅助
第一节 创业资源概述	讨论： 我们需要哪些创业资源	5 分钟	开放式讨论	白板 活页挂纸
	创业资源内涵 创业资源分类	10 分钟	讲授	PPT
	几种主要资源	15 分钟	讲授	PPT
	创业资源与一般商业资源区别	5 分钟	讲授	PPT
第二节 创业资源整合	创业资源整合的意义	5 分钟	讲授	PPT
	创业资源整合路径	10 分钟	讲授	PPT
	创业资源整合的原则	15 分钟	讲授	PPT
第三节 创业融资	创业融资的意义 预测启动资金	10 分钟	讲授	PPT
	讨论：计算企业创办资金	15 分钟	小组讨论	活页挂纸
	创业融资方式	10 分钟	讲授	PPT
	创业融资渠道	25 分钟	讲授	PPT
	创业融资的策略	5 分钟	讲授	PPT
合计		130 分钟		

本章小结

　　本章阐述了创业资源的概念，介绍了创业资源作为企业创建和成长基础的主要内涵，说明了创业资源不同类型。依据不同的分类标准，创业资源有不同的分类。但是，无论哪种分类，最基本的创业资源都会包括人才、物质、财务、政策、技术、信息等一些主要资源。创业是创业者和创业团队不断识别、获取和开发资源的过程，本章指出了资源整合的一般过程与具体方法，强调了资源整合在创业中的意义。针对大学生创业，说明了大学生创业的困难，介绍了如何预测开办企业所需要的资金的基本方法，另外介绍了创业融资的基础渠道，以便同学们考虑是否进行创业融资，如果需要融资，何时融资、融资多少也是进行融资决策和制订融资计划前需要了解的一些内容。

重点词汇

创业资源　创业资源类型　创业资源整合　融资

复习思考题

1. 创业有哪几种主要的资源，它们的作用如何？

2. 创业资源整合的过程是什么？创业企业如何将各种离散的资源开发、配置、转化为组织内部有效的资源？

3. 创业企业融资的渠道有哪些？

讨论式问题

1. 就一个同学身边的创业项目，小组讨论该项目：

（1）需要哪些创业资源？其中关键的创业资源有哪些？

（2）如何开发、整合和利用这些资源？

2. 两位同学合伙创业但资金不够，另一位朋友看好这个项目想参与投入资金，但要求占 1/3 股份并控股，请问你认为应该如何决策？

实践性问题

如有一个创业项目需融资，请你考虑如何拟定相关融资计划和制定融资决策。

教学辅助教材

创业资源类型，蔡莉，柳青《新创企业资源整合过程模型》，科学学与科学技术管理，2007 年第 2 期。

参考文献

姜彦福，张韩. 创业管理学［M］. 北京：清华大学出版社，2005.

桂曙光. 创业之初你不可不知的融资知识——寻找风险投资全揭秘［M］. 北京：机械工业出版社，2010.

王艳茹，王兵. 创业资源［M］. 北京：清华大学出版社，2014.

第九章 创业风险

【本章教学目标】

- 了解创业风险的概念及其对创业要素的影响。
- 增强对创业风险的理性认识与科学判断能力。
- 掌握一定的风险防范方法。

第一节 创业风险的类型和特点

一、创业风险的概念

说起创业风险，很多人会联想到困难、挫折、亏损甚至是创业失败。不过，创业本身就是从无到有的过程，不论是创意阶段、创业准备阶段、创业启动阶段还是创业发展阶段，都存在或多或少的变数与不确定性。创业者只有充分地认知风险、有效地规避和处理风险，才能逐步走向创业的成功。

对于创业风险，可以从两个角度来理解。一个角度强调了风险表现为结果的不确定性，包括在创业过程中阶段任务指标实现的不确定性，收益多寡的不确定性；另一个角度强调损失和没有收益的可能性。第一个角度属于广义上的风险，后者属于狭义上的风险。

学术界与企业界尚无对创业风险界定的一致性意见。一般意义上，可将创业风险定义为创业者及其团队在创业过程中遇到或发生的风险。主要指由于创业者及创业团队价值观的差异性、能力与实力的局限性，创业环境的多变性，创业机会与市场的复杂性，创业过程以及创业资源的不确定性导致创业进程受阻，偏离或未能实现创业预期目标的可能性及其后果。

二、创业风险与创业机会的关系

蒂蒙斯创业过程模型的阐述，说明创业过程始于创业机会，而不是资金、战略、渠道、团队或商业计划。开始创业时，机会比资金、团队的能力及所需的资源更重要。在快速发展与变化的市场中，识别出创业机会并能捕捉机会，需要创业者具有敏锐的洞察力、超凡的想象力与执行力。正所谓"机会总是留给有准备的人"，能否识别与捕捉到创业机会，更多地取决于个人能力。当然，个人的资源环境也会在一定程度上发挥作用。但是，大学生的学识、阅历、经验与能力的局限性，使得其在创业机会的识别与把握上，很容易出现偏差。也就是说，大学生发现的机会，在市场上很可能已有同类的产品或服务，且竞争日趋激烈；或者是市场的需求并不明确，抑或是局部、短暂的需求；大学生由于机会产生的创意不具有先进性与可行性……，在诸如此类问题的背景下启动创业，就已经为创业埋下了风险，只不过风险还没有被发现或没有显现出来。

敏锐地识别创业机会，科学地评估创业机会，有效地把握创业机会是降低与规避创业风险的基础。针对大学生而言，丰富自身的知识，增加自己的阅历，锻炼分析能力、推理能力、判断能力，养成观察生活细节的习惯，关注社会与行业发展趋势，学会借助外部的资源力量创建团队，有利于大学生创业者更好地识别与把握创业机会，降低由于创业机会判断失误或盲目上马导致的先天性创业风险。

三、创业风险与创业资源的关系

创业资源可以理解为新创企业在创造价值的过程中需要的特定的除创业团队外的各类生产要素的集合。这些要素可以是有形的，也可以是无形的。如有形场地、设备、专业人员、供应商、资金等，还有无形的品牌影响力、知识产权、管理模式、业务网络关系等。俗语讲"巧妇难为无米之炊"，创业者发现了商机，几个小伙伴组成了创业团队，但是，毕竟初创企业在各个方面都有着诸多的欠缺，如缺乏资金、找不到合适的员工、没有合适的办公场所、缺乏技术或渠道伙伴等，都将制约着创业项目的启动和发展。但是，创业不可能是"万事俱备"才启动，那样可能会错失很多机会。因此，创业者及其团队需要在创业的过程中不断地挖掘资源、培育资源、开发资源、整合资源和管理利用资源，使资源成为创业活动的有力支撑，才可逐步走向创业的成功。

创业者要分析出哪些是关键资源，是创业的必要条件，在其不具备的情况下，盲目上马启动或推进项目，将面临资金链断裂或业务链崩溃的风险，最终导致创业失败。正所谓"大军未动粮草先行""不打无准备之仗"，这都是对资源与风险的关系的通俗说明。

四、创业风险与创业团队的关系

在蒂蒙斯创业过程模型的三要素中，商业机会是创业过程的核心驱动力，创业者及其团队是创业过程的主导者，资源是创业成功的必要保证。机会是要靠创业者及其团队发现并把握的；资源也是要靠创业者及其团队整合并利用，才能使其发生作用。社会上流行一种说法，即天使投资人最看重的就是创业者及其团队。但是，我们还需清楚地认识到，人的因素具有高度的不确定性。人与人之间存在着价值观差异、理想与追求差异、思维差异、知识差异、能力差异、背景差异、文化差异等。在创业的过程中，创业团队应具有相同的价值观与理想追求，具有知识与技能上的互补，相互信任并彼此承担责任、愿意为共同的创业目标而奋斗。但是，由于每个人生活的社会环境、家庭背景和人生目标的不同，加之社会环境中以及关联企业的诸多诱惑，特别是在创业遇到严峻困难或取得了一定收益的情况下，都会对创业团队的凝聚力提出严峻的挑战；同时，创业团队还会面临高手加盟的挑战，团队重新整合的挑战。现代企业越来越重视团队的力量。创业企业在诞生或成长过程中最主要的力量来源一般都是创业团队，一个优秀的创业团队能使创业企业迅速地发展起来。但与此同时，风险也就蕴含在其中，团队的力量越大，团队风险带来的损失也就越大。一旦创业团队的核心成员在某些问题上产生分歧不能达到统一，极有可能会对企业造成强烈的冲击。

团队人员的变化，势必会影响到团队对机会的把握和对资源的利用，进而增加了创业过程中的不确定性，产生人为的创业风险。为此，加强团队的凝聚力，形成团队的主流价值观，在此基础上选择合适的人才，才能人为降低创业的风险。

五、创业风险的特征和分类

创业风险种类繁多，贯穿并交织于整个创业过程。

（一）创业风险的特征

创业风险尽管种类繁多，但是这些风险具有如下的共同特征。

1. 客观性

创业本身就是一个识别风险和应付风险的过程，风险的出现是不以人的意志为转移的，所以创业风险的存在是客观的。

2. 不确定性

由于创业所依赖和影响的因素具有不确定性，这些因素是不断变化、发展的，甚至是难以预料的，因此造成了创业风险的不确定性。

3. 可变性

随着影响创业因素的变化，创业风险的大小、性质和程度也会发生变化。

4. 可识别性

根据创业风险的特征和性质，创业风险是可以被识别和划分的。

5. 相关性

创业风险与创业者的行为紧密相连。创业者面对风险时采取不同的对策，会出现不同的结果，这与创业者的自身能力素质高度相关。

（二）创业风险的分类

从风险的表现形式来看，可将创业风险分为环境与政策风险、机会选择风险、商品市场风险、资源利用风险、技术风险、人力资源风险、管理与决策风险和财务管理风险。针对各类风险，创业者只有在充分认知风险的前提下，才能更好地防范、规避与处理风险。

1. 环境与政策风险

环境与政策风险是指由于创业者及其创业活动所处的社会、政治、经济、法律环境和政策环境等变化，以及由于意外灾害导致创业者或创业企业蒙受损失的可能性。如战争、国际关系变化、有关国家政权更迭、政策变化、宏观经济环境发生大幅度波动或调整，法律法规的修改，或者创业相关事项得不到政府许可，合作者违反契约等给创业活动带来的风险。

环境与政策风险往往是创业者及其团队自身所不能左右和掌控的，主要是由于创业活动的外部环境与外部合作方的不确定性与变化造成的。对此，创业者应更多地关注企业的外部动向，培养敏锐的市场洞察力，做好相应的风险防范预案以应对这些风险的发生。

【案例】

触碰政府言论监管底线，"饭否"错过成长黄金期

中国大陆与 Twitter 类似的中文网站有六七家，其中"饭否"是各方面功能较为完备、最接近 Twitter 的一个。2009 年上半年，饭否的用户数从年初的 30 万左右激增到了百万。同年 6 月 2 日，惠普成为饭否首个企业付费用户，饭否开始获得第一笔收入。与此同时，陈丹青、艾未未、梁文道、连岳等一批文化名人的加入，带动了饭否的快速成长。

2009 年下半年，饭否被有关部门非正常地关闭，原因是触碰了政府敏感领域。饭否的创办人王兴回忆道："为了应对政府有关部门对网络言论的监管，饭否当时做出大量删贴、限制敏感关键字、暂停搜索等措施。我们已经做了大家都能想到的事情。但是，仍然避免不了被关闭的命运。"

当饭否关闭后，新浪微博强势崛起。在松禾资本的支持下，饭否于 2011 年低调重开，不过已无法吸引眼球。

（资料来源：《12 个互联网创业失败案例深度分析》，佚名，"80 后"励志网，有删改）

2. 机会选择风险

机会选择风险是指创业者由于对机会判断失误或错过机会而强行启动创业活动带来的风险。创业难，发掘利用创业机会更难。有一些人认为创业点子的产生，归因于机缘凑巧，所谓"无心插柳柳成荫"。不过，研究创意的专家认为，创意只是冰山上的一角，没有平日的用心耕耘，机缘也不会如此凑巧。能有机缘巧合或第六感的直觉，主要还是因为创业者在平日培养出洞察环境变化的敏锐观察力，逻辑分析能力和知识、阅历的积淀。因此，能够先知先觉，提出有特色的价值主张，才能形成创意并推进为创业项目。发掘创业机会的做法，大致可归纳为分析矛盾现象、特殊事件、作业程序、产业与市场结构、人口统计资料的变化趋势、价值观与认知变化等六种方式。

虽然大量的创业机会可以经由有系统的研究来发掘，不过，最好的点子还是来自创业者长期的观察、生活体验与深入的感悟。但是，如果创业者过于自负或经验能力不足，就会导致判断失误，由此就会对后面的创业活动埋下风险的种子。

创业者能否感知到创业机会的存在取决于他们是否能有效识别外部信息和对信息进行选择性的过滤与组合，风险倾向、成就需要、内控资源、不确定性容忍度等这些特质

是其能够敏锐识别创业机会的基础。而缺少这些特质，异想天开，闭门造车，就容易导致机会选择风险。大学生创业时如果缺乏前期市场调研和论证，只是凭自己的兴趣和想象来决定创业方向，甚至仅凭一时心血来潮做决定，很有可能会碰得头破血流。

不少研究已发现，创业者自身所拥有的特性，如创造力等都可能导致创业机会被成功加以识别。

【案例】

"不要把鸡蛋放在同一个篮子里"

RealNames 公司成立于 1996 年，曾拿到超过 1 亿美元的风险投资，并于 2000 年向国际互联网技术标准组织 IETF 递交了第一份关于"关键字"寻址技术的国际标准，成为全球最大的"关键字"寻址服务提供商。2000 年 3 月，因看好"关键字"技术，微软与 RealNames 签订了为期两年的合同，获得其 20% 的股权（初始价值约为 8000 万美元）和 1500 万美元现金。RealNames 公司总裁、CEO 蒂尔称，RealNames 还承诺在合同期另外支付 2500 万美元，让 IE 浏览器提供关键字服务。

2002 年 3 月 28 日，微软与 RealNames 的合同到期，微软对 RealNames 发出最后警告，称将终止合同，并只给 RealNames 三个月的期限处理善后事宜。5 月 7 日，微软决定结束与 RealNames 公司的合作，不再允许该公司在 IE 浏览器上启动"关键字"服务系统，并将于 6 月 28 日关闭 RealNames 的服务；5 月 14 日，这家国际著名的关键字服务提供商正式宣布倒闭。

（资料来源：《海外融资创业失败案例分析》，文力，应届毕业生网，有删改）

思考讨论：

（1）RealNames 公司的创业机会是什么？

（2）你是怎样看待这家国际著名的关键字服务提供商从头到尾只选择微软这个唯一合作伙伴的？

（3）从 RealNames 的创业失败到现今社会关键字搜索的大行其道，你是怎么看待创业机会的？

3. 商品市场风险

商品市场风险是指由于市场情况的不确定性导致创业者或创业企业损失的可能性。商品市场供给和需求的变化、市场接受创业者提供的产品与服务的时间的不确定、市场价格变化、市场战略失误等原因都会给创业活动带来一定的商品市场风险。

微波炉上市之初不少消费者担心微波炉可能有辐射危害，厂家和商家不得不通过媒体反复向消费者宣传"微波炉"不会伤害你的健康，只会带来生活上的便利！一些用户也帮商家现身说法，这才打消了部分消费者的恐惧和困惑。

由此可见，创业者很难预先准确判断，市场是否会在某个时段接受自己推出的某一新产品及其接受能力，对未来市场实际需求情况与创业者早期预期的差异只能持一种淡然接受的态度。

【案例】

半个世纪的等待

美国的贝尔实验室在 20 世纪 50 年代就研制出了可视电话，但过了 20 年，直到 1970 年，美国市场才初步接受商业化的可视电话，且主要用于政府、军事、公共事业等财政付费部门。在中国，也就是在 2003 年的 SARS 疫灾中，人们才感受到了它的实际价值，其后在一些领域得到小范围的商业化应用。

由此可见，从可视电话技术的发明到中国商业化市场的开拓，中间经历了整整半个世纪的时间。这也就意味着，如果误判了市场接受创业者的某种新产品的具体时间，即使市场最终会接受它，提前进行的创业风险也是极大的。

（资料来源：第五讲科学技术史通识课，万辅彬，百度文库，有删改）

4. 资源利用风险

资源利用风险是指创业者在创业活动过程中所面对的发现资源、整合资源、开发资源和利用资源过程中的不确定性。创业者的创业活动离不开内外部的资源支持，"巧妇难为无米之炊"，没有内外部的资源支撑，创业活动也将难以为继。资源不仅仅在于拥有，更要通过创业者的能力使资源发挥作用，形成核心竞争力，推动企业的发展。资源包括了支持企业关键业务的核心资源和与企业构成利益关联的合作网络资源。如果资源状况不能支持创业活动如期开展，很可能会造成企业的业务链或资金链断裂，从而延缓或终止创业进程。

在大多数情况下，创业者不一定也不可能拥有所需的全部资源，这就形成了资源缺口。如果创业者没有能力弥补相应的资源缺口，要么创业无法起步，要么在创业中受制于人。企业创建、市场开拓、产品推介等工作都需要调动社会资源，大学生在这方面会感到非常吃力。因此，大学生平时应多参加各种社会实践活动，扩大自己人际交往的范围。创业前，可以先到相关行业领域工作一段时间，通过这个平台，为自己日后的创业积累人脉。

5. 技术风险

技术风险是指由于技术方面的因素及其变化的不确定性而导致创业进程延误或创业失败的可能性。技术路径选择的不确定性，技术研发成功的不确定性，技术前景、技术寿命的不确定性，技术效果的不确定性，技术成果转化的不确定性，以及关联技术的不确定性等，都会带来技术风险。核心技术作为新创企业的核心竞争力，往往也具有一定的创新性。但是技术创新能否成功受到诸多因素的影响，同时也存在着技术创新的价值有待市场验证的风险。

【案例】

时刻警惕市场变化

"五分钟"创始人是大学生创业者，没有什么工作经验。因为开发了著名的"开心农场""小小战争"游戏而被大家熟知，获得了 A 轮融资。2009 年 12 月德丰杰投资 350 万美元，2010 年 7 月 CyberAgent 联合 JAIC 中国投资，金额在 50 万到 100 万美元之间。

2011 年 4 月，"五分钟"推出了首款 HTML5 游戏《邻邦战争》，而其第一款手机游戏《龟兔再跑》的用户数已突破 20 万。表面上看，"五分钟"似乎在向手机游戏方向转型，同时也没有放弃网页游戏。其实，随着微博和其他社交网络的发展，开心网类型的社交网站在国内已经没有任何绝对优势。此外，在手机游戏领域，竞争要比网页游戏更激烈。

实力有限的"五分钟"犯下了战线过长的错误，没有集中资源专攻一路。很快，"五分钟"烧干 A 轮资金，转型似乎看到曙光而又仍然在黑暗中摸索。相比较，A 轮融资可以谈些理念，B 轮融资就现实得多。随着团队成员的不断流失，公司的转型失败。2012 年 5 月，"五分钟"承认 B 轮融资失败，并立即从现在办公的杨浦区创智天地退租。

（资料来源：《17 家中国著名创业公司的失败血泪史》，佚名，搜狐网，有删改）

6. 人力资源风险

人力资源风险是指，由于创业者、创业团队及其员工等人的因素对创业活动的开展产生不良影响或未能实现创业既定阶段目标而产生的风险。创业者自身的素质和能力有限，创业团队成员的知识和技能水平有限，管理过程中用人不当，关键员工离职，未能获取优质人力资源等因素是人力资源风险的主要表现。在知识密集型产业和创意产业中，人力资源至关重要；而在劳动密集型产业中，人力资源更是举足轻重。[①]

同时，还应看到创业者、创业团队及其员工因思想意识差别而产生的风险，这是创业团队最内在的风险。这种风险来自于无形，却有强大的毁灭力。风险性较大的意识有：投机的心态、侥幸心理、尝试的心态、过分依赖他人、回本的心理等。

【案例】

人力资源风险更致命

PPG 于 2005 年 10 月成立，其业务是在互联网上售卖衬衫，其业务模式是通过轻资产、减少流通环节，加上狂轰滥炸的电视、户外广告，迅速让 PPG 建立起市场领导者的地位。当时，满世界都是"Yes! PPG"的广告语和吴彦祖自信的微笑。

2006 年第三季度，PPG 获得了 TDF 和集富亚洲的第一轮 600 万美元的联合投资。

2007 年 4 月，PPG 获得了第二轮千万美元的投资，除了第一轮的 TDF 和集富亚洲追加投资之外，还引入了凯鹏华盈，它是美国最大的风险投资基金。

2007 年底，三山投资公司击退其他竞争对手，向 PPG 注资超 3000 万美元。

PPG 创始人李亮很聪明、勤奋，执行力也够，但就是动机不纯。他表面上是做电子商务，但配套的物流、仓储都是自己的公司，或间接与他有关。他不停地向这些公司

---

① 王艳茹，王兵. 创业基础课堂操作示范［M］. 北京：北京师范大学出版社，2014：150-151.

打钱，投资人的钱作为费用变相进入他自己的名下。三轮融资 4600 万美元被变相转移。钱转移光了，李亮也没了，于是传出创始人李亮卷款潜逃一说。

2008 年，PPG 模式出现了凡客诚品、优衫网、CARRIS 等几十家模仿者，PPG 不但丢掉了行业老大的地位，而且官司缠身、高管流散。

（资料来源：《17 家中国著名创业公司的失败血泪史》，佚名，搜狐网，有删改）

7. 管理与决策风险

管理与决策风险是指创业者及创业团队在创业过程中因信息不对称、管理措施不利、经营判断失误、决策失当、团队文化消极等影响创业项目正常推进，甚至是无法实现既定目标而产生的风险。管理与决策风险主要体现为缺乏管理规划、管理不规范、决策随意或决策依据不充分、决策流程不合理、团队执行能力差、团队价值观不统一、组织文化缺失、缺乏诚信与责任意识等方面。

创业者并不一定是出色的企业家，不一定具备出色的管理才能。启动创业活动的创业者主要有两种：一是创业者利用某一新技术进行创业，他可能是技术方面的专业人才，但却不一定具备专业的管理才能，从而产生管理与决策的风险；二是创业者往往有某种"奇思妙想"，可能是新的商业点子，但在战略规划上能力欠缺，或不擅长管理具体的事务，这也会造成管理与决策风险。希望创业的学生在创业之初建立基本的团队议事规则，明确近期的项目目标和对该项目的有关决策的处理原则，如，项目何时可以停止，项目在什么情况下可以吸收合作伙伴，项目在什么情况下可以动用多少资金，等等。在团队建立"对事不对人"的工作氛围也非常重要。

【案例】

柯达的陨落

柯达公司胶卷业务曾经被认为是抢钱的买卖，是跟印美钞一样的暴利生意。柯达彩色胶卷一盒的销售价格是 16~22 元，而生产成本才几毛钱，分摊掉研发成本和推广成本后，利润惊人。柯达公司每年依然有数万项技术专利规模，世界上鲜有企业可以与之相比。

但恰恰是这样一个技术发明者，它错误判断了"感光胶卷向数码相机"转变的速度，未及时进入数码相机领域。数年之间，人们就不用胶卷了，一个巨大的市场几乎烟消云散了，柯达公司也从天堂掉到了地狱——年亏损达到 10 亿美元。

柯达公司总裁曾经有过一句非常有名的话："我左脚踩在创新的油门之上，右脚踩在传统的刹车之上，我一会儿踩刹车，一会儿踩油门，我也不知道我该怎么办了。"这并不是柯达总裁一人面临的风险与困惑，诺基亚帝国的倒塌也是如此。

当外部环境发生重大改变时，企业过去所谓的成功经验往往容易变成企业创新突破的"包袱"，如果不及时调整应对，很可能万劫不复。

（资料来源：《商业模式三大经典案例》，佚名，新浪博客，有删改）

8. 财务管理风险[①]

财务管理风险是指创业者和创业团队由于资金、资产经营管理失当而产生的风险。财务管理风险主要体现为对创业所需要资金估计不足、资金预算不科学、资金使用随意、成本控制不紧、成本结构不合理、营收管理缺乏、未能及时筹措创业资金、融资不当、现金流管理不力等方面。往往集中体现为资金链断裂，导致创业项目难以为继。

其中，资金风险在创业初期会一直伴随在创业者的左右。是否有足够的资金创办企业是创业者遇到的第一个问题。企业创办起来后，就必须考虑是否有足够的资金支持企业的日常运作。对于初创企业来说，如果连续几个月入不敷出或者因为其他原因导致企业的现金流中断，都会给新创企业带来极大的威胁。相当多的企业会在创办初期因资金紧缺而严重影响业务的拓展，甚至错失商机而不得不关门大吉。

另外，没有广阔的融资渠道，创业计划就是一纸空谈。除了银行贷款、自筹资金、民间借贷等传统方式外，还可以充分利用风险投资、创业基金等融资渠道。

第二节　创业风险的防控

一、创业风险的识别与防控手段

创业不可能是没有风险的，特别是大学生创业者在资源和经验欠缺的情况下，创业过程中遭遇创业风险几乎是不可避免的。对于创业者来说，只能加强对创业风险的识别与防控，才可能更好地推进创业项目。从另一个角度来说，创业的过程其实就是创业者不断克服困难、迎接挑战的过程，勇敢地面对风险、科学地处理风险将伴随创业的全过程。

（一）外部风险的管控

外部风险是由某种企业外部因素引起的，创业者或新创企业本身控制不了或无法施加影响，并难以采取有效方法消除的风险，如前面所说的环境与政策风险、商品市场风险等。

寻找蓝海是创业的良好开端，但并非所有的新创企业都能找到蓝海。更何况，蓝海也只是暂时的，所以，竞争是必然的。如何面对竞争是每个企业都要随时考虑的事，而对新创企业更是如此。如果创业者选择的行业是一个竞争非常激烈的领域，那么在创业之初极有可能受到同行的强烈排挤。一些大企业为了把小企业吞并或挤垮，常会采用低价销售的手段。对于大企业来说，由于规模效益或实力雄厚，短时间的降价并不会对它造成致命的伤害，而对初创企业则可能意味着彻底毁灭的危险。因此，考虑好如何应对

---

① 王艳茹，王兵. 创业基础课堂操作示范［M］. 北京：北京师范大学出版社，2014：167-168.

来自同行的残酷竞争是创业的必要准备。

外部风险是创业者自身难以掌控的，创业者只能加强监测和预警，进而努力规避。在创业活动中的各个阶段，创业者都应该充分认知风险，预防风险并理性把握相关风险。

所谓理性把握相关风险，即分析、判断相关风险的具体来源、发生概率、程度大小，对可能的风险因素进行评估；测算借机冒险创业的成功概率，设计并选择综合风险较小，且自己有能力承受相关风险的行动方案，并提前准备相应的风险应对预案。

创业者应对外部风险有充分的认知与敏锐的洞察，可以从以下三个方面做好外部风险管控。

1. 充分认知、科学分析

创业者应对其所处的创业环境进行深入了解与科学分析。目前，我国全面实施积极的创业就业政策，贯彻鼓励创业的方针，在自主创业税费减免、小额担保贷款、创业地落户以及场地、项目、技术、培训等方面，为大学生创业提供了一揽子优惠和鼓励政策，创造了更为宽松的创业环境。创业者首先应对创业环境进行正确的认识和了解，采用科学的方法对创业环境进行合理评估，特别是针对国家发展规划、政策导向、宏观经济环境、行业发展趋势、区域经济状况、技术发展与应用状况、人口消费趋势、社会问题等进行全面、系统、理性的分析判断，以求准确深入地解释创业过程中可能遇到的外部风险。

2. 敏锐洞察、理性预测

任何事物都是有其发展规律的，同时任何事物的变化也将引发相关事物的变化，产生"蝴蝶效应"。因此，在创业外部风险中，有些风险可以通过对身边事物变化的观察而预测到；同时因创业者自身知识能力所限，信息渠道所限等，形成了有些不可预测的风险。创业者应尽可能运用所学知识和掌握的资源，采用科学的方法来对那些能够预测的风险进行深入分析，通过和团队成员探讨、请教外部专家等方法来预测可能发生的外部风险，以及该风险发生会对创业企业带来的影响，尽量对创业的外部风险做到心中有数，制定相应的应对预案。

3. 镇定应对、合理管控

由于外部风险的不可规避性，创业者只能根据上述对外部风险的分析和预测来制定合理的应对措施，利用智慧沉着应对，实施风险预案，尽可能降低风险发生对创业者自身或创业企业的不利影响。

【案例】

张兰痛失餐饮名企俏江南

俏江南是一家知名高端餐饮品牌，曾经承办过北京奥运会和上海世博会的中餐服务。为了在3~5年内开办300~500家俏江南餐厅，2008年俏江南的张兰与鼎晖投资机构签订了股份回购条款，称如果俏江南无法在2012年底之前上市，鼎晖有权以回购的方式退出俏江南。

俏江南先是计划 A 股上市：2011 年 3 月向证监会申报材料，但到 2012 年 1 月上了终止审核名单。无奈之下，2012 年 4 月份俏江南赴港申请上市。因为受中央八项规定的影响，所有高档餐饮遭遇拐点，行情不被看好。虽然俏江南通过了港交所的聆讯，但潜在投资人给出的估值非常低，张兰想等行情好的时候再上市，可行情越等越差，最终俏江南没能够在 2012 年末实现上市。按照条款，俏江南必须双倍价格回购鼎晖的股份。可在当时的经营情况下，企业根本拿不出这么多钱来。鼎晖就启动了"领售权条款"。也就是说，VC 可以出售公司股权来变现投资。所以鼎晖就找到欧洲一家最大的私募股权基金 CVC，鼎晖转让了 10.53% 的股份，张兰跟随出售 72.17% 的股份，一共是 82.7%，出售股份的钱要优先保证鼎晖 2 倍的回报，鼎晖顺利退出了。后来受市场的影响，俏江南不能靠自己的现金流支付银行的贷款，CVC 最终放弃这部分股权。放弃的股权都被银行接管。至此，CVC 和张兰都从董事会出局了。

（资料来源：《张兰从俏江南被净身出户的真正原因》，苏龙飞，职业餐饮网，有删改）

思考讨论：

1. 张兰的风险来自哪里？是内部还是外部？
2. 张兰的风险可以如何管控？

（二）内部风险的管控[①]

内部风险是由创业者或创业企业自身因素引起的，只对该创业者或创业企业产生影响的风险。因此，创业者和新创企业可以在某种程度上对其进行控制，并通过一定的手段予以预防和分散。

创业失败者，基本上都是管理方面出了问题，其中包括：决策随意、信息不通、理念不清、患得患失、用人不当、忽视创新、急功近利、盲目跟风、意志薄弱等。特别是大学生知识单一、经验欠缺、资金实力和心理素质明显不足，这些都会产生内部风险，进而导致创业进程受阻或创业失败。

1. 机会选择风险的防范

机会选择风险是一种潜在且先天的风险，除前述在创业风险的分类中所谈及的，还涉及是否选择创业而给创业者个人带来的人生发展的不确定性。因此，创业者在思考创业时就应该对创业的风险和收益进行全面权衡，这种收益的权衡是受到创业者价值观和人生目标的影响的。

将创业阶段目标和目前的职业收益进行比较，结合当下的创业环境、自己的人生规划进行系统分析。如果认为创业时机已经成熟，且是实现人生阶段目标的最佳途径，并刚好又存在一个商业机会的时间窗口，而且该项目又可以和自己的生涯规划相吻合，那么就可以选择创业。否则就不要急于创业，而是通过就业、深造或者继续从事目前的工作，继续观察社会发展，学习相关的方法和技能，积累经验与资源，同时学会利用自己

---

① 李家华. 创业基础［M］. 北京：北京师范大学出版社，2013：82—83.

的身边机会建立良好的关系网络，待时机成熟再选择创业。

2. 人力资源风险的防范

人力资源是创业活动中最重要的资源，由此产生的风险对创业企业来说往往也是致命的，所以受到创业者和企业家的高度关注。第一，创业者应不断充实自己，持续提高个人素质，使自己的知识和能力与创业活动需求和企业发展相匹配；第二，通过沟通、协调、激励、奖惩、评价、目标管理等多种手段管理团队，并在创业团队发展的不同阶段确定相应的管理制度，科学合理地对成员进行绩效评价；还要招聘那些具有良好职业道德和团队合作意识、拥有与岗位技能要求相匹配的员工，同时要不断提升团队能力，加强团队的凝聚力，形成团队的主流价值观，在此基础上选好人，用好人，才可防范人力资源风险。

3. 技术风险的防范

技术创新能够给拥有者带来丰厚的回报，但掌控不好也可能制约创业进程，甚至使创业者颗粒无收。因此，创业者一定要通过加强自身能力建设或建立创新联盟等方式减少技术风险发生的可能性。第一，应加强对技术创新方案与技术路径的可行性论证，减少技术开发与技术选择的盲目性，并通过建立灵敏的技术信息预警系统，及时预防技术风险；第二，可通过组建技术联合开发体或建立创新联盟等方式来分散技术创新的风险；第三，提高创业企业技术系统的活力，降低技术风险发生的可能性；第四，高度重视专利申请、技术标准申请等保护性措施的采用，通过法律手段减少损失出现的可能性。

4. 管理与决策风险防范

通过提高管理者的素质，建立管理和决策机制可以有效防范创业企业的管理与决策风险。具体来说，可以采取的主要措施有：第一，应努力提高核心创业成员的素质，树立其责任意识、诚信意识和市场经济观念，在此基础上建立管理和决策机制，针对企业发展需求，适时调整组织架构；第二，在充分调研的基础上实行集权管理，明确企业的决策流程、执行管理机制、监督考核机制和信息反馈机制，合理放权，实施责权利的统一，进而避免不规范、不负责的管理行为发生。

5. 财务管理风险防范

筹资困难和资本结构不合理是很多创业企业明显的财务特征和主要财务风险的来源。有效规避财务风险要求做到以下几点：第一，创业者要对创业所需资金进行合理估计，避免筹资不足影响创业企业的健康成长和后续发展；第二，要学会建立和经营创业者自身和创业企业的信用，提高获得资金的概率，丰富资金获取的途径；第三，创业者或团队一定要学会在企业的长远发展和目前利益之间进行权衡，设置合理的财务结构，从适当的渠道获得资金；第四，管好创业企业的现金流，避免现金断流带来的财务拮据甚至破产清算的局面。

【案例】

能拿投资，还得会管理

MySee 是国内最早进行 P2P 视频直播技术研发的公司，是集视频直播、点播、互动娱乐、无线等服务于一体的宽带视频娱乐服务平台。

2005 年 2 月，高燃创立 MySee. com，蒋锡培投资 100 万元人民币。2006 年初，MySee 又获得北极光和赛伯乐等机构一共 200 万美元的投资。公司曾联合各大门户网站、电信运营商为国内外 50 余次的大型活动进行了网络直播。但 MySee 烧钱的速度太快了，几十个人，每个月要烧掉 100 多万元人民币，光办公室装修就花去 100 多万元人民币，还要花大量的资金购买视频内容。另外，作为创始人和公司总裁，高燃总是默许媒体夸大事实，融资 200 万美元变成了融资 1000 万美元。8 个月时间，200 万美元的投资款，消耗殆尽。

（资料来源《17 家中国著名创业公司的失败血泪史》，佚名，搜狐网，有删改）

思考讨论：

（1）MySee 在财务管理上出现哪些问题和失误？

（2）企业应当怎样进行财务管理风险的防范。

二、风险应对策略

（一）风险应对策略

应对创业风险一般分为风险识别、风险评估和风险应对三个阶段。[①]

1. 风险识别

风险识别是创业者对创业过程中可能发生的风险进行认知和预判的过程。首先，风险识别应根据风险分类，全面、客观地审视创业过程，从风险产生的缘由入手，深入探究诱发风险的各类因素、使这些因素成为容易被观察并发现的基本单元，找出现实与不远的将来可能影响创业阶段目标与终极目标实现的各种风险。创业者可以采用绘制创业流程图、制作风险清单、制定风险预案、集体研讨、市场调查、专家建议等方法进行风险识别。

在创业初期，由于创业者及其团队在创业活动的各个环节存在着诸多不成熟的因素，发生风险的概率较高。为此，创业者及其团队应在常规工作管理中强化对风险的识别工作，时刻保持高度的敏感，做到在计划中体现，在汇总中关注，在总结中分析。

2. 风险评估

风险评估包括两类，一是对各种风险发生的可能性以及发生之后的损失程度的评估；二是对风险事件发生的可能性大小、可能的结果范围和危害程度、预期发生的时

---

① 李家华. 创业基础［M］. 北京：北京师范大学出版社，2013：79—80.

间、风险因素所产生的风险事件的发生概率四个方面进行评估。

创业初期，创业者及其团队既要有直面创业风险的勇气，更要有理性应对风险的方法，这是对创业者智慧、能力和素质的磨砺与考验。通过风险评估，可以使创业者更理性地应对风险，做好面对风险的充分准备。

3. 风险应对

风险应对是创业者在风险评估的基础上，选择最佳的风险处理措施，采取及时有效的方法进行防范和控制，用最经济合理的方法来综合处理风险，以实现最大安全保障的一种科学管理方法。

（1）风险应对方法。

常用的风险应对方法有风险避免、风险自留、风险预防、风险抑制和风险转嫁等。

风险避免是指设法避免损失发生的可能性，基本上消除特定的风险发生的可能性。这种方法是一种消极的风险管理方法。通常当某种特定风险所致损失的频率或者损失的幅度相当高时，或者创业者不能接受采用其他风险管理方法所产生的成本时才会采用。正如汽车驾驶新手上路，为了不发生交通事故，可以不开车或到没有车的地方开车。

风险自留是创业者自我承担风险损失的一种方法。风险自留常常在风险损失概率和幅度较低、损失短期内可以预测以及最大损失不影响创业活动的正常进行时采用。如驾驶新手上路，即便是多加小心，发生一些轻微剐蹭以及其他车辆的鸣笛催促，都是很正常的，驾驶员应该可以承受这些造成的心情不悦与经济损失。

风险预防是指在风险损失发生前为消除或减少可能引起损失的各种因素而采取的处理风险的具体措施，其目的是通过消除或减少风险因素达到降低损失发生概率的目的。风险预防通常在损失的频率高且损失的幅度低时使用。也如汽车驾驶新手上路，为预防交通事故的发生，严格遵守交通规则，集中精力，认真驾驶。

风险抑制是指在损失发生时或损失发生后为缩小损失幅度而采取的各种应对措施。损失抑制常常在损失幅度高且风险又无法避免或转嫁的情况下采用，如损失发生后的自救和损失处理等。也如汽车驾驶员，在交通事故无法避免时，宁可撞树、撞墙，也不要撞人。只有这样，才能将事故的风险损失降到最低。

风险转嫁是指创业者为避免承担风险损失，有意识地将损失或与损失有关的财务后果转嫁给他人去承担的一种风险管理方法。具体来说，创业者可采用保险转嫁、转让转嫁和合同转嫁等方式。再如汽车驾驶员，应为车辆办理相关保险，在发生交通事故及造成损失时，由保险公司承担损失结果。

（2）风险应对策略[1]。

创业者或创业企业需要针对风险评估的结果和具体的评估环境选择合适的风险应对方法，采用科学的风险应对策略。如对于损失金额小的风险采取风险自留的方式，对于那些出现概率大、损失金额高的风险采用风险转嫁的方式等，见表9-1。

---

[1] 李家华. 创业基础［M］. 北京：北京师范大学出版社，2013：79-80.

表 9-1　风险应对策略矩阵

	高频率	低频率
高程度	风险避免	风险避免 风险抑制
	风险抑制	
	风险转嫁	
低程度	风险避免	风险自留
	风险预防	

（二）创业者精神与风险应对

创业者能否感知到创业机会的存在取决于他们是否能有效识别外部信息和对信息进行选择性的过滤与组合，风险倾向、成就需要、内控资源、不确定性、容忍度等这些特质是其能够敏锐识别创业机会的基础。

一个优秀创业者是具有超凡思想的开拓者，他能将未来趋势与现实问题相结合，他具有主流的伦理道德品质和充满变革、敢于冒险的胆识。创业者作为精英群体，所具有的品质包括洞察力、分析力、想象力、沟通力、同理心、热情而冷静、责任感、专注力、变通力、凝聚力与执行力。创业者是社会变革的倡导者与推动者，他们充满激情、目标坚定、不畏困难、具有高度的风险意识和风险承担能力，以及高度的合作精神、创新能力并对社会发展具有强烈的使命感。创业者的同情心与利他的人格能促进其对社会需要的认知，从而促进对社会与人性的思考，最终推动创业实践活动的展开。

教学设计

章节	内容	时间	授课方法	教具
主题游戏	有关风险的头脑风暴	5分钟	做游戏	
上周内容回顾	上周课程内容	10分钟	学生讲授	PPT
第一节　创业风险的类型与特点	创业风险的概念	5分钟	讲授	PPT
	创业风险与机会、资源和团队的关系	5分钟	讲授	PPT
第一节　创业风险的类型与特点	由外因造成的创业风险有哪些？	5分钟	讲授	PPT
	由内因造成的创业风险有哪些？	15分钟	讲授	PPT
案例分析	引用真实创业者，谈他遇到的创业风险与应对措施	15分钟	学生讨论	活页挂纸、PPT
第二节　创业风险的防控	创业风险的识别与防控	10分钟	讲授	PPT
	创业风险的应对策略	10分钟	讲授	PPT
案例分析	1. 张兰与俏江南的分手 2. MySee之殇	10分钟	学生讨论	
合计		90分钟		

本章小结

本章主要学习了创业风险的类型和特点、创业风险的防控两方面内容。其中，创业风险的类型和特点的内容涵盖了创业风险的基本概念，创业风险对创业机会、创业资源、创业团队的影响，创业风险的特征和分类等要点；创业风险防控的内容涵盖了创业风险的识别与防控手段、风险应对策略两大要点。通过学习本章内容，能使学生增强对创业风险的认知，帮助学生更理性更科学地判断创业风险，并掌握创业者必备的创业风险防范和风险应对的策略和方法，从而提高创业者创业成功的可能性。

重点词汇提示

创业风险　创业风险的分类　创业风险的管控

复习思考题

1. 什么是创业风险？
2. 导致创业风险产生的影响因素有哪些？
3. 创业风险可以分为哪几类？
4. 创业风险与其他的创业元素之间的关系是什么？
5. 创业风险可以怎样预防和管控？
6. 创业者应当如何应对创业风险？

讨论性问题

1. 与社会创业者相比，大学生创业存在哪些特点、优势和不足？
2. 结合大学生和大学生团队的特点思考：大学生创业风险可以怎样预防和管控？大学生创业者应当如何应对创业风险呢？

实践性问题

走访身边 1~2 家创业企业，要求：

1. 了解该企业的创始人是否是连续创业者，这个企业是他（她）的第几次创业？
2. 如果是连续创业者，那么在前面的几次创业经历中，企业遇到了哪些问题（风险）？他（她）是如何应对的？
3. 从以往的经历中创业者得到了哪些经验和认识？
4. 在后来的企业经营中，企业创始人（管理团队）是怎样预判、控制和应对风险的？
5. 以团队的方式将上述内容做成 PPT，在班级分享。

可参照表 9-2，完成上述问题。

结合本章内容，与创业者进行充分的沟通，同时完成表 9-2 的填写。

表 9-2　创业者创业风险访谈表

访谈对象的基本情况		
风险分类	创业启动之初（问题/如何解决）	运营发展阶段（问题/如何解决）
环境和政策风险		
机会选择风险		
商品市场风险		
资源利用风险		
技术风险		
人力资源风险		
管理与决策风险		
财务管理风险		
其他困难与风险		
建议与感言		

参考文献

李家华. 创业基础［M］. 北京：北京师范大学出版社，2013.
李家华，张玉利，雷家骕. 创业基础［M］. 2 版. 北京：清华大学出版社，2015.
王艳茹，王兵. 创业基础课堂操作示范［M］. 北京：北京师范大学出版社，2014.

第十章　创业计划

【**本章教学目标**】

• 认识创业计划书的作用。
• 了解创业计划书的基本结构、编写过程和所需收集的信息和数据。
• 掌握创业计划书的撰写方法。

第一节　创业计划书概述

创业之路漫长而艰巨，创业的第一步是写一份创意满满、周密精细和战略方向精准把控的创业计划书。优秀的创业计划是创业者才智创意的展现，也是创业者打开希望之门的金钥匙。

一、创业计划书的内涵

创业计划书，也被称商业计划书，是从创意到执行的方案，相当于可行性研究报告。其本质是用承诺换取投资人的支票。

创业计划书是创业者在经过前期对项目的调研、分析、收集与整理有关资料的基础上，对创业活动具体筹划的全方位描述，形成与创建新企业有关的内、外部环境条件和要素的书面文件，是各项职能计划，如市场营销、财务、制造、人力资源计划的集成，是成功创建新企业的行动导向和路线图，既为创业者行动提供指导和规划，也为创业者与外界沟通提供基本依据。

在创业计划书里，创业者需要展望新企业在未来的收益和规模，明确成本投入，并对各种不确定性乃至风险进行了全面的预测和控制。创业计划书不仅仅是一个执行计划，更是一张新企业的"名片"，一方面，用来吸引外部的利益相关者，从而获得融资和合作的机会；另一方面，为新企业内部人员的工作做指导。通常来说，一个好的创业项目是由某种具有竞争力的产品或服务、可行的商业模式和优秀的创业团队等方面组成的，但更重要的是如何通过相关数据来准确传达创业者的意图和创意。

二、创业计划书的作用

创业计划书的撰写可以使得创业者系统地思考新创企业的各个影响因素，从而使得创业创意更加具体清晰；创业计划书是新创企业的推销性文本，通过创业计划书向有实力的投资者、创业孵化园、供应商、潜在的合作伙伴以及相关人员和单位展示自我。

（一）创业计划书是创意转化为行动的加速器

1. 强化创意

在撰写创业计划书的过程中，创业者的创意会逐渐清晰化和系统化，最终走向成熟。梳理出项目中各具体环节和要点，从商业模式、市场、管理、财务和营销等各个方面细述中全面客观地了解企业的优势、劣势、机会和挑战，从而做到"知己知彼，百战不殆"。

2. 创建和凝练团队

一般来说，创业团队的创建是在创业计划写作之前的事，创业团队本身就是创业计划的重要内容之一。通过创业计划书创意展示，可以吸引优秀的人才加入创业团队；也可以用创业计划书将创业团队中的各个成员有序的串联起来；创业计划书是创业团队沟通的"语言"和凝聚团队力量的重要工具。

【案例】

朗斯洗涤剂公司（Laundress）的创建[①]

格温·怀婷（Gwen Whiting）与林塞·薇宝（Lindsey Wieber）在康奈尔大学研究纤维织物时相遇，毕业后两人决定共同创建一家企业。她们谈到当时的情况：

格温：林塞和我在康奈尔大学上学时一起研究纺织品并想着共同创办企业。我们清楚，这很快就能成为现实。我们总在谈论各种创意。我们的第一件事是撰写商业计划书，而后是现金流分析。我们打算在开发产品之前，尽可能多地做些调研。

林塞：我们利用阵亡将士纪念日完成了商业计划，又利用国庆日进行了现金流分析。我们把创意写在纸上后，回到康奈尔大学拜访一位教授，接受了一次化学方面的速成教育。她与我们一起工作，开发产品的合成配方。

格温：我在哥伦布纪念日的时候，找到一家制造商。每当我们有零星空余时间，就全身心致力于企业事务。我们从来没有和朋友到海边度过假。

以上这一案例告诉我们有共同目标的大学生组建创业团队，第一件事是撰写创业计划书。事实证明：在创业项目可行性分析基础上完成的创业计划书，更能够让创业者明白要做什么，为什么这样做，以及如何去做这一系列问题。

---

① 布鲁斯 R. 巴林格，R. 杜安·爱尔兰. 创业管理：成功创建新企业［M］. 张玉利，王伟毅，杨俊，等，译. 北京：机械工业出版社，2006：62.

盖伊·卡韦萨基曾指出：一旦将商业计划写到纸上，那些希望改变世界的天真想法就会变得实实在在且冲突不断。因此，文件本身的重要性远不如形成这个文件的过程。

（二）创业计划书是创业过程的蓝图设计和行动指南

首先，企业创建之后，在企业内部，创业计划书可以清晰地传达出企业的战略目标，细分给每个岗位的任务乃至营造出企业文化氛围，团结不同诉求的员工，协调一致向总目标前进。例如，假设你是一家创业机构的新任副总裁，负责某一部门的业务，那么按照创业计划书设定的路线往下走，是确保部门目标与企业总目标一致的最佳方法。

其次，一项比较完善的创业计划能客观全面地分析出创业机构在成长过程中可能遇到的各种机遇和挑战，并提出相应的解决之法。因此，创业计划是创业行为过程的"导航图"，能够帮助创业者提高经营的成功概率，明确成功经营企业需要采取的各种措施，识别经营中所需各种资源，及最佳的资源整合方式，针对不同业务部门，制定操作性强的绩效标准，以确保经营运作有条不紊。

（三）创业计划书为创业企业寻求融资与合作提供基础文件

创业计划书是新创企业的"营销工具"。它为新企业提供了一种向潜在投资者、供应商、商业伙伴和关键职位应聘者展示自身的机会。创业计划书从各个方面对创业项目进行可行性分析及筹划，是投资机构评估甄选创业项目的重要依据。例如，由大学及社会团队主办的创业孵化机构在筛选创业项目时都要求提交创业计划书，并以此来选定孵化扶持的创业项目。

创业计划书为其他的利益相关者呈现了创业项目的远景和各种可能性。作为企业发展的蓝图，创业计划书记录市场需求所带来的机会，并向利益相关者展现创业者能够提出解决方案，证明该解决方案在市场上具有可行性，以及在合适的时间内能够为所有的利益相关者带来经济回报。

另外，创业项目为争取政府的政策倾斜和资金支持，创业计划书是必须提交的申请文件。而不同的政府资金支持项目有着相应的内容和格式撰写要求，按照特定要求编制的创业计划书将更容易获得政府的照顾和扶持。

三、创业计划与创业筹划的区别

创业筹划的过程实质上是信息的收集过程，是分析并预测环境，进而化解未来不确定性风险的过程。撰写创业计划书之前，首先要进行的是创业筹划。创业筹划分析了新创企业在实践中可能遇到诸多问题，旨在降低创业风险，从而提高创业企业的成功率，推动创业企业健康持续发展。因此，创业计划是创业筹划的具体展示和理性思考后的结果。创业计划从属于创业筹划，创业计划是创业筹划的精炼。首先，创业筹划，要确定实际的目标，这有助于创业者利用这些目标持续、及时地评估企业的发展状况；其次，要留有空间，使创业者能够考虑潜在的障碍以制定战略预案；最后，应该是所有创业者团队成员集思广益、齐心协力、分工合作的结晶。

【小测试】

1. 什么是创业计划书？
2. 创业计划书有什么作用？

第二节　创业计划书的编写要求与主要内容

一、创业计划书的一般格式

好的创业计划书要做到脉络清晰，逻辑紧密，资料详尽，论述合理，并且能极大体现创业者及创业团队的素养和能力，体现创业者的逻辑思考。

尽管各类创业计划书的结构和格式会有所不同，但都遵循着共同的规律。创业者要根据实际需要选择合适的方法呈现创业计划书。

创业计划书撰写的顺序和格式如下。

（1）封面：包括企业的名称、地址、联系方式等。

（2）目录：创业计划书核心内容的导读和检索的目次。

（3）内容：一般分为执行摘要、企业基本情况、项目（产品/服务）介绍、市场分析、生产/服务管理、营销策略、组织管理、资金和其他资源需求情况、财务分析与预测、风险分析、附录等内容。

以下给出两种创业计划书的一般格式可供参考。其中表 10-1 适用于生产型企业，特点是对企业技术与生产管理要有可行性和操作性的说明。一般说来，生产型企业比服务型企业的资本金数额大。表 10-2 适用于服务型企业，而服务型企业也可能涉及一部分的产品生产，需要在计划书中阐述清楚。至于创业计划书中的其他要素，无论是何种形式的企业均要做出准确的描述。

表 10-1　创业计划书结构类型（1）（适于生产型企业）

一、前言 　1. 企业名称和地址 　2. 负责人姓名及简介 　3. 企业的性质 　4. 对所需筹措资金的陈述 　5. 报告机密性陈述 二、执行摘要 三、行业分析 　1. 对将来的展望和发展趋势 　2. 竞争者分析 　3. 市场划分	4. 行业预测 四、新创企业的描述 　1. 产品 　2. 服务 　3. 新创企业的规模 　4. 办公设备及人员 五、生产计划 　1. 制造过程 　2. 厂房 　3. 机器和设备 　4. 原材料供应商情况

六、营销计划
 1. 定价
 2. 分销
 3. 促销
 4. 产品预测
 5. 控制
七、组织计划
 1. 所有权的形式
 2. 合伙人或主要股权所有者的身份
 3. 创始人的权利
 4. 创业团队的背景
 5. 创业团队成员的角色和责任
八、风险的估计
 1. 企业弱点的评价

2. 新技术
3. 应急计划
九、财务计划
 1. 利润表预测
 2. 资产负债表预测
 3. 现金流量表预测
 4. 盈亏平衡分析
 5. 成本费用的预测
十、附录（必要补充材料）
 1. 市场调查数据
 2. 租约或合同
 3. 供应商的报价单
 4. 相关重要资料

表 10-2 创业计划书结构类型（2）（适于服务型企业）

一、执行摘要
 1. 公司概述
 2. 市场机会和竞争优势
 3. 产品（服务）前景
 4. 成本分析
 5. 创业团队概述
二、公司背景描述
 1. 国内外发展历史及现状
 2. 公司所处的环境及创立背景
 3. 新创企业经营业务及内容
 4. 新创企业设立程序及其日程表
 5. 预计资本金
三、产品服务介绍
 1. 产品服务描述
 2. 产品服务优势
四、市场调查和分析
 1. 市场容量估算
 2. 预计市场份额
 3. 市场组织结构
五、企业战略
 1. SWOT 分析报告
 2. 新创企业总体战略
 3. 新创企业发展战略
六、营销策略
 1. 目标市场
 2. 产品和服务
 3. 价格的确定
 4. 分销渠道
 5. 权利和公共关系
 6. 政策

七、产品制作管理
 1. 工作流程图以及生产工艺
 2. 生产设备及要求
 3. 质量管理措施及方法
八、管理体系
 1. 公司性质及组织形式
 2. 部门职能
 3. 管理理念及公司文化
 4. 团队成员任职及责任
九、投资分析
 1. 股本结构与规模
 2. 资金来源与运用
 3. 投资收益与风险分析
 4. 可以引入的其他资本
十、财务分析
 1. 财务预算的编制依据分析
 2. 未来 3 年的预计会计报表及附表
 3. 财务数据分析
十一、机遇与风险
 1. 机遇分析
 2. 外部风险分析
 3. 内部风险分析
 4. 解决方案和应对措施
十二、风险资本的退出
 1. 撤出方式
 2. 撤出时间
十三、附录（必要补充材料）

二、创业计划书的基本要素和核心内容

创业计划书的内容根据创业者的经验、知识及目的的不同而有所不同。但是，创业计划书的内容应尽可能地充实，以便为潜在投资者描绘一个完整的企业蓝图，使他们对新创企业能有所理解，并帮助创业者深化对企业经营的思考。创业计划书可根据需要适当添加条目，例如，政府当局可能更关心该计划对当地失业率的影响，那么创业者可以就这一方面的内容做专门介绍。

经过长期不断地实践，创业计划书的主要内容也逐步形成了约定俗成的基本格式。一般来说，一份完整的创业计划书主要包括企业概况、产品与服务、商业构想与市场分析、选址、营销方式、法律形式、组织结构与创业团队、成本预测、现金流管理计划、盈利情况预测、资产负债表等内容，这些都是整个创业过程中不可或缺的元素。

（一）封面和目录

一份优秀的创业计划书一定会有一个令人印象深刻的封面，封面的设计可以直接吸引审阅者的眼球。对于发展期的新创企业来说，计划书的封面应该体现出产品或服务的特色与企业文化。此外封面应该有基本的企业信息包括公司名称、地址、联系电话、日期以及创业者的联系方式等内容，如果公司有网站还应包括网址。联系信息应该包括固定电话、电子邮件地址和移动电话号码，并应放在封面顶端中间位置。封面底部可以放置警示阅读者保密等事项信息。如果公司已经注册有商标，应该把它放在靠近封面中心的位置。目录页紧接着封面，它列出了创业计划书和附录的组成部分以及对应页码。

（二）执行概要

执行概要是创业计划中最能吸引投资人的部分。执行概要并非创业计划书的引言，它是整个创业计划的高度凝练。更加重要的是，执行概要应该是在创业计划之后完成的。如果首先写完执行概要，就可能会根据执行概要来撰写创业计划，而不去详细思考创业计划的各个独立部分。

执行概要应该以创业计划中各部分相同的顺序来描述，基本应包括企业定位、所要进入的行业、产品与服务描述、市场分析、可行性分析、营销策略、管理团队与组织结构、财务分析、融资方案与风险投资的退出策略等方面。

执行概要应重点向投资人传递以下五点信息。

（1）创业企业的理念是正确的，创业企业在产品、服务或技术等方面具有竞争对手所没有的独特性。

（2）商业机会和发展战略是有科学根据和经过深思熟虑的。

（3）企业有管理能力，创业团队是一个坚强有力的领导班子和执行队伍。

（4）创业者清楚地知道进入市场的最佳时机，知道如何进入市场，并且预料到什么时候退出市场。

（5）企业的财务分析是实际的，投资者不会把钱扔到水里。

（三）企业概况

企业概况是对创业企业或创业者拟建企业总体情况的介绍，其主要内容包括企业组织结构、业务性质、企业类型、业务展望、企业的投资比例结构与额度、供应商等。重点描述公司未来业务发展计划，并指出关键的发展阶段、本企业生产所需原材料及必要的零部件供应商。它向创业计划审阅者展示了创业者是如何将创意变成一家企业的。

在企业概况描述中，要让投资者清楚企业的当前状况，即发展到何种程度。可以根据企业经历的重大事件来划分阶段，例如：何时产生了创意，何时注册了企业名称，何时进行了可行性分析、创业计划等。此外，要真实地描述企业现有的商业资源，包括供应商、分销商、商业合作伙伴等。是否拥有或者是否在争取合作伙伴，是投资者关注的重点，因为一个项目所涉及的利益相关者越多，其发展速度会相对较快，风险较低，投资者会更愿意进入。

（四）产品与服务

创业者对产品与服务的说明要详细、准确、通俗易懂，明确产品优势，同时对开发工作的进展程度以及需要推进的其他工作进行简要的说明。主要包括以下几点。

（1）产品或服务的名称与用途：产品的概念、性能及特性。

（2）产品或服务的市场竞争优势。

（3）技术优势、功能优势，产品的品牌优势，优势的保护。

（4）产品或服务的发展：产品的前景预测、技术与功能的变化、产品的系列化、新产品计划、风险与困难。

（5）产品或服务的理念。

（6）产品的技术开发状况。

在进行投资项目评估时，投资人最为关注新创企业的产品或服务的实用性，或者说创业企业的产品或服务能否帮助消费者节约开支，增加收入或节约能源。因此，产品与服务介绍中通常要回答以下问题。

（1）消费者希望产品或服务能解决什么问题？消费者能从企业的产品或服务中获得什么好处？

（2）与竞争对手相比，新创企业的产品具有哪些优势？消费者为什么会选择本企业的产品？

（3）企业为自己的产品或服务采取了何种保护措施？拥有哪些专利、许可证，或与拥有专利的人或厂家达成了哪些协议？

（4）为什么产品定价可以使新创企业产生足够的利润？为什么消费者会大批量购买本企业的产品？

（5）新创企业采用何种方式改进产品性能？对发展新产品有哪些计划？

企业产品或服务的市场前景和潜力是决定一个企业价值的重要因素，风险投资者对于企业价值的评估首先是从企业的产品和服务开始的。因此在创业计划中，一定要提供所有与企业的产品或服务有关的细节，包括企业所进行的有关产品和服务的调查。

（五）行业与市场分析

1. 行业分析

本部分是对所进入产业的整体分析，包括产业规模、整个产业每年所产生的价值，分析如何使自身在产业中生存与发展。在分析过程中，应该向创业计划书审阅者提供行业参与者的情况。如：本行业中主要企业有哪些？他们是以什么为导向？他们对环境的变化是如何反应的？同时，你的企业如何做好竞争准备，或者能否填补行业空隙。

此外，还要分析行业的发展趋势，包括环境趋势和业务趋势。环境趋势包括经济趋势、社会趋势、技术进步和政治与法规变革。业务趋势包括产业利润率的增减、投入成本的升降等方面。行业分析结尾部分，应该对行业长期前景进行简单陈述。

2. 市场分析

市场分析是创业计划书的重要内容，因为产品或服务有巨大市场才会有前景，企业的价值才能够不断提升。市场分析包括以下内容。

（1）产品的需求、需求的程度，企业所预计利益，新的市场规模，未来发展趋向及其状态，影响需求的因素等。

（2）市场竞争情况，企业所面临的竞争格局，主要竞争者，利于本企业产品的市场机会，市场预计占有率，本企业进入市场引起竞争者反应预期及其影响等。

（3）市场现状，目标顾客与目标市场，本企业的市场地位、市场价格和特征。

市场是使企业潜在价值得以实现的舞台，没有市场，再好的产品或服务也无法实现其价值，再好的企业也无法提升其价值。从这个意义上讲，产品是虚的，市场才是实的。创业计划书要深入分析市场的潜力、目标市场的定位、市场目标，要细致而深入地分析经济、地理、职业、年龄以及心理等因素对消费者选择购买本企业产品的影响，以及各个因素所起的作用。

创业者要通过反复多次的调研来确定目标市场，并对市场进行细分。大多数成功企业都是从细化目标的时候做起来的，也只有这样才能做到专业化与品牌化。

创业者可以按照多维度划分市场，并逐步选出适合自身能力的特定市场。例如，蒂丝·瑟维罗（Tish Ciravolo）开创戴西摇滚吉他公司（Daisy Rock guitars）之前，吉他行业从来没有按照性别进行细分。而戴西公司专门为女性制作吉他，其竞争优势在于生产符合女性纤巧身形和手掌的吉他产品。当然生产这一产品是在充分调研的基础上，如果没有或者很少有女性弹吉他，这一市场细分是没有任何意义的。[①]

企业必须进行准确的市场定位，这也是产品或服务能否在市场上生存的关键。创业者需要根据产品（服务）的特性和企业的情况在细分市场中选择一个或几个目标市场，结合企业的目标、产品、优势、劣势、竞争者的战略等因素说明为何选择这种市场定位，顾客为什么会愿意并购买企业的产品（服务）等。

在市场分析中，一定要结合调研报告来做分析，用数据说话，避免主观臆断。如果

---

① 【美】Winters，Rebecca 著，《Time》出版日期：2002 卷号：Vol. 159 期号：No. 18 页码：20.

企业已经签署了一些订单或合同意向书，可以直接出示给投资者，因为这些材料会有力地证明产品的市场前景。

（六）选址

这部分通常由描述新创企业位置开始。选址需要考虑合适可用的劳动力、工资率、供应商、物流、消费者及社区支持等。此外，当地的税负和地区需求量、当地银行对新创企业的支持也应在考虑之中。其他考虑因素包括供应商的数量和距离远近，有关装运材料交通费用等。另外，还应提及劳动力供给、需要的技术配置。

（七）营销计划

营销计划主要描述产品或服务的分销、定价以及促销，是创业计划中的一个重要组成部分。本部分内容包括价格定位、促销手段、销售计划（如渠道、方式）等。主要侧重于阐明产品进入目标市场方式、广告渠道以及销售方式。

1. 总体营销战略

一般情况下，总体营销战略是在具体营销战略完成后再写。它需要反映出如何使产品（服务）达到预期的目标，是一套系统的营销理念，而非具体策略。要从战略的高度将产品（服务）进入目标市场、获取市场价值的思路理清。要结合产品（服务）的特点，找出进入市场的切入点，选择产品的"渗入"方向。把握好这一点才可能有后面的定价、销售策略、分销、促销以及广告战略。

总体营销战略分为以下三方面。

（1）结合前面的市场分析说明企业定位，突出企业的自身特色。

（2）对四个具体战略的提炼——在市场营销中称为"4P"或"4C"，通过各个具体战略来展现创业企业如何展示自身的特色给顾客。

（3）可以对"4P"或"4C"未能涵盖的内容进行说明，比如公关关系战略。

2. 产品战略

产品是营销"4P"的第一要素，是通过产品（服务）满足客户的需要并从中获取利润的重要方式。产品战略是整个营销战略的基础。与前文的"产品（服务）"部分相比，这部分着重关注产品战略的"营销"方面。

（1）设计与产品定位相匹配的营销策略。

产品在进入市场之前，创业者需要考察清楚受众群体能够接触到产品信息的任何场所，再利用自身资源进行成本收益分析，选择最优的营销策略，同时要将产品（服务）进行分层分类，这样可以创造出不同的吸引力。在核心产品层次，能给客户提供哪些基本效用和利益；在稀缺产品层次，能为优质客户带来多大的额外价值和附加利益。明确了这些之后就要选择与之相匹配的营销策略。具体营销策略在这里不做说明，可以参看市场营销方面的书籍，或请教营销专家。

（2）产品组合策略。

向投资者说明企业的产品组合策略，主要是企业将经营的产品类别，有多少产品线，产品线内有多少组产品项目，各种产品在功能、生产和销售方面的相互联系是否紧密等。对产品组合的阐述要着重让投资者确信能够满足市场上的不同需求，同时也符合企业自身的效益。

（3）品牌策略。

品牌策略的目的是使产品（服务）在顾客心中形成一种品牌文化，例如：提到耐克想到的是活力和大气，提到海底捞想到的是其优质的服务。因此，如何形成这种品牌文化是策略的核心。在策略的选择上要思考：使用品牌的策略；使用何种品牌策略；个别品牌策略、统一品牌策略、分类品牌策略、延伸品牌策略还是多品牌策略。

（4）产品开发策略。

这一部分要向投资者说明将采取怎样的新产品开发方式，要让他们相信，企业的开发策略是符合企业自身的实力和经济效益的。

（5）定价战略。

价格是营销策略中非常重要的方面，因为价格决定了企业能赚多少钱。价格也向目标市场传递着重要信息。例如，斯普瑞玩具公司生产教育类儿童玩具，它将自己定位于向富有家庭销售优质产品的玩具公司，如果斯普瑞玩具公司宣传其产品是高品质玩具，却定价很低，目标市场顾客就会感到迷惑。他们会想，"定低价没什么意义。斯普瑞玩具到底是不是高品质呢？"此外，低价格难以支撑斯普瑞公司继续开发产品所需的利润。[1]

（6）分销战略。

分销战略需要说明两个问题：销售渠道的长度和宽度。关于长度，要说明在产品和顾客之间经过多少环节——有代理商，批发商，零售还是直销。结合创业企业、市场、产品的特征来说明做出这种选择的原因。关于宽度，要说明企业的市场销售窗口到底有多大，销售点的分布是怎样的以及为什么要这样做。

（7）促销战略。

促销就是促进销售，作用在于企业和顾客之间的信息交流和对销售或购买行为的促进。主要分为促销战略和促销方式两个层面。

在战略层面上，需要从促销的目标、产品的性质、生命周期以及市场等角度进行思考。要清楚地说明向谁促销——中间商还是顾客？根据产品的性质、产品所处的生命周期阶段以及市场特征，应采取怎样的促销方法才适合？

在战略层面的基础上，要说明促销的方式。是采取人员促销，还是求助于推销员或者营销机构；如果产品推销、市场开拓、信息沟通、市场调研或者提供咨询服务采取的是非人员促销方式，那么是否要做广告，用什么方式做广告，是否要做营业推广，如何做推广，是否要通过新闻宣传、展览会或者公益活动进行公关促销。

---

① 布鲁斯 R. 巴林格，R. 杜安·爱尔兰. 创业管理 成功创建新企业 [M]. 3版. 杨俊，薛红志，等，译. 北京：机械工业出版社，2010：60.

（八）法律形式

创业项目决定是单干，还是合伙创业。如果选择合伙创业，公司的起始资本额分配问题等都需要纳入考虑范围。选择哪种法律形式并没有一套可依循的准则，需要根据实际情况加以判断。因此，企业必须先了解各种公司法律形式的利弊及运营方式，再选择最适合的组合模式配合企业创业计划。虽然各种企业运营架构存在细微差异，但是需要注意的焦点是企业运营出现状况时，企业内部将由谁负起最后法律上的财务责任。无论选择哪一种经营模式，都不代表公司的经营体制已经定型不变，而是要依据公司的发展与潜力做适当的变更。

（九）组织结构与创业团队

绘制企业组织结构图，明确部门职责分工，企业薪酬体系，企业股东名单和董事会成员，职工工作绩效考核方式及企业的激励机制等内容。

科学精细的组织结构和人力资源管理设计标志着创业管理团队的精干和素质水平，是投资者最为关注的重点之一。企业管理的好坏，直接决定了企业经营风险的大小，而高素质的管理人员和良好的组织结构则是管理好企业的重要保证。一般而言，创业团队应该是互补型的，一个企业必须同时具备产品设计与开发、市场营销、生产作业管理、企业理财等方面的专门人才。这部分内容包括描述创业者团队所具备的才能、关键管理人员及其主要职责、董事会、所有其他投资者的股权状况、专业顾问和服务机构等。

另外，最好详尽展示企业创业团队的战斗力和独特性，包括职业道德、能力与素质；与众不同的凝聚力和团结战斗精神；人才济济且结构合理，在产品设计与开发、财务管理、市场营销等各方面均具有独当一面的能力，足以保证企业成长发展的需要等。

（十）财务计划

1. 成本预测

一般来说，新创企业要把成本分为不变成本和可变成本两大类分别加以描述，其中不变成本是指一定时期，一定业务范围内固定不变的成本，包括固定场所租金、保险费、折旧费等。可变成本是指随着生产或销售量的变动而变动的成本，包括原材料费、水电费、燃料费、销售费用等。预测成本时，可以先按类别划分测算，然后相加求得总成本。

2. 现金流量管理计划

给出特定时期计划销售和资本支出水平，现金流量管理计划将突出特定时期的额外融资数量，表明营运资金的最高需求。详细说明预期现金流的进出金额和时间；预测必需的额外融资和时间，并指出营运资金需要的高峰期；指出如何通过股权融资或银行贷款等方式获得额外融资，以及获得的条件和偿还方法；讨论现金流对各种企业因素假设的敏感度。

3. 盈利情况预测

预测产品或服务的销售收入，成本费用及净利润；描述未来若干年预计利润表，表明为补偿所有成本所需要的销售和生产水平，包括变动成本（制造、劳动力、原材料、销售额）和固定成本（利息、工资、租金等），这是创业企业实现盈利的现实检验。

4. 资产负债表

提供新创企业拥有的资产和负债等方面的估价，反映在某一时刻的企业状况，投资者可以用资产负债表中的数据得到的比率指标来衡量企业的经营状况及可能的投资回报率。表明未来不同时期企业年度或半年度的财务状况。

【小测试】

1. 执行摘要为什么很重要？
2. 创业计划书的主要内容有哪些？

第三节　创业计划书的编写

一、创业计划书的撰写原则

（一）撰写创业计划书的基本原则

1. 力求准确

向投资者全面披露与企业有关的信息，无论是优势还是困难都要讲到位，体现出与投资者合作的诚意，隐瞒实情，过分乐观甚至夸大其词，往往会适得其反。投资人往往会关注创业者现阶段的难题，以此为切入点来考察创业者与创业团队解决问题的能力，这是考评创业者的重要指标。

2. 简明扼要

投资者常常每天要阅读几十份甚至上百份的创业计划书，他们不可能通读计划书的所有内容，因此，创业计划书首先要简洁，能够一句话表述清楚的就一个字也不要多加，最好开门见山，直抒主题，让投资者觉得阅读每一句都是有意义的。许多创业者常犯的毛病是把创业计划书写得像一部企业管理大全，面面俱到，忽视了应有的侧重点。所以，要根据项目的发展阶段，结合所要获得投资的目的来突出"我有什么""我做了什么"以及"我需要什么"，让投资者一目了然。

3. 条理清晰

创业计划书看起来似乎是很高深很复杂的文本，实际上，无论新创企业是做高科技还是传统产业，投资者真正关心的问题都是一样的：做的是什么产品？怎么赚钱？能赚多少钱？为什么？商业机会；所需要的资源；把握这一机会的进程；风险和预期回报。在制定创业计划书之前，能够清晰地就这几个问题解释清楚就可以了。

4. 强调可行性

创业计划书要明确自身的能力以及身边的资源，分析自身能够创造出的差异价值，真实地阐明产品与服务占领目标市场的可行性。创业计划描绘的前景可能很动人，但是真正打动投资者，还要让他们确信这幅图景是可实现的。要做到这一点需要在创业计划书完成之前和之后进行反复的市场调研，通过调研消费者、竞争对手、市场等问题，然后在调研数据的基础之上，进行财务分析，说明企业将获得的收益。要知道数据是计划书中最让人产生信任的内容之一。

（二）撰写创业计划书的注意事项

1. 查漏补缺

如果计划不完善、不缜密，很容易让投资者猜测创业者没有做好充分的思考和准备。创业者要反复阅读计划书来查漏补缺，要重点考虑计划是否出现有"危险信号"，见表 10−3。

表 10−3　创业计划中的"危险信号"[1]

危险信号	解释
创始人没有出资	如果创始人没有出资，为什么别人应该投资
引注不明	创业计划书应该依据现实证据和周密调研，而不是臆测和想当然。所有一手资料和二手资料研究都要注明引用来源
市场规模界定过宽	市场界定过宽表明，真正的目标市场还没找到。如：新创企业若将每年 3.6 万亿元的医药行业视为目标市场，那是毫无意义的。市场机会需要更精细地界定。显然，新创企业需要瞄准的是行业内的细分市场或某个特定市场
过于激进的财务数据	许多投资者会直接翻阅创业计划书中的财务部分。推理不足或过于乐观的计划，会失去可信度。与此相反，基于合理研究与判断的冷静陈述，能很快得到信任
随处可见的疏忽	让投资者艰难阅读文稿、审看不平衡的资产负债表或面对随处可见的粗心失误，绝对不是件好事。这些错误被认为不注重细节，从而损害对创业者的可信度

2. 不断调整创业计划

创业计划书不是完成之后一成不变，创业者要意识到计划通常会伴随书写、调研、谈论等情况而变化。尤其是创业初期，一个好的创意总会有不足之处，在与专家们、创业团队之间的交谈中会使创业者们产生新的认识和想法，甚至会使产品结构、目标市场、商业模式发生改变，这个过程是相当重要的。

二、创业计划书的撰写技巧

一份好的创业计划往往能够引起潜在投资者的特别关注。如果创业计划语言流畅、

---

[1] 布鲁斯 R. 巴林格，R. 杜安·爱尔兰. 创业管理：成功创建新企业［M］. 张玉利，王伟毅，杨俊，等，译. 北京：机械工业出版社，2006：62.

充满激情和睿智，有严密的调查数据支撑，少见外行话，那么投资者很容易把这些优点和创业者本人的能力联系起来。

为了使创业计划书脱颖而出，并获得风险投资的青睐，创业者应认真做到以下几点。

（1）确保新企业创意的价值性，并拥有高素质的管理团队。

（2）认真负责、睿智地按适当的商务格式进行编排和准备计划书。

（3）创业计划书的执行摘要须简洁，论之有据。① 总之，在将创业计划递交投资者或其他利益相关人员审阅前，要求做到简明扼要、条理清晰、内容完整、文字通俗、表述精确。②

（一）创业计划书力求简洁清晰

阅读创业计划的人往往都惜字如金，他们可能会有意无意地通过你对自己企业的描述做出判断。因此，创业者对新创企业的介绍务必做到简洁、结构清晰。一般创业计划书的篇幅内容（不包含附录）不超过 50 页 A4 纸为宜。

（二）排版装订尽量专业

目录、实施概要、附录、图表、正确的语法和各部分的合理编排及美观整洁，是高质量的创业计划书的表现之一。也就是说，装订和排版印刷不能粗糙，用订书钉装订的创业计划书看上去很业余，要尽量做到专业。切记不能出现语法、印刷及拼写错误。

（三）捕捉投资人兴趣点

要想在五分钟内激发投资人的兴趣，让投资者产生欲罢不能的感受，就要在扉页和实施概要上下功夫，把它们写好。

（四）让计划充满憧憬

创业者在撰写计划书时要善于使用鼓舞人心的词汇，描述企业的发展趋势和前景，描绘未来的打算，说明产品所蕴含的巨大潜力和即将带来的较大财富。

（五）避免言过其实

销售潜力、收入预测估算、增长潜力都不要夸大，好的创业计划以其客观性说服投资人。一份计划书写得像一份煽情广告，会大大降低计划的可信度。最好的、最差的、最有可能的方案都要在计划中体现。实际上，许多风险投资者常使用一种"计划折扣系数"，认为"成功的新创企业通常只能达到他们计划财务目标的大约 50%"。③

---

① 张玉利，陈寒松. 创业管理［M］. 2 版. 北京：机械工业出版社，2011：118—119.

② Donald F. Kuratko, Richand M. Hodgetts. 创业学：理论、流程与实践［M］. 张宗益，译. 北京：清华大学出版社，2006：275—277.

③ Donald F. Kuratko, Richand M. Hodgetts. 创业学：理论、流程与实践［M］. 张宗益，译. 北京：清华大学出版社，2006：275—310.

（六）突出关键风险因素

创业计划中涉及的关键风险是投资者、银行家以及其他投资者敏感、最关注的部分。在创业计划中，既要陈述创业者的危机管理能力，也要让他们察觉到这些风险，同时对这样的创业者团队来讲这些风险是可以驾驭的。

（七）发送优秀创业者团队的信号

撰写创业计划的管理部分，一定要让投资人接收到创业者团队具有较强管理能力和资源整合能力的信号，这个信号是投资人最想看到的信息。

（八）准确描述目标市场

撰写目标市场评估分析时，应把如何区分目标市场的情况描述清楚，目标市场是企业利润的来源，是营销、财务计划能否表达清楚的关键。

（九）不断检查修正

好的创业计划书的秘诀在于不断地修改，很少有人能够一气呵成。在修改过程中，应该认真广泛征求意见，以增强计划的可读性和规范性，见表10-4。

表10-4　创业计划书常见缺陷及解决方法①

常见缺陷	表现	解决方法
无实际发展目标	缺乏可达到的目标 缺乏完成的时间表 缺乏优先权 缺乏具体行动步骤	建立在特殊时期完成特殊步骤的时间表
未预计到障碍	没有清醒识别将来的问题 没有重视计划中可能的瑕疵 没有应急或变通计划	列出可能遇到的障碍 变通计划，阐明克服障碍需要做哪些事情
无投入或贡献	对企业要办的事过分拖延，不严肃 没有投入个人资金的意愿 不及时聘任关键职位人员 从非主业或奇思异想中获利	快速行动 准备并愿意投入资金 保证所有关键职位人员任命

三、创业计划书的展示

对大多数创业者而言，寻求资金是一个艰苦的过程，在拼毅力和热情的同时，也需要讲究技巧。创业者向潜在的风险投资者或银行家口头展示创业计划时，一般要准备好幻灯片（PPT），而且内容要以会议规定的陈述时间为限。除了掌握一般演讲的通用技巧和原则外，还应结合创业计划演讲的具体内容，把握制作幻灯片的一些技巧。具体而

---

① Donald F. Kuratko, Richand M. Hodgetts. 创业学：理论、流程与实践［M］. 张宗益，译. 北京：清华大学出版社，2006：270-271.

言，包括以下方面。

（1）企业介绍：用1张PPT，说明企业概况和目标市场。

（2）商机：用2~3张PPT，陈述尚未解决的问题和未满足的要求。

（3）解决方式：用1~2张PPT，解释企业将如何解决问题或填补需求。

（4）行业、目标市场和竞争者：用2~3张PPT，介绍企业即将进入的产业、目标市场以及直接和间接的竞争者，重点陈述企业如何在目标市场中与现有企业展开竞争，获得丰厚的利润。

（5）创业者团队：用1~2张PPT，简要介绍每个创业者团队成员的互补优势。

（6）企业盈利前景：用2~3张PPT，简要陈述财务问题，重点强调何时盈利，需要多少资金。

（7）企业现状：用1张PPT，介绍企业现有的投资情况以及所有权结构。

一般，口头陈述只需使用10~15张PPT来展示创业计划的核心内容。若PPT页数过多，想在30分钟内陈述完这些内容，势必产生走马观花的效果。显然，这样的展示效果不是我们所希望看到的结果。[①]

【案例】

××公司创业计划书框架[②]

一、××公司创业计划书目录

1. 前言

2. 创业投资项目公司基本资料

3. 公司组织

4. 股权结构

5. 业务内容

6. 技术与生产

7. 财务预测

8. 投资报酬率分析

9. 风险分析与投资管理

附表一：公司成立后拟设的组织系统图

附表二：未来5年产品销售收入预测表

附表三：主要产品及质检流程表

附表四：员工人数、职工工资一览表

附表五：未来12个月现金流量表

附表六：未来5年按年度的现金流量表

---

① 布鲁斯·巴林格，杜安·爱尔兰. 创业管理：成功创建新企业 [M]. 张玉利，王伟毅，杨俊，等，译. 北京：机械工业出版社，2006：212.

② 樊一阳，叶春明，吴满琳. 大学生创业学导论 [M]. 上海：上海财经大学出版社，2005：334－337.

附表七：未来 5 年损益表

附表八：未来 5 年资产负债表

二、××公司创业计划书正文

1. 前言

1.1 创业公司简介

主要内容：公司经营项目、技术来源等，创业团队介绍及所占股权比例

1.2 资金需求与股金预计用途

主要内容：筹备期间费用、技术转让费用、土地及重要固定资产、设备、周转金

1.3 投资条件

主要内容：投资金额、股款缴纳时间，多少董、监事席位，非现金出资股东，如技术作价、专利作价、资产作价

1.4 投资者投资报酬率预测

主要内容：回收期间，未来各年投资报酬率，各年净值内部报酬率，以年利率计算的各年度净现值，投资者退出年度股价预测并算出退出时的内部报酬率等相关信息和数据。

1.5 其他值得介绍的项目

主要内容：重大采购或销售合约、损益平衡点，管销手段，产品与市场

1.6 风险所在

主要内容：如技术开发风险，产品开发风险，市场变化的风险，集中于创业团队的管理风险

2. 创业投资项目基本资料

2.1 创设新公司的缘起

2.2 创设新公司的营业内容

2.3 预计资本额

2.4 设立公司的各项手续及其日程表

2.5 联络人及地址

3. 公司组织

3.1 筹备组织

3.2 公司设立后组织系统图

3.3 创始人资料

4. 股权结构（此部分草拟时资料较少，在引资过程中会渐渐充实）

4.1 技术、资产、专利等作价的安排

4.2 现金股股东的权利义务

4.3 董事会、监事会人员的安排

5. 业务内容

5.1 产业市场分析

5.1.1 国内市场现状及其增长率预测

5.1.2 世界市场现状及其增长率预测

5.1.3 特殊地区目标市场及其增长率预测

5.2 行业的竞争状况

5.2.1 国内竞争厂商概况

5.2.2 世界竞争厂商概况

5.2.3 特殊地区目标市场竞争厂商概况

5.3 营销策略介绍

主要内容：营销手段与定价策略，重要销售契约的签署

5.4 未来5年的产品销售收入预测表（包括各项假设）

5.5 为拓展业务的营业预算

主要内容：参加国内外展览费用，样品费用，媒体广告预算等

6. 技术与生产

6.1 关键技术说明与来源

主要内容：重大技术合作契约，如自行开发时研究开发经费预算

6.2 生产与制造

6.2.1 主要产品及产制流程

主要内容：进料质量管制流程表、生产流程及质检流程表

6.2.2 主要产品原料来源及其成本

6.2.3 工厂员工人数，学（经）历要求，工资水准一览表

6.2.4 厂房设备

主要内容：预计工厂设置地区，土地与厂房面积，主要机器设备，工厂最大生产能力，以及上述购建经费预算一览表

7. 财务预算

7.1 未来12个月按月份预测的现金流量表（包括假设条件）

7.2 未来5年按年度预测的现金流量表（包括假设条件）

7.3 资金需求汇总

7.4 未来5年预测损益表（包括假设条件）

7.5 未来5年预测资产负债表（包括假设条件）

7.6 敏感性分析

8. 投资报酬率分析

8.1 依据7.4计算投资回收期间

8.2 依据7.4计算各年度预测投资报酬率及净值报酬率

8.3 依据7.4以年利率计算未来5年净现值（按各年度分别累计，两行并列）

9. 风险分析与投资管理

9.1 技术开发风险，对于6.1关键技术开发风险的分析

9.2 产品开发风险.对于6.2生产与制造开发风险的分析

9.3 市场风险，对于5.4有关销售收入各项假设条件的分析

9.4 投资管理，拟请投资者参与的程度

四、创业计划书的评价

创业计划书最重要的一个作用在于融资。鉴于这个作用，我们在撰写创业计划书时，要考虑到投资机构是如何评价创业计划书的。只有投资人对项目感兴趣才会投资和支持，才能实现创业计划。一份高质量的创业计划书，是宣传推广新创企业和新项目的资料，是与各方沟通的"名片"，能更好地向风险投资公司介绍新创企业及其发展规划，使得投资者更快、更有效地了解投资项目，对新创企业充满信心，并进行投资。因此，创业者应该了解风投关注新创企业的哪些问题。比如：风险投资机构实现资本增值的方式，一般都是通过投资扶持新创企业发展若干年后，再通过企业的 IPO 上市等方式退出投资，最终获得几倍甚至于几十倍的增值实现赢利。与此同时，新创企业也要经历一段时间的沉淀和发展，实现企业价值的快速增长。

风险投资机构对创业计划书的关注点基本集中在以下五个方面。

（1）创业项目符合国家产业政策方向，技术方面具有核心竞争力，并且拥有完整的自主知识产权，具备持续开发的能力。

（2）创业项目有足够大的市场空间和进入壁垒。对于市场容量有限的项目，投资者不会感兴趣，因为运作空间太窄，蛋糕做不大。另外，市场竞争也会非常激烈，但如果项目的进入壁垒存在的话，就可以形成相对好的发展环境。

（3）有清晰的商业模式和盈利模式。

（4）股权结构不能太简单也不能太复杂。上市公司股东的数量是有限制和规定的。股权结构过于简单或者复杂的企业很难通过 IPO 申请。股权结构是风险投资机构重点关注的，也是纠纷容易爆发的地方。

（5）创业团队的组成。创业团队完整，能在技术、管理、营销方面达到优势互补，同时具有稳定性和良好的创业心态，核心创业者具备优秀的素质和才能。

【小测试】

1. 如何展示创业计划书？
2. 如何判断一份创业计划书？

教学设计

第一次课

章节	内容	时间	授课方法	教具
主题游戏	猜谜语（计划）	5分钟	游戏	
上周内容回顾	上周课程内容	10分钟	学生讲授	PPT
第一节 创业计划书概述	创业计划书的定义，作用，创业计划与创业筹划的区别。	20分钟	讲授	PPT
讨论	创业要不要写创业计划书？	10分钟	小组讨论	

续表

章节	内容	时间	授课方法	教具
第二节 创业计划书编写 要求与主要内容	创业计划书的编写要求	10分钟	讲授	PPT和案例
	展示往届学生的创业计划书	15分钟	提问+讲授	PPT和案例
	创业计划书的核心内容	15分钟	讲授	PPT和案例
本课总结	本课内容小结	5分钟		PPT
合计		90分钟		

第二次课

章节	内容	时间	授课方法	教具
上周内容回顾	上周课程内容	10分钟	学生回顾	PPT
第三节 创业计划书的编写	创业计划书的撰写技巧、撰写创业计划书的基本原则	20分钟	讲授	PPT和案例
第三节 创业计划书的编写	互评创业计划书初稿	10分钟	小组讨论	大白纸 卡片
第三节 创业计划书的编写	创业计划书的展示	10分钟	讲授	PPT和案例
视频	创业大赛及点评	10分钟	看视频	视频资料
第三节 创业计划书的编写	创业计划书的评价	15分钟	讲授	PPT和案例
本课总结	本课内容现场复习测试	15分钟	现场测试	PPT
合计		90分钟		

本章小结

创业计划书，也被称商业计划书，是从创意到执行的方案，相当于可行性研究报告。其本质是用承诺换取投资人的支票。

创业计划书的主要内容包括：执行摘要、企业基本情况、项目（产品/服务）介绍、市场分析、生产/服务管理、营销策略、组织管理、资金和其他资源需求情况、财务分析与预测、风险分析、附录等。

创业计划书的撰写可以使得创业者系统地思考新创企业的各个影响因素，从而使得创业创意更加具体清晰；创业计划书是新创企业的推销性文本，通过创业计划书向有实力的投资者、创业孵化园、供应商、潜在的合作伙伴以及相关人员和单位展示自我。

在创业计划书的编写中，需要力求准确、简明扼要、条理清晰，撰写创业计划书的注意事项中，要注意查漏补缺，不断对创业计划进行调整。

为了使创业计划书脱颖而出，并最终获得风险投资人的青睐，创业者要明确自身的能力以及身边的资源，分析自身能够创造出的差异价值，真实地阐明产品与服务占领目标市场的可行性。

教学辅助教材

胡海波著《创业计划》，厦门大学出版社，2011 年版。

王凯，赵毅著《创业计划书编写》，北京理工大学出版社，2012 年版。

张玉利主编《创业管理》，机械工业出版社，2011 年版。

李家华主编《创业基础》，清华大学出版社，2015 年版。

邓汉慧主编《创业基础》，北京大学出版社，2016 年版。

【美】谢德荪著《源创新》，五洲传播出版社，2012 年版。

【美】克莱顿·克里斯坦森，（加）迈克尔·雷纳著，李瑜偲等译《创新者的解答》，中信出版社，2013 年版。

重点词汇提示

创业计划　创业计划书主要内容　创业计划书编写技巧　创业计划书评价标准

复习思考题

1. 为什么说创业需要写创业计划书？

2. 创业计划书的主要内容有哪些？

3. 撰写创业计划书需要注意哪些事项？

讨论性问题

1. 创业计划与创业筹划的区别？

2. 如何在计划书中强调亮点？

3. 如何展示创业计划书？

实践性问题

收集创业计划书 5～10 份，分析其中存在的问题，你建议如何改进。

参考文献

王艳茹，王兵. 创业基础课堂操作示范 [M]. 北京：北京师范大学出版社，2014.

邓汉慧. 创业基础 [M]. 北京：北京大学出版社，2016.

布鲁斯 R. 巴林格，R. 杜安. 爱尔兰. 创业管理：成功创建新企业 [M]. 3 版. 杨俊，薛志红，译. 北京：机械工业出版社，2010.

布赖恩·E. 希尔（Brian E. Hill），迪鲍尔（Dee Power）. 风险投资揭秘：风险资本 创业计划 合同谈判 [M]. 徐冰，楚宇泰，译. 上海：上海交通大学出版社，2003.

罗伯特 D. 赫里斯，迈克尔 P. 彼得斯，迪安 A. 谢泼德. 创业管理 [M]. 蔡莉，葛宝山，译. 北京：机械工业出版社，2010.

爱德华·布莱克韦尔（Edward Blackwell）. 创业计划书 [M]. 5 版. 褚芳芳，闫东，译. 北京：机械工业出版社，2009.

第十一章　新企业开办与管理

【本章教学目标】

• 了解新企业注册的程序与步骤，以及创办新企业后可能遇到的风险类型及其应对策略。

• 认识新企业获得社会认同的必要性和基本方式。

• 熟悉针对新企业管理的重点与行为策略。

• 掌握企业法律形式的选择对新企业的重要性以及新企业管理的独特性。

第一节　新企业开办

开办并且成功运营一家企业，需要遵循相关法律法规的规定，并且应坚守社会道德，履行社会责任。因此，创业初期，创业者需要有强烈的法律意识，熟悉相关的法律法规，了解应该履行的社会责任，做一个守法履则的公民。

一、企业组织形式选择

企业组织形式是指企业财产及其社会化大生产的组织状态，它表明一个企业的财产构成、内部分工协作与外部社会经济联系的方式。根据市场经济的要求，现代企业的组织形式按照财产的组织形式和所承担的法律责任通常分类为：个人独资企业、合伙企业和公司制企业。

（一）个人独资企业

个人独资企业，是指依照《中华人民共和国个人独资企业法》的规定，在中国境内设立，由一个自然人投资，财产为投资人个人所有，投资人以其个人财产对企业债务承担无限责任的经营实体。个人独资企业从事经营活动必须遵守法律、行政法规，遵守诚实信用原则，不得损害社会公共利益。

1. 个人独资企业的设立条件

设立个人独资企业应当具备下列条件：投资人为一个自然人；有合法的企业名称；有投资人申报的出资；有固定的生产经营场所和必要的生产经营条件；有必要的从业

人员。

2. 个人独资企业的法律责任

个人独资企业清算时财产不足以清偿债务的，投资人应当以其个人的其他财产予以清偿。个人独资企业投资人在申请企业设立登记时明确以其家庭共有财产作为个人出资的，应当依法以家庭共有财产对企业债务承担无限责任。

（二）合伙企业

合伙企业，是指自然人、法人和其他组织依照《中华人民共和国合伙企业法》的规定，在中国境内设立的普通合伙企业和有限合伙企业。合伙企业及其合伙人必须遵守法律、行政法规，遵守社会公德、商业道德，承担社会责任。

1. 合伙企业的种类

（1）普通合伙企业。普通合伙企业是由普通合伙人组成的合伙企业。

（2）特殊的普通合伙企业。以专业知识和专门技能为客户提供有偿服务的专业服务机构，可以设立为特殊的普通合伙企业。

（3）有限合伙企业。有限合伙企业是由普通合伙人和有限合伙人组成的合伙企业。国有独资公司、国有企业、上市公司以及公益性的事业单位、社会团体不得成为普通合伙人。

2. 合伙企业的设立条件

设立合伙企业，应当具备下列条件：有两个以上合伙人；合伙人为自然人的，应当具有完全民事行为能力；有书面合伙协议；有合伙人认缴或者实际缴付的出资；有合伙企业的名称和生产经营场所；法律、行政法规规定的其他条件。有限合伙企业由二个以上五十个以下合伙人设立；但是，法律另有规定的除外。有限合伙企业至少应当有一个普通合伙人。

合伙人可以用货币、实物、知识产权、土地使用权或者其他财产权利出资，也可以用劳务出资。合伙人以实物、知识产权、土地使用权或者其他财产权利出资，需要评估作价的，可以由全体合伙人协商确定，也可以由全体合伙人委托法定评估机构评估。合伙人以劳务出资的，其评估办法由全体合伙人协商确定，并在合伙协议中载明。合伙人应当按照合伙协议约定的出资方式、数额和缴付期限，履行出资义务。以非货币财产出资的，依照法律、行政法规的规定，需要办理财产权转移手续的，应当依法办理。

3. 合伙企业的法律责任

普通合伙企业的合伙人对合伙企业债务承担无限连带责任。

特殊的普通合伙企业的一个合伙人或者数个合伙人在执业活动中因故意或者重大过失造成合伙企业债务的，应当承担无限责任或者无限连带责任，其他合伙人以其在合伙企业中的财产份额为限承担责任。合伙人在执业活动中非因故意或者重大过失造成的合伙企业债务以及合伙企业的其他债务，由全体合伙人承担无限连带责任。

有限合伙企业的普通合伙人对合伙企业债务承担无限连带责任，有限合伙人以其认缴的出资额为限对合伙企业债务承担责任。

（三）公司制企业

公司制企业是指依照《中华人民共和国公司法》的规定，在中国境内设立的有限责任公司和股份有限公司。公司是企业法人，有独立的法人财产，享有法人财产权。公司从事经营活动，必须遵守法律、行政法规，遵守社会公德、商业道德，诚实守信，接受政府和社会公众的监督，承担社会责任。公司的合法权益受法律保护，不受侵犯。

1. 公司制企业的种类

（1）有限责任公司。有限责任公司是指由一定人数的股东组成的、股东以其认缴的出资额为限对公司承担责任，公司只以其全部资产对公司债务承担责任的公司。

（2）一人有限责任公司。一人有限责任公司，是指只有一个自然人股东或者一个法人股东的有限责任公司。一个自然人只能投资设立一个一人有限责任公司。该一人有限责任公司不能投资设立新的一人有限责任公司。

（3）股份有限公司。股份有限公司是指由一定人数以上的股东组成，公司全部资本分为等额股份，股东以其所认购股份为限对公司承担责任，公司以其全部资产对公司债务承担责任的公司。

2. 公司制企业的设立条件

有限责任公司和股份有限公司在设立时应分别具备以下条件。

（1）设立有限责任公司应当具备的条件。

股东符合法定人数。根据《中华人民共和国公司法》第 24 条规定：有限责任公司由五十个以下股东出资设立。

有符合公司章程规定的全体股东认缴的出资额。有限责任公司的注册资本为在公司登记机关登记的全体股东认缴的出资额。法律、行政法规以及国务院决定对有限责任公司注册资本实缴、注册资本最低限额另有规定的，从其规定。股东可以用货币出资，也可以用实物、知识产权、土地使用权等可以用货币估价并可以依法转让的非货币财产作价出资；但是，法律、行政法规规定不得作为出资的财产除外。对作为出资的非货币财产应当评估作价，核实财产，不得高估或者低估作价。法律、行政法规对评估作价有规定的，从其规定。

股东共同制定公司章程。有限责任公司章程应当载明下列事项：公司名称和住所；公司经营范围；公司注册资本；股东的姓名或者名称；股东的出资方式、出资额和出资时间；公司的机构及其产生办法、职权、议事规则；公司法定代表人；股东会会议认为需要规定的其他事项。股东应当在公司章程上签名、盖章。

有公司名称，建立符合有限责任公司要求的组织机构。

有公司住所。

一人有限责任公司应当在公司登记中注明自然人独资或者法人独资，并在公司营业执照中载明。

（2）设立股份有限公司应当具备的条件。

发起人符合法定人数。设立股份有限公司，应当有二人以上二百人以下为发起人，其中须有半数以上的发起人在中国境内有住所。发起人承担公司筹办事务，应当签订发起人协议，明确各自在公司设立过程中的权利和义务。

有符合公司章程规定的全体发起人认购的股本总额或者募集的实收股本总额。股份有限公司采取发起设立方式设立的，注册资本为在公司登记机关登记的全体发起人认购的股本总额。在发起人认购的股份缴足前，不得向他人募集股份；股份有限公司采取募集方式设立的，注册资本为在公司登记机关登记的实收股本总额。法律、行政法规以及国务院决定对股份有限公司注册资本实缴、注册资本最低限额另有规定的，从其规定。

股份发行、筹办事项符合法律规定。

发起人制订公司章程，采用募集方式设立的需经创立大会通过。公司章程应当载明下列事项：公司名称和住所；公司经营范围；公司设立方式；公司股份总数、每股金额和注册资本；发起人的姓名或者名称、认购的股份数、出资方式和出资时间；董事会的组成、职权和议事规则；公司法定代表人；监事会的组成、职权和议事规则；公司利润分配办法；公司的解散事由与清算办法；公司的通知和公告办法；股东大会会议认为需要规定的其他事项。

有公司名称，建立符合股份有限公司要求的组织机构。

有公司住所。

3. 公司制企业的法律责任

公司以其全部财产对自己的债务承担责任。

有限责任公司的股东以其认缴的出资额为限对公司承担责任。一人有限责任公司的股东不能证明公司财产独立于股东自己的财产的，应当对公司债务承担连带责任。

股份有限公司的股东以其认购的股份为限对公司承担责任。

（四）不同企业组织形式的比较

个人独资企业、合伙企业和公司制企业各有优缺点，创业者应事先予以了解，以便根据实际情况选择最合适的组织形式。

不同企业组织形式的典型特征见表11-1。

表11-1　不同企业组织形式的典型特征

项目	公司	合伙企业	个人独资企业
法律基础	公司章程	合伙协议	无章程或协议
责任形式	有限责任	无限连带责任	无限责任
投资者	无特别要求，法人、自然人皆可	完全民事行为能力的自然人，法律、行政法规规定禁止从事营利性活动人除外	完全民事行为能力的自然人，法律、行政法规禁止从事营利性活动的人除外
注册资本	认缴制	协议约定	投资者申报

项目	公司	合伙企业	个人独资企业
出资	货币、实物、工业产权、非专利技术、土地使用权	货币、实物、土地使用权、知识产权或者其他财产权利、劳务	投资者申报
所得税义务	企业所得税/个人所得税	个人所得税	个人所得税
出资评估	必须委托评估机构	可协商确定或评估	投资者决定
解散后义务	无	5年内承担责任	5年内承担责任

由表11—1可以看出，个人独资企业的投资者需要就企业债务承担无限责任，合伙企业的普通合伙人需要就企业债务承担无限连带责任，公司制企业的投资者则只需要承担有限责任。但是，个人独资企业和合伙企业的投资者只需按照《中华人民共和国个人所得税法》的规定就其在生产经营中的所得缴纳个人所得税，公司制企业的投资者除了要按照《中华人民共和国企业所得税法》的规定就公司的生产经营所得缴纳企业所得税外，还需要就其分得的利润缴纳个人所得税。

【案例】

做一个现代农民老板

杨万里，温州科技职业学院2008级食品检测专业的毕业生，温州市金标润园艺有限公司董事长。

来自宁波的杨万里，是家中的独子，父母已早早地帮他找了份体面的工作。然而，杨万里并未如他父母所愿，而是选择了留在温州创业。2016年4月，他将经营了两年的绿庭农林盆景店，升格成了温州市金标润园艺有限公司，并成功入驻大学科技园孵化器。

在学院推出第二批专业导师带队的创业项目时，杨万里成了绿庭农林盆景店的负责人，主要培植无土种植水果蔬菜和花卉。"刚创业时，大家兴致都很高，省吃俭用，再加上家里资助一点，每人凑齐了3000元用来引种，买材料。白天上课，晚上就窝在创业园，研究无土栽培的品种，萝卜、草莓、番茄，甚至白菜，都拿来试验，还真把书上的知识，变成了手中的产品。"杨万里说，"记得当时为了把产品推销出去，四个合伙人拿着盆栽土豆和盆栽白菜在新桥镇上摆起了地摊。这些既能观赏，又能食用的盆栽蔬菜出现时，引来很多人驻足观看。但一听到一棵白菜需要80元时，他们扭头就走。"

第一次的市场推销一分钱没赚到，杨万里团队里的两名成员灰心了，退出了团队。杨万里并未就此停下创业脚步，他将目光转向了水培花卉。

"有技术，就有好产品，有好产品，就有市场。"杨万里一头埋进了图书馆和试验场，龟背竹、发财树、芦荟、仙人球、君子兰，甚至是红豆杉，一个个原先土培的花卉植物被他驯化成了水培植物。

"水培植物因其更具观赏性，颇受白领阶层喜欢，因此市场的需求空间还是很大的，但目前市场上很多假水培，直接将土培植物挖出泥土放到水里，这样植物的成活率就很低，但是，经我们驯化成功的水培植物，在质量上绝对有保证。"杨万里说，而且我们还针对发财树不好过冬的习性，推出了特别服务：买过发财树的客户会留下特别记录，等到天气转凉时，我们会送上耐寒的水培植物替换，将发财树接回恒温的大棚培育，待到春天时，再将发财树物归原主。如此细心的服务，让绿庭口碑迅速建立，迎来了不少回头客。2015年，偏居科职院创业园一隅的绿庭盆景店就做到18万的营业额。

"现在我还只能算是踏上了创业的半步，今后能不能成功，还是个未知数，但我很明白，我想要朝着创业这个方向去努力！"杨万里说。

（本案例根据"三个大学生的创业故事"改编。资料选自 KAB 创业教育网）

请思考：

1. 杨万里在刚开始创业时采用了什么企业组织形式？
2. 杨万里为何后来将企业组织形式改为了有限责任公司？

【小测试】

1. 合伙企业的具体种类有哪些？
2. 大学生可以设立哪些公司制企业？
3. 不同企业形式的优缺点有哪些？

二、大学生创业的市场主体类型

大学生自主创业可以采用的市场主体类型有：个体工商户、个人独资企业、合伙企业、农民专业合作社和有限责任公司等。创办不同类型的市场主体，需要准备的材料不同。

（一）个体工商户

有经营能力的公民，依照《个体工商户条例》规定，经工商行政管理部门登记，从事工商业经营的，为个体工商户。个体工商户可以个人经营，也可以家庭经营。个体工商户的合法权益受法律保护，任何单位和个人不得侵害。

申请登记为个体工商户，应当向经营场所所在地登记机关申请注册登记。申请人应当提交登记申请书、身份证明和经营场所证明。个体工商户登记事项包括经营者姓名和住所、组成形式、经营范围、经营场所。个体工商户使用名称的，名称作为登记事项。

申请成为个体工商户，创业者需要按照《个体工商户条例（2014年修订）》的规定准备相应材料，由申请人或者委托的代理人直接到经营场所所在地登记机关或其下属工商所提出登记申请，经由登记机构审核通过之后申领营业执照。

（二）个人独资企业

个人独资企业的登记事项应当包括：企业名称、企业住所、投资人姓名和居所、出资额和出资方式、经营范围。个人独资企业的名称应当符合名称登记管理有关规定，并

191

与其责任形式及从事的营业相符合。

申请成为个人独资企业，需要按照《个人独资企业登记管理办法（2014 年修订）》的规定准备相应申报材料，由投资人或者其委托的代理人向个人独资企业所在地登记机关申请设立登记，在经过登记机构审批核准后取得营业执照。

（三）合伙企业

合伙企业的登记事项应当包括：名称；主要经营场所；执行事务合伙人；经营范围；合伙企业类型；合伙人姓名或者名称及住所、承担责任方式、认缴或者实际缴付的出资数额、缴付期限、出资方式和评估方式。合伙协议约定合伙期限的，登记事项还应当包括合伙期限。执行事务合伙人是法人或者其他组织的，登记事项还应当包括法人或者其他组织委派的代表（以下简称委派代表）。

申请成为合伙企业，应该根据《中华人民共和国合伙企业登记管理办法（2014 年修订）》的规定，由全体合伙人指定的代表或者共同委托的代理人向企业登记机关申请设立登记，并经由企业登记机关核准后取得营业执照。

（四）农民专业合作社

农民专业合作社是在农村家庭承包经营基础上，同类农产品的生产经营者或者同类农业生产经营服务的提供者、利用者，自愿联合、民主管理的互助性经济组织。农民专业合作社依照《中华人民共和国农民专业合作社法》登记，取得法人资格。农民专业合作社成员以其账户内记载的出资额和公积金份额为限对农民专业合作社承担责任。

工商行政管理部门是农民专业合作社的登记机关。国务院工商行政管理部门负责全国的农民专业合作社登记管理工作。农民专业合作社由所在地的县（市）、区工商行政管理部门登记。国务院工商行政管理部门可以对规模较大或者跨地区的农民专业合作社的登记管辖做出特别规定。

农民专业合作社成员可以用货币出资，也可以用实物、知识产权等能够用货币估价并可以依法转让的非货币财产作价出资。成员以非货币财产出资的，由全体成员评估作价。成员不得以劳务、信用、自然人姓名、商誉、特许经营权或者设定担保的财产等作价出资。

设立农民专业合作社，应当具备下列条件：有五名以上符合《中华人民共和国农民专业合作社法》（以下简称"本法"）第十四条、第十五条规定的成员；有符合本法规定的章程；有符合本法规定的组织机构；有符合法律、行政法规规定的名称和章程确定的住所；有符合章程规定的成员出资。

农民专业合作社的登记事项应当包括：名称；住所；成员出资总额；业务范围；法定代表人姓名。

申请成为农民专业合作社，需要按照《中华人民共和国农民专业合作社法》的相应规定准备材料，由全体设立人指定的代表或者委托的代理人向登记机关申请设立登记；经登记机构登记之后取得营业执照。

【*拓展阅读*】

《中华人民共和国农民专业合作社法》有关条款

第十九条　具有民事行为能力的公民，以及从事与农民专业合作社业务直接有关的生产经营活动的企业、事业单位或者社会团体，能够利用农民专业合作社提供的服务，承认并遵守农民专业合作社章程，履行章程规定的入社手续的，可以成为农民专业合作社的成员。但是，具有管理公共事务职能的单位不得加入农民专业合作社。农民专业合作社应当置备成员名册，并报登记机关。

第二十条　农民专业合作社的成员中，农民至少应当占成员总数的百分之八十。

成员总数二十人以下的，可以有一个企业、事业单位或者社会团体成员；成员总数超过二十人的，企业、事业单位和社会团体成员不得超过成员总数的百分之五。

（五）有限责任公司

申请成为有限责任公司，需要按照《中华人民共和国公司登记管理条例（2014年修订）》和《中华人民共和国企业法人登记管理条例施行细则（2014年修订）》的规定准备相应材料，对于法律、行政法规或者国务院决定规定设立有限责任公司必须报经批准的，还应当提交批准文件；然后由全体股东指定的代表或者共同委托的代理人向公司登记机关申请设立登记；最后由登记机关视情况做出是否受理的决定，对决定予以受理的登记申请，在规定的期限内做出是否准予登记的决定，对予以登记的申请在规定的时间内发放营业执照。

【*小测试*】

大学生创业可以采取哪些法律形式？各需要提交什么材料？

三、新企业注册流程

根据法律规定，企业开办之初需要经过工商行政管理部门核准登记，获得正式颁发的营业执照以及有关部门的经营许可，取得合法身份。为此，就需要进行名称核准、进行前置审批、编写注册文件、刻章并且开立银行账户。

（一）企业登记注册流程

企业注册流程如图11-1所示。

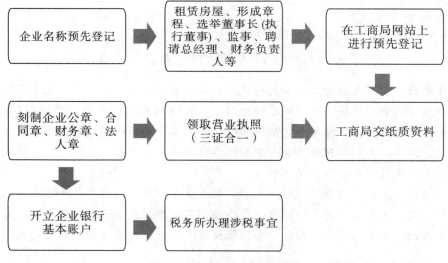

图 11-1 企业注册流程图

从 2015 年 10 月 1 日起，全国范围内开始全面实行"三证合一"的登记制度。"三证合一"的登记制度是指将企业登记时依次申请的，分别由工商部门核发的营业执照、质监部门核发的组织机构代码证、税务部门核发的税务登记证，改为一次申请，由工商部门核发一个加载统一社会信用代码的营业执照，即"一照一码"营业执照。这样大大简化了新企业的注册流程。2016 年 5 月 18 日，国务院常务会议决定全面实施"五证合一、一照一码"的制度，将社会保险和统计登记证整合在内，进一步降低创业准入的制度性成本。

值得一提的是，2013 年修订的《中华人民共和国公司法》，取消了原来的一般性验资要求，但仍然规定以募集方式设立的股份有限公司的注册资本应当经过验资机构验资。

下面就注册登记流程中需要注意的事项进行说明。

（一）新企业名称的规定

企业名称由行政区划、字号、行业、组织形式依次组成。如北京安平融信会计服务有限责任公司。

个人独资企业的名称应当符合名称登记管理有关规定，并与其责任形式及从事的营业相符合。个人独资企业的名称中不得使用"有限""有限责任"或者"公司"字样。

合伙企业名称中的组织形式后应当标明"普通合伙""特殊普通合伙"或者"有限合伙"字样，并符合国家有关企业名称登记管理的规定。

有限责任公司，必须在公司名称中标明有限责任公司或者有限公司字样。股份有限公司，必须在公司名称中标明股份有限公司或者股份公司字样。

农民专业合作社的名称应当含有"专业合作社"字样，并符合国家有关企业名称登记管理的规定。

（二）前置审批事项

有些企业在办理营业执照前还需要先取得特定部门办理的许可证，办理前置审批事宜。尽管 2014 年以来，国务院分三批审议决定将一些工商登记前置审批事项调整或明确为后置审批，但仍有一些企业需要办理前置审批事项。

如设立烟草专卖批发企业需要事先拿到国家烟草专卖局或省级烟草专卖行政主管部门核发的许可证；经营快递业务的企业，在申领营业执照前需要先得到国家邮政局或省级邮政管理机构颁发的经营许可等。关于前置审批的相关规定可参照《工商总局关于严格落实先照后证改革，严格执行工商登记前置审批事项的通知》[①]。

（三）编写相关的注册文件

在企业名称核准之后，申请人还应当按照企业登记法律、行政法规和国家工商行政管理总局规章的规定提交有关材料。如合伙协议、公司章程等。

1. 合伙协议的编写

合伙协议依法由全体合伙人协商一致、以书面形式订立。订立合伙协议、设立合伙企业，应当遵循自愿、平等、公平、诚实信用原则。

合伙协议应当载明下列事项：合伙企业的名称和主要经营场所的地点；合伙目的和合伙经营范围；合伙人的姓名或者名称、住所；合伙人的出资方式、数额和缴付期限；利润分配、亏损分担方式；合伙事务的执行；入伙与退伙；争议解决办法；合伙企业的解散与清算；违约责任。

合伙协议经全体合伙人签名、盖章后生效。合伙人按照合伙协议享有权利，履行义务。修改或者补充合伙协议，应当经全体合伙人一致同意；但是，合伙协议另有约定的除外。合伙协议未约定或者约定不明确的事项，由合伙人协商决定；协商不成的，依照本法和其他有关法律、行政法规的规定处理。

有限合伙企业的合伙协议，除以上内容外，还应当载明下列事项：普通合伙人和有限合伙人的姓名或者名称、住所；执行事务合伙人应具备的条件和选择程序；执行事务合伙人权限与违约处理办法；执行事务合伙人的除名条件和更换程序；有限合伙人入伙、退伙的条件、程序以及相关责任；有限合伙人和普通合伙人相互转变程序。有限合伙人可以用货币、实物、知识产权、土地使用权或者其他财产权利作价出资。有限合伙人不得以劳务出资。

2. 公司章程的编写

有限责任公司章程应当载明下列事项：公司名称和住所；公司经营范围；公司注册资本；股东的姓名或者名称；股东的出资方式、出资额和出资时间；公司的机构及其产生办法、职权、议事规则；公司法定代表人；股东会会议认为需要规定的其他事项。股东应当在公司章程上签名、盖章。

---

① 中国企业登记网。

一人有限责任公司应当在公司登记中注明自然人独资或者法人独资，并在公司营业执照中载明。一人有限责任公司章程由股东制定。

（四）确定企业住所

新企业要开展生产经营活动，必须拥有固定的经营场所。这个活动场所在法律上称为住所或经营场所。公司的住所是公司主要办事机构所在地。经公司登记机关登记的公司的住所只能有一个。公司的住所应当在其公司登记机关辖区内。经营场所是市场主体从事经营活动的场所，是执照登记的备案事项。在通常的情况下，企业的住所和经营场所是在同一地址。

按照《国务院关于印发注册资本登记制度改革方案的通知》，简化住所（经营场所）登记手续。申请人提交场所合法使用证明即可予以登记。2015年4月21日，国务院总理李克强主持召开国务院常务会议，部署进一步促进就业、鼓励创业，决定放宽新注册企业场所登记条件限制，推动"一址多照"、集群注册等改革，鼓励地方盘活闲置厂房等提供低成本的创业场所。

（五）刻章

新企业领取营业执照后，创业者需到所在地公安局特行科办理新企业印章，并向特行科提供相关文件，包括营业执照、法定代表人身份证明等。公安局审批后到指定的印章刻制单位刻制新企业印章。公司用章包括：公章、财务章、法人章、全体股东章、公司名称章等。

需要说明的是，企业的印章、企业牌匾、企业银行账户、企业信笺所使用的名称应与新企业在工商行政管理机关登记注册的名称相一致。

（六）开立账户

新创办企业需设立基本账户，企业可根据自己的具体情况选择开户银行。银行开户应提供的材料包括：营业执照正本、组织机构代码证正本、公司公章/法人章/财务专用章、法人身份证、国地税务登记证正本等。

【拓展阅读】

企业信用信息公示系统

第八条　企业应当于每年1月1日至6月30日，通过企业信用信息公示系统向工商行政管理部门报送上一年度年度报告，并向社会公示。当年设立登记的企业，自下一年起报送并公示年度报告。

第九条　企业年度报告内容包括：企业通信地址、邮政编码、联系电话、电子邮箱等信息；企业开业、歇业、清算等存续状态信息；企业投资设立企业、购买股权信息；企业为有限责任公司或者股份有限公司的，其股东或者发起人认缴和实缴的出资额、出资时间、出资方式等信息；有限责任公司股东股权转让等股权变更信息；企业网站以及从事网络经营的网店的名称、网址等信息；企业从业人数、资产总额、负债总额、对外提供保证担保、所有者权益合计、营业总收入、主营业务收入、利润总额、净利润、纳税总额信息。前款第一项至第六项规定的信息应当向社会公示，第七项规定的信息由企业选择是否向社会公示。经企业同意，公民、法人或者其他组织可以查询企业不公示的信息。

第十条　企业应当自下列信息形成之日起 20 个工作日内通过企业信用信息公示系统向社会公示：有限责任公司股东或者股份有限公司发起人认缴和实缴的出资额、出资时间、出资方式等信息；有限责任公司股东股权转让等股权变更信息；行政许可取得、变更、延续信息；知识产权出质登记信息；受到行政处罚的信息；其他依法应当公示的信息。

工商行政管理部门发现企业未依照前款规定履行公示义务的，应当责令其限期履行。

【小测试】

如何确定企业的名称？

四、注册企业必须考虑的法律与伦理问题

注册企业必须了解和遵守国家有关的法律法规。与创办企业有关的法律主要包括知识产权法、劳动合同法、合同法、税法等。同时，注册企业还应注意伦理问题，包括创业者与原雇主之间、创业团队成员之间、创业者和其他利益相关者之间的伦理问题等。

（一）注册企业必须考虑的法律问题

创业企业无论在注册成立阶段还是在后续的经营过程中，均需要遵循相关的法律法规，守法经营。

1. 创办阶段需要考虑的法律问题

创办阶段需要考虑的法律问题包括企业法律形式的选择，会计和税收事务，知识产权保护，合同相关法律等。

注册时需要考虑的法律形式已经在本节的前两个问题中进行了详细的阐述，此处不再赘述。

企业注册完成之后要按照法律规定办理相应的会计和税收事务。因此，创业者需要了解《中华人民共和国会计法》《企业会计准则》《小企业会计准则》等法律法规，自行建立会计制度、进行会计核算，也可以委托记账公司等专业机构办理会计事务。创业企业还需要建立健全税收记录，依法纳税；也可以委托外部专门的记账公司或会计公司代理纳税业务。

创业企业还应按照《中华人民共和国商标法》《中华人民共和国专利法》《中华人民共和国著作权法》规定，保护好企业的知识产权，尊重他人的知识产权。

企业创办阶段如果涉及融资租赁业务或者借款业务的，还需要遵循《中华人民共和国合同法》等的规定，保护企业的合法权益。

2. 经营阶段需要考虑的法律问题

企业经营过程中会涉及非常多的法律问题，一般来说有产品质量、财务会计、人力资源管理、安全生产和市场竞争等多个方面。

创业和经营阶段涉及的和企业不同部门典型的法律问题见表 11-2 和 11-3。[①]

表 11-2　创业企业不同阶段的法律问题

创建阶段的法律问题	经营现行业务中的法律问题
确定企业的法律形式 设立税收记录 进行租赁和融资谈判 起草合同 申请专利、商标和版权保护	人力资源管理（劳动）法规 安全法规 质量法规 财务和会计法规 市场竞争法规 知识产权法

表 11-3　企业各部门中典型的知识产权

部门	典型的知识产权形式	保护方法
营销部门	名称、标语、标识、广告语、广告、手册、非正式出版物、未完成的广告拷贝、顾客名单、潜在顾客名单及类似信息	商标、版权和商业秘密
管理部门	招聘手册、员工手册、招聘人员在选择和聘用候选人时使用的表格和清单、书面的培训材料和企业的时事通信	版权和商业秘密
财务部门	各类描述企业财务绩效的合同、幻灯片，解释企业如何管理财务的书面材料，员工薪酬记录	版权和商业秘密
管理信息系统	网站设计、互联网域名、公司特有的计算机设备和软件的培训手册、计算机源代码、电子邮件名单	版权、商业秘密和注册互联网域名
研究开发部门	新的和有用的发明和商业流程、现有发明和流程的改进、记录发明日期和不同项目进展计划的实验室备忘录	专利和商业秘密

（二）创办企业必须考虑的伦理问题

企业创办过程中，还需要考虑伦理问题，主要有创业者与原雇主之间、创业团队之间以及企业和利益相关者之间的伦理。

1. 创业者和原雇主之间

如果是辞职出来创业，创业者需要处理好和原雇主之间的伦理关系，遵循保密协议的规定，最好选择不在完全相同的业务上和原雇主进行竞争，而是在创新的基础上有所突出。

这样一方面可以使企业具有独特的竞争优势，另一方面有利于填补市场空缺，更好满足消费者需求。如段永平离开中山霸王电子工业公司之后并没有继续做游戏机，而是

---

① 李家华. 创业基础［M］. 2 版. 北京：清华大学出版社，2015：219.

创办了步步高电子有限公司，生产无绳电话、VCD、教育电子产品等，取得了很好的经济效益。

2. 创业者和团队成员之间的伦理

如果是团队创业，核心创业者还应该处理好和其他团队成员之间的伦理，通过建立合理的股权结构、设计科学的激励方案，使创业团队能够团结一心，共同将创业事业进行到底。如从某创业项目的股本结构来看①，可以发现初始的股权设计就未充分考虑创业团队之间的伦理，其一是创业团队的股权比例较低，技术加上资金投入只占 35%，风险投资却占到 65%；其二，股权结构中未阐明各个创始人之间股权比例的分配，既不利于调动团队成员的积极性，也难以对创业团队的不同成员形成激励。

3. 创业企业和利益相关者之间的伦理

在和利益相关者之间进行合作时，需要基于互利共赢的原则开展。为此就要做到及时足额偿还相应款项，保证供应商和债权人的利益；生产高质量的产品，满足消费者需求；尽可能为所在社区做一些力所能及的事情，如提供合适的就业岗位、保持环境清洁等；为员工提供好的工作条件和合适的劳动报酬；做守法的好公民和法人，按时纳税、守法经营等。如创办美菜网的中科院硕士刘传军，通过建立农业市场的信息流和供应链条，在供给端解决了农民要赶早市卖食材，还要担心由于运输困难、售卖渠道单一、天气原因等而导致的价格压榨以及农作物囤积无法售出的问题，提高了农民的收入；在需求端，通过改变餐馆的采购模式一方面降低了中小餐馆的采购成本，另一方面保证了菜品的质量；在经营上通过招募社会化车辆和司机，让并非美菜网旗下员工的他们持有公司股票的方式来进行激励，使得多方受益。很好地解决了利益相关者之间的伦理问题。②

五、新企业的社会认同

新企业成立之初，需要取得包括消费者、供应商和投资者等在内的利益相关者对其产品/服务或商业模式，乃至企业组织自身的理解和认识，即获得社会认同。由此，需要做到以下几点。

1. 建立合理的制度规范

新企业能否取得创业成功，不仅仅取决于创业者对于创业机会的把握，还取决于创业活动能在多大程度上符合现有制度规范的要求，或是建立的新的制度规范的合理程度。合理的制度规范可以帮助企业获得利益相关者、一般公众和社会整体制度的认可和接受。

2. 遵循相应的道德法则

为了使新企业健康发展，创业者应该制定专门的原则，帮助其在企业成长过程中采

①　公司注册资本 800 万元，××科技股份有限公司技术及资金入股占总股本的 35%，其余 65% 的注册资金希望能引进一家或几家风险投资公司参股。李家华主编，创业基础，清华大学出版社 2015 年第 2 版，193.
②　陈璇，想打通农业革新"任督二脉"的菜农，kab 创业教育网。

取正确的步骤。如雇佣最合适的人员，建立相应的管理和考核标准，创业者严格遵守道德法则，并将自己融入企业之中，建立和雇员的融洽关系等。

3. 承担必要的社会责任

通过制定实施体现企业社会责任的竞争战略，把社会责任融入企业文化建设中，并把社会责任的理念付诸实实在在的行动，可以使企业在决策时考虑到环境和社会因素，承担相应的社会责任。

新企业良好的社会认同，是企业可持续发展的保障，更有利于新企业对社会经济的可持续发展负责。

【案例】

徐州"90后"大学生卖米线创业成功后不忘回馈社会

创业仅两年，"90后"大学生刘大白的徐州云香米线店和徐州中正电子科技公司已经实现了超过50万元的营业额。创业成功的她不忘回馈社会，支持大学生创业。

昨天中午，本网来到位于徐州云龙山北门东50米路南的云香米线店，见到了刘大白。说起创业经历，她还真的有一段不为人知的故事呢。

2013年，21岁的刘大白从北京理工大学毕业后，曾在徐州一家商贸公司上班。后来，一心想创业的她辞掉工作，以大学生创业的名义，在徐州淮海文化科技产业园大学生创业园申请了两间免费办公室，并注册了徐州中正电子科技有限公司。

一年下来，她所拥有的两个微信公众号粉丝量均突破了7万。粉丝多了，广告收入也多了，仅此这一项，她每月的收入在2万以上。经过艰苦创业，她掘取了人生第一桶金。成功所带来的喜悦并没有让刘大白感到满足，她开始筹划新的目标。几个月前，她和一个拥有调制米线秘方的朋友合伙，在云龙山北门东50米路南侧，开了家名叫云香的米线店。

她的米线店除销售卤鸡爪、鸡翅、猪蹄、牛肉，还有徐州人爱吃的把子肉，再加上米线店装修风格新颖、服务热情、干净卫生等吸引了大量食客。一传十，十传百……都说她家的米线好吃。

现如今，刘大白在徐州米线行业内已小有名气，不少人想加盟，但都被她婉言拒绝，因为她想将这个机会留给那些想要创业的大学生。

"现在，有的大学生创业时，也将目标'锁'在餐饮这个行业上，但由于加盟费太高等原因，只好打消了这个念头。"刘大白说，凡是打算开米线店的大学生，只要主动找上门来，她都会对其进行技术指导，且不收取任何费用。

除此之外，为了扶持家庭经济困难大学生创业，她还设置了"大学生创业基金"，以此来资助家庭经济困难大学生创业。为了解决资金问题，她每销售一碗米线，将拿出2块钱存入"大学生创业基金"。

经过几个月的积攒，基金里已有了3万多元的积蓄。"凡是符合条件的大学生，均可向我公司提出申请。审核通过后，以现金形式发放。整个过程公开、透明，并邀请社会各界知名人士监督。"刘大白说。

刘大白说，她的上述做法招来了不少闲言碎语，有人说她傻，还有人说她想图个啥。她倒不这样认为，她觉得自己之所以能够成功，离不开政府和社会各界的帮助。"当初我陷入困境的时候，若得不到帮助，很难渡过难关。现在条件好了，理所当然应该回馈社会，我心无旁骛。"

中国矿业大学教授张如成说，目前，政府对大学生创业扶持力度很大，有利于大学生创业。刘大白创业成功后不忘回馈社会，说明她怀有一颗感恩之心，值得学习。同时，她的创业故事，能够给其他大学生创业者带来一定的启发，用感恩之心坚持走成功之路。

（资料来源：新华网江苏，有删改）

请思考：

（1）刘大白的米线店是如何赢得大量顾客的？

（2）刘大白的企业在获得社会认同方面做了哪些工作？

（3）案例对你有何启示？

【小测试】

1. 注册和经营企业需要考虑哪些法律问题？

2. 创办企业需要考虑哪些伦理问题？

3. 企业获得社会认同的作用是什么？

4. 新企业获得社会认同的方法有哪些？

第二节　新企业生存管理

企业创办之后，往往会有一段不盈利的时间，这个时间一般被称为营运前期，即实现盈亏平衡之前的时期。本章的新企业即指处于这个时期的企业。此时企业的不确定性较大、风险较高，创业者的人格魅力相较于管理制度更加重要，此时的管理重点和管理方法等经常和企业高速发展时期不同，需要创业者特别注意。

一、新企业管理的特殊性

企业创办初期，往往以生存管理为基础，以销售目标为导向，依靠内部积累为主要资金来源，以群体管理为基本特征，以"人治"为典型的管理模式。

（一）以生存管理为基础

企业创办是一个从无到有、从0到1的过程，在这个过程中，一切都具有很大的不确定性，企业随时会面临破产清算的风险。因此，如何生存下来便是每一个创业者每天要思考的问题。企业的一切会围绕生存运作，任何危及生存的做法都应该避免。为此，企业应尽量做到以收抵支、及时偿债，以产品或服务销售取得的现金抵补日常的经营支出，并且及时偿还到期债务。

（二）以销售目标为导向

新企业要在市场上立足，就需要尽快得到客户的认可，将提供的产品或服务销售出去。因此，创业初期，企业经常是以销售为导向，将产品销售作为企业的首要目标，以扩大市场占有率为核心。为此，包括所有者在内的多数人都要出去销售产品或服务，通过各种人际关系及宣传来争取客户，以取得第一桶金，为未来的发展打基础。

（三）以经营积累为主要资金来源

创业初期较高的不确定性带来的高风险，和企业缺乏相应可抵押资产的状况，使得创业企业从外界取得债权资金比较困难；另外，初创企业的估值与既有企业相比难度较大，缺乏可资参考的经营信息和投资报酬率的参考估计，外部的股权融资也难以取得。于是，创业企业只能依靠企业自身创造现金流，靠产品或服务的销售产生现金流入；对于有获利的企业，也往往不会进行利润分配，而是将大部分留存下来作为经营资金的补充。

（四）以群体管理为基本特征

创业初期，创业团队虽然会有内部分工，但由于人少事儿多，往往会使得企业的工作开展难以严格按照分工执行，往往是一人兼数职，哪里有需要就在哪里填空缺。大家在分工的基础上更强调合作，更多依靠员工的热情和团队精神完成任务。为此，创业者应充分认识员工之间在知识、信息、资源和能力等方面的互补性，结合其各自最擅长的领域进行相应分工，同时应充分发挥每一位员工的优势，强化员工之间的彼此合作。

（五）以"人治"为典型的管理模式

创业初期，创业者会深入企业的每个角落，参与企业运行的每个环节。例如，创业者会常常亲自与供应商谈判，亲自到车间里追踪客户的紧急订单，亲自向消费者推销产品或服务，亲自装车、送货，亲自跑银行、办理税务事宜，亲自制定工作计划和激励方案，亲自策划新产品销售策略，甚至亲自面对经销商的欺骗和消费者的当面训斥。但也正因为如此，创业者会对企业的经营状态和经营过程有全方位的了解，在业务上也才能越来越精通。此时，创业者的个人能力和人格魅力是激发员工主动性和创造性的利器，企业的运行和秩序维护主要靠创业者自身的特质，企业管理呈现出典型的"人治"模式。因此，创业者应不断强化其自身的业务能力、领导魅力和管理能力，尽早形成创业团队的目标共识，建立顺畅的内部沟通机制和协调机制，为企业可持续发展打好制度基础。

【小测试】

1. 新企业管理为什么要以生存管理为基础、以销售目标为导向？
2. 新企业管理为何以群体管理为基本特征、以"人治"为典型的管理模式？

3. 企业初创期可否大量从外部借款？为什么？

二、新企业成长的驱动因素

创业企业要在日后获得快速成长，就需要在初创期充分了解影响企业快速成长的因素，事先做好准备。一般来说，影响新企业成长的因素既有内部因素，也有外部因素。

（一）影响新企业成长的内部因素

影响新企业成长的内部因素包括创业者的特质和能力，创业团队的愿景和股权设置，创业资源的配置与积累。

1. 创业者的特质和能力

创业者的高成长欲望，永不服输的工作激情和勇于挑战的特质等都会驱动企业快速成长。高成长的欲望会使创业者在企业有盈利时，将大部分的利润留存，为企业发展提供持续的资金支持；永不服输的工作激情，则会使创业者在遇到困难时，想方设法去解决，从而不至于半途而废，可以使企业不断前进；勇于挑战的特质则会在企业面临外部环境发生变化时，进行积极主动地应对，从关注机会的角度采取行动，使企业走向正确轨道。

创业者识别和把握机会的能力、管理能力和配置资源的能力，会帮助其更好辨别发展的方向，管理发展过程中出现的新情况，将资源从效率低的领域转到效率高的领域之中，产生更多的经济效益，让企业具有创新优势，赢得快速成长的机会。

幸运的是，创业者特质可以通过自我管理和训练获得。所以，有志于成为创业者的人可以尽早参加训练，进行自我管理，培养自己的企业家特质；同时通过学习和实践，掌握和提高创业能力。

2. 创业团队的愿景和股权设置

愿景是对企业前景和发展方向的一种高度概括，反映了企业的价值观和渴望。当一个团队拥有共同的愿景时，团队内部的所有人才能得到有效的培育与鼓舞，团队成员的个人潜能才会被彻底激发，企业才能够在日后得以快速成长。因此，创业者应调动团队的每位成员参与构思制定愿景，并通过制定愿景的过程，使愿景更有价值，从而激发组织的活力，使企业更有竞争力。

合理的股权设置对于一个企业的健康成长和快速发展具有非常重要的地位。合理的股权结构可以充分调动团队成员的积极性和创造性，使其将企业发展和个人的发展同等看待，并在遇到矛盾时能够以团队的利益为重，在利润分配时更加考虑企业长远发展的资金需求，为企业快速成长提供内部资源支持。因此，创业者应设置合理的股权结构和利益分配机制，为企业的快速成长打下制度基础。

此外，创业团队的专业水平和组织方式，也会对企业成长有很大的影响。团队成员应努力提高在营销、管理、技术等方面的专业素质和能力水平，建立合适的运作机制和治理结构，提高新企业成长的实践能力，激发团队成员的工作热情。

2014 年，芬尼克兹创始人宗毅首创的"裂变式创业"模式引发关注，他在公司内部搞创业大赛，有野心、有能力的员工都可参赛，让高管用钱投票，让获胜员工做新公司股东、做总经理带团队。通过裂变式创业，芬尼克兹在短时间内便孵化出了七家新公司，并且每家都赢利。① 宗毅这种通过合理的股权设计将员工和高管变成合伙人的裂变式创业方式，不但使企业获得了快速成长，而且也广为商界人士称道。

3. 创业资源的配置与积累

科学的资源配置方式能够使资源不断从效益低的领域转到效益高的领域，提升企业的经济效益。企业创办起来以后，就应该适时的从资源获取向资源利用过渡，更好地将筹办期间筹集到的各种资源进行充分合理的利用，通过调整资源的配置方式，使其发挥更好的效益。为此，要求创业者具备较强的创新能力，能够以创新的眼光，从不同角度分析资源，按照最有利企业成长的方式配置资源。

适当的资源积累，则有利于企业从内部筹集发展所需的资源支持，尤其是人力资源和技术资源的积累，一方面，会有利于提振团队成员和员工的气势，使其看到未来发展的期望；另一方面，则有利于提升企业的核心竞争力，形成外界难以模仿的专业技术。所以，创业者应结合企业的股权设计，制定合理的利润分配机制，在满足团队成员现实利益诉求的同时，适当积累资源。

（二）影响新企业成长的外部因素

影响新企业成长的外部因素主要是产业和技术发展，以及细分市场的变化。

1. 产业和技术发展

产业发展周期会在一定程度上影响创业项目的增长速度。处于成长期的产业会有一个增长红利，使得处于之中的企业可以坐享行业成长的成果，再加上企业自身的增长速度，企业的快速发展自然不出所料；然而，如果项目不幸地选在了一个处于成熟期或者导入期的产业，或者国家不支持甚至调整结构的产业，要获得高速成长就得要求创业者或团队具有非凡的能力。比如这几年的白酒行业和高档餐饮行业就面临很大的发展瓶颈，但是，文化艺术产业和智能制造领域则是国家未来经济发展的支撑产业。因此，创业之前，一定要研究国家的产业政策，尽量在国家重点支持的行业中选择创业项目，不但可以得到相应的税费减免，还会得到更多关键资源，比如资金支持、科研项目支持、基础设施的配套支持等。

技术的发展对于创业企业的成长也非常关键，当创业企业需要的配套技术能够得以快速完善和成熟时，企业的产品或服务的质量就会得以持续提高，也会较容易升级换代，进一步满足消费者需求。相反，如果外部的技术发展缓慢，则可能会使得企业原本不错的产品的推广受到很大局限。如生产世界上第一台平板电脑的台湾宏碁（Acer），早在 2002 年就推出了 TravelMate C100，但 2002 年的宏碁，还没有 iTune 或 AppStore 这样的软件服务能让平板电脑充满各样的可能性，这么一来对于一般的使用者而言，这样的商品顶多只是附加了手写输入功能的笔记本电脑。2002 年的网络环境，3G 网络服

---

① 刘润，传统企业转型的另一条出路——详解芬尼克兹"裂变式创业"，商业评论网。

务才刚刚开始萌芽，无线网络有限的频宽让消费者对于移动上网的需求迟迟无法提升。2002 年的科技产业也没有目前的生产技术，而 TravelMate C100 的售价高达 69900 元新台币，比当时一般笔记本电脑贵近 50%，是现在 iPad2 的 3 倍多；重量为 1.4 千克，则是 iPad2 的 2.3 倍。所以，在企业自身条件、市场环境、产业环境与消费者的习惯都还来不及跟得上平板电脑这样的概念的时候，商品也就只能消逝在历史当中了。[①]

2. 细分市场的变化

当细分市场向着有利于企业的方向发展时，企业就可以借助外力取得成长，市场的发展速度越快，越有利于企业的高速成长。如 20 世纪 90 年代末，中国茶饮料市场井喷式的发展，使旭日升集团茶饮料的销量快速从 1995 年的 5 000 万元，上升到 1996 年的 5 亿元，进而上升到 1998 年的 30 亿元。当然，市场快速发展也会带来强大竞争对手的进入，随着康师傅、统一等国际品牌大举进入茶饮料市场，旭日升集团未能避免被并购的命运。因此，即便是市场快速发展的时候，创业者也要做好充分的应对竞争的准备，否则可能会和 21 世纪初的旭日升集团一样，面临被并购的命运。

产业、技术的发展，细分市场的变化等外部影响因素，创业者是无法进行控制的，但是，却可以进行预测，并且按照未来估计的变化方向做出相应的应对策略，一方面，享受外部环境带来的有利变化；另一方面，尽力克服不利的外部环境带给企业的冲击。

三、新企业管理的技巧和策略

了解新企业管理的技巧和策略，有利于新企业在激烈竞争的环境中得以生存，并且实现快速成长。一般来说，新企业的管理技巧和策略有：注重整合外部资源追求外部成长；管理好保持企业持续成长的人力资本；及时实现从创造资源到管好、用好资源的转变；形成比较固定的企业价值观和文化氛围；注重用成长的方式解决成长过程中出现的问题；从过分追求速度转到突出企业的价值增加等。

（一）注重整合外部资源追求外部成长

企业成长需要依靠资源的支持，资源的来源渠道可以分为内部和外部。对于新企业来说，单纯依靠内部的资源积累来发展，由于内部能够产生的资源有限，往往会对企业的发展起到抑制的作用，影响企业的成长速度，在竞争对手发展较快的情况下，使企业处于不利地位。充分利用外部资源，则可以使企业将内外部资源进行很好的整合和匹配，能够为企业快速发展筹集到相应资源，保障企业的增长速度和竞争优势。

按照企业之间整合资源的方式不同，可以把资源整合分为三种形式：纵向整合，横向整合和平台式整合。

1. 纵向整合

纵向整合是处于一条价值链上的两个或者多个厂商联合在一起结成利益共同体，致力于整合产业价值链资源，创造更大的价值。如大学生创办的高科技企业，一开始可能

---

① 王伯达. 预见未来：思考力时代与全球五大浪潮 [M]. 长沙：湖南科技出版社，2013.

会采用 OEM 的模式，通过代工方式完成相应产品的生产过程，创业团队只负责研发、销售和售后服务。但是，随着企业规模的扩大，创业者管理能力的提高，为了更好满足消费者需求，了解消费者的体验，就可以纵向整合原来的代工企业，使研发和生产可以更好对接，不断提高产品质量。比如，在当时重型卡车柴油发动机市场已做到国内第一的潍柴动力通过兼并收购，向上游整合进了变速箱、车桥业务，向下游整合了重型卡车、装载机、大客车整车制造业务，成为一家在整个重型车辆产业链上都有布局的公司，形成强大竞争力。

2. 横向整合

横向整合是把目光集中在价值链中的某一个环节，探讨利用哪些资源，怎样组合这些资源，才能最有效地组成这个环节，提高该环节的效用和价值。横向整合是一种快速扩张、扩大市场占有率的较好方法。如北大硕士毕业生王令凯 2015 年初在上海创办"米有沙拉"之后，不但第一个提出了"主食沙拉"这一概念，弥补了中国市场的空白，还成功地受到了市场的认可。截至 2015 年年底，米有沙拉在上海已经拥有 10 家店，全国拥有近 20 家，而在计划中将要开启的新店还有 10 余家。[①] 米有沙拉就是通过横向整合的方式迅速扩大了市场份额。2005 年 2—9 月，框架传媒通过横向并购的方式，兼并了国内电梯平面广告市场的 8 家主要竞争对手，将市场占有率迅速提高到 90％，此后以 1.83 亿美元被分众传媒收购的。[②]

3. 平台式整合

平台式资源整合是将企业作为一个平台，在此基础上整合供应方、需求方甚至第三方的资源，同时增加双方的收益或者降低双方的交易成本，自身也因此获利。如女性化妆品正品折扣网店聚美优品，作为首家化妆品电商一直坚持以用户体验为核心，开创官方旗舰店入驻的形式，先后吸引了欧莱雅（L'Oreal）、高丝、资生堂（Shisedo）、谜尚等国际知名美妆大牌的抢先入驻，通过平台式整合，迎来了新一轮的急速扩张。并于 2014 年 5 月 16 日晚在纽交所正式挂牌上市，成为中国首个赴美上市的垂直化妆品电商。[③]

因此，创业者应采用最有利于企业发展的方式，通过整合获取外部资源，帮助企业获得快速健康的发展。

（二）管理好保持企业持续成长的人力资本

知识经济的背景下，人力资本在企业中的重要性日益突出，现代企业之间的竞争就是人才的竞争。初创期的企业如此，成长期的企业更是如此。不论是团队的完善，还是员工的招聘，乃至企业的人力资本积累在企业发展中都有着非常重要的意义。由此，创业者一方面应通过合理的股权设置和股权激励来维系创业团队的成员，另一方面应设计合理的业绩考核机制调动员工的积极性，并建立合理的上升通道，使员工可以不但在工

---

① 北大女学霸：首创国内主食沙拉行业 一年开店 20 家，新芽。
② 前框架传媒董事长谭智："和"的胜利，创业邦。
③ 百度百科。

作上还可以在职位上和企业一起成长，保持企业人力资本的稳定性；同时企业经营者最好能够通过创新的方式，激励企业所有成员根据企业愿景和发展规划，确定自己的奋斗目标，和企业共进退。

（三）及时实现从筹集资源到管好用好资源的转变

创业初期，企业资源非常紧缺，需要筹集大量资源。但企业经过一段时间的经营活动稳定下来之后，初期发展所需的资源基本到位，这时候企业管理的重心就需要及时从筹集资源向使用资源转变。创业者应通过各种渠道创新性地开发和利用资源，在经营中树立创造资源、管理资源和利用资源并重的管理理念和经营思想，建立企业的资源管理制度和资源利用监督机制，加强对企业各种资源的利用和管理。甚至采用拼凑的方式配置资源等，充分发挥各种资源的价值，将有限资源的效用发挥到极致。

（四）形成比较固定的企业价值观和文化氛围

企业价值观是企业文化的核心，是企业决策者对企业性质、目标、经营方式的取向所做出的选择，是为员工所接受的共同观念。企业价值观会对企业及员工的行为起到导向和规范作用，能产生凝聚力，激励员工释放潜能，是企业精神的灵魂，代表着企业存在的理由。因此，创业者应以企业领导人的身体力行来树立统一的价值观，同时通过健全配套机制来塑造企业精神，有意识培育积极向上的价值观。

企业文化氛围是笼罩在企业整体环境中，体现企业所推崇的特定传统、习惯及行为方式的精神格调。企业文化氛围是无形的，以其潜在运动形态使企业全体成员受到感染，体验到企业的整体精神追求，从而产生思想升华和自觉意愿。因此，创业者应在积极创造物质氛围和制度氛围的基础上，把创造良好的企业文化氛围作为重点，创造良好的学习环境，鼓励企业成员求知上进，使企业内形成浓厚的学习气氛，建立学习型组织。

随着企业的快速成长，企业的组织结构和员工构成等会发生较大变化，日常管理会变得日益复杂，创业者需要及时采取措施培育有利于形成企业凝聚力的价值观，打造良好的文化氛围。

（五）注重用成长的方式解决成长过程中出现的问题

企业在成长过程中会出现很多初创时无法预料的问题，这正是创业最吸引人的地方，也是企业面临的最大风险，当新的问题出现时，创业者应积极应对，注重变革和创新，运用发展的眼光来处理问题，用成长的方式解决问题。由此，需要做到以下几点。

（1）善于把握变革的切入点主动变革。例如，聚美优品上市后即进行重要业务转型，砍掉第三方平台上的奢侈品业务，并将第三方平台美妆业务全部转为入库自营。此举虽然以牺牲短期业绩为代价，但能够有效加强对供应链质量的管控，着眼于未来的健康发展。2013年，聚美优品又携手各大化妆品品牌在全国大力开设聚美线下旗舰店，解决消费者信任的问题，开创中国垂直美妆类 B2C 正式布局 O2O 的先例。^① 正是这些主动变革，使其赢得了更多消费者的信任，取得了不错的经营业绩。2016 年 2 月聚美优品选择进行私有化，按照其 CEO 陈欧的话是企业"在美股市场被严重低估"，"私有化将有利于公司在转型期更灵活，做更长期的决定，能让公司更好的应对转型和竞争"。^②

（2）重视人力资源开发。如第二个技巧所述，人力资源管理是任何一个初创企业都要高度重视的发展策略。

（3）注重系统建设。科学的管理系统有利于日常工作有条不紊的开展，使各个部门按照日常分工高效开展工作，是保证企业未来高速增长的动力系统。创业者应在企业基本工作捋顺之后，尽早开始系统建设工作，使企业早日步入快速发展的轨道。

（六）从过分追求速度转到突出企业的价值增加

创业初期，企业的重点往往放在快速扩大市场份额，增加销售收入上。但是，随着企业的各项工作慢慢步入正轨，创业者应将关注的重点转移到客户价值上。通过不断创新，持续满足消费者的多元化需求，为客户创造更多价值，在客户价值提升的基础上，使企业价值得以增加。

四、新企业风险的控制和化解

企业创办初期的不确定性较高，风险较大，处理不好会导致创业失败。新企业面临的典型风险主要有经营风险、财务风险、人力资源风险、市场风险等。

（一）经营风险

经营风险是企业的生产经营过程中，供、产、销各个环节不确定性因素的影响所带来的企业收益的不确定性。创业初期，由于各个环节的不确定性都较高，企业的经营风险就会更大。而且，企业的固定经营性成本越高，销售收入变动带来的利润的变动就会更大，经营风险就会更高。为此，创业初期，应尽可能降低固定性资产在全部资产中的比重，采取轻资产战略，合理控制经营风险。如西安蓝晶生物科技有限公司就是通过与西安多个高校联合建立实验室，使用高校实验室的仪器资源来共同从事科研开发，既节省了研发成本，也有利于新产品更快更好地推出；而且利用高校实验室大大降低了企业的固定经营成本，从而使企业可以轻资产运营，降低经营风险，为蓝晶生物带来了企业高速健康发展的机遇。^③

（二）财务风险

财务风险是指公司财务结构不合理、融资不当使公司可能丧失偿债能力而导致投资

---

① 百度百科。
② 22 美元上市 7 美元退市，聚美私有化又将是一番腥风血雨，凤凰财经。
③ 王艳茹，王兵. 创业基础课堂操作示范 [M]. 北京：北京师范大学出版社，2014：205.

者预期收益下降的风险。企业只要有负债筹资，财务风险就不可避免。财务风险的发生不但会带来财务拮据成本，严重时还会使得企业面临破产清算。所以，创业者应合理规划财务结构，安排好不同渠道的资金来源及其比重，在获取财务杠杆利益的同时，将财务风险控制在可接受的范围之内。

e 洗车倒闭，除了用户的消费习惯没有培养起来，同时遭遇资本寒冬之外，据一位知名汽车 O2O 联合创始人透露，最大的问题在于其盲目烧钱，2 个月就烧掉 2000 万美元。在业务无法大量扩展的情况下，又遭遇资金紧张的危机，无法按合同约定跟商家结算，遭遇商户大量投诉。① 大连微晒电商集团董事长张晓东创业初期做网站运营项目时，也由于资金不足，项目很快就走向破产的边缘。② 著名闪购网站 FAB 曾经只用两年多的时间便跻身独角兽公司，但却在烧完 3 亿美元（20 亿人民币）后轰然倒塌，投资者血本无归。由此给创业者敲响警钟，一定要做好自己的产品，找到自己的盈利模式，管好企业的现金流，避免致命的财务风险的发生。③

（三）人力资源风险

人力资源风险是指由于人的因素对创业活动的开展产生不良影响或偏离经营目标的潜在可能性。创业者自身的素质和能力有限，创业团队成员的知识和技能水平不匹配，管理过程中用人不当，关键员工离职等因素是人力资源风险的主要诱因。爱多 VCD 的失败很大程度上就是由于人力资源风险引起。④ 因此，需要创业者从自身做起，不断学习提高素质，团结团队成员，并通过合理激励机制将员工凝聚在一起。

（四）市场风险

市场风险，是指由于市场情况的不确定性导致创业者或创业企业损失的可能性。市场风险包括产品市场风险和资本市场风险两大类。市场供给和需求的变化、市场接受时间的不确定、市场价格变化、市场战略失误等原因会给创业活动带来一定的市场风险。万燕 VCD 的衰败则主要由于市场风险引起。为避免市场风险发生，就应该随时关注市场变化，主动变革，制定合理的市场战略。

【小测试】

1. 产业和技术变化是如何影响新企业成长的？
2. 新企业应如何整合外部资源？
3. 你了解哪些新企业管理的技巧和策略？

---

① e 洗车倒闭内幕：2 个月烧光 2000 万美金！搜狐公众平台。
② 张晓东. 大学 14 份兼职造就一位董事长 [N]. 中国青年报，2016−05−24−12.
③ 微信公众号，KAB 创业俱乐部。
④ 王艳茹，王兵. 创业基础课堂操作示范 [M]. 北京：北京师范大学出版社，2014：153−158.

【案例】

连续创业的因素与可能

杨树军，一名会计学专业的学生。2003年，在大学学习期间，他就从家里借了5万元，和两个朋友合资10万元，创办了北京安平融信会计服务有限公司，其创业的生涯也正式拉开了序幕。

谈及以会计公司起家的原因，杨树军兴奋地说："首先，是自己内心的一股劲头，是一种不服输的斗志和怀揣梦想的信念；其次，是想利用自己所学的专业知识，发挥自己的专长。"其实，摆在杨树军面前的现实是非常残酷的。由于缺乏创业所必需的知识和经验，创业时准备得不是很充分，加上不太懂企业经营的规则，刚开业的公司举步维艰，第一个月没有任何收入。"在创业过程中遇到的最大困难就是自己太年轻了，给客户的印象是工作经验不足，能力低。"杨树军说，"尽管当时理论学得比较扎实，但业务能力明显不足，这是创业过程中的一大难题。"但是，他并没有因公司的惨淡状况失去斗志，而是用实际行动去针对性地解决公司面临的问题。

客户不信任，他就用更加专业而周到的服务去打动他们，或者让公司里社会经验较丰富的员工出面与客户沟通；公司规模小，缺乏激励机制，员工流动频繁，他就自己先去全面熟悉公司所有部门的业务，哪里缺人就补在哪里，并通过机制建设让新人能够很快熟悉业务，同时用自己的执着尽最大努力向来到其身边的每个人传递一种"通过不断拼搏而获取成功"的信念；工作经验不足，他就想方设法从各个方面努力，去拜访同业，去请教专家。经过半年多的努力，到2003年年底杨树军的公司已经有了明显改观，员工增加了4个人，客户群也增加到近60家。

随着业务量的扩大，为了公司更好地发展，杨树军只好做出休学1年的决定。这一年，杨树军开始全身心地投入到公司的经营中来。在开展业务的同时，亲自研究行政管理、服务细则、绩效考核、员工激励等方方面面的业务，建立了一套完善的管理机制，使公司快速步入了正常的运营轨道。

（本案例由王艳茹根据对创业者的采访整理。转引自李家华主编《创业基础》，北京师范大学出版社，2013年6月第一版，58—59页。）

请思考：

（1）安平融信会计公司的初期管理是怎样的？

（2）公司是如何获得快速发展的？

教学设计

第一次课

章节	内容	时间	授课方法	教具
主题游戏	猜名字	5分钟	做游戏	
上周内容回顾	上周课程内容	10分钟	学生讲授	PPT

续表

章节	内容	时间	授课方法	教具
第一节 新企业开办	企业组织形式选择 大学生创业的市场主体类型	20 分钟	讲授	PPT
案例分析	企业应该采用哪种法律形式? 为什么?	15 分钟	案例分析	案例、活页挂纸
第一节 新企业开办	新企业注册流程	5 分钟	讲授	PPT
	注册企业必须考虑的法律与 伦理问题。	25 分钟	讲授	PPT
第一节 新企业开办	新企业的社会认同	10 分钟	讲授	PPT
合计		90 分钟		

第二次课

章	内容	时间	授课方法	教具
主题游戏	找变化	5 分钟	做游戏	
上周内容回顾	上周课程内容	10 分钟	学生讲授	PPT
第二节 新企业生存管理	新企业管理的特殊性	10 分钟	讲授	PPT
案例分析	连续创业的因素与可能 讨论:新企业管理及其成长	15 分钟	案例分析	案例、活页挂纸
第三节 新企业生存管理	新企业成长的驱动因素	10 分钟	讲授	PPT
	新企业管理的技巧和策略	15 分钟	讲授	PPT
开放式讨论	风险及其种类	5 分钟	共同讨论	活页挂纸
第二节 新企业生存管理	新企业风险的控制和化解	15 分钟	讲授	PPT
测试	本章内容测试	5 分钟	测试	PPT
合计		90 分钟		

本章小结

　　按照相关规定,大学生可以创办的企业类型有个体工商户、个人独资企业、合伙企业、有限责任公司和农民专业合作社。创业者需要在创业之初了解不同组织形式的优缺点,结合自身情况做出最优选择。之后应按照要求提供相应材料、编写有关文件,并申请注册,取得营业执照,进行合法经营。同时需要了解和遵守国家有关的法律法规,考虑伦理问题，不断取得社会认同。

企业创办初期的管理有一定特殊性，往往以生存管理为基础，以销售目标为导向，依靠内部积累为主要资金来源，以群体管理为基本特征，以"人治"为典型的管理模式。但是，随着企业生命周期的发展和规模的变化，创业者需要不断整合外部资源、管理好人力资本、及时实现从筹集资源到管好用好资源的转变，尽早形成比较固定的企业价值观和文化氛围，能够用成长的方式解决成长过程中出现的问题，实现从过分追求速度转到突出企业的价值增加，为企业得以快速成长奠定基础。

同时，为使创业企业获得更好发展，创业者需要关注影响新企业成长的内外部因素，如创业者的特质和能力，创业团队的愿景和股权设计，创业资源的配置与积累，以及产业和技术发展，细分市场的变化等，并通过对风险的有效管理，让企业得以健康发展。

教学辅助教材

个人独资企业登记管理办法（2014年修订）

中华人民共和国合伙企业登记管理办法（2014年修订）

个体工商户条例（2014年修订）

中华人民共和国企业法人登记管理条例施行细则（2014年修订）

中华人民共和国公司登记管理条例（2014年修订）

国务院法制办公室，网址：http://www.chinalaw.gov.cn/article/fgkd/xfg/

重点词汇提示

个体工商户　个人独资企业　合伙企业　公司制企业　知识产权

纵向整合　横向整合　平台整合　企业价值观　经营风险

财务风险　人力资源风险　市场风险

复习思考题

1. 大学生创办的企业可以采用哪些法律形式？

2. 什么是社会责任？企业应履行什么样的社会责任？

3. 新企业管理有什么特殊性？

4. 影响新企业成长的内外部因素各有哪些？

讨论性问题

1. 不同法律形式的优缺点有哪些？你是如何考虑和选择的？

2. 大学生个人创办企业只能采用个人独资企业吗？如果不是，还可以采用什么法律形式？你是如何看待法律形式选择的？

3. 两个以上的大学生创办合伙企业，分别可以采用什么样的合伙方式？不同的合伙方式有何区别？

4. 是否履行社会责任会对企业产生什么样的影响？

5. 新企业整合外部资源的方式有哪些？请举例说明

6. 企业价值观和文化氛围在成长过程中能发挥什么样的作用？

7. 新企业的风险有哪些？应如何化解？

实践性问题

走访身边 1～2 家创业企业，要求：

1. 了解其采用的法律形式及其采用该法律形式的原因。

2. 企业在创办和运营过程中遇到的关键事件，讨论其行动策略及其对后续发展的影响。

3. 企业在创办和运营过程中的风险及其应对策略。

4. 以团队的方式将上述内容做成 PPT，在班级分享。

参考文献

李家华. 创业基础［M］. 北京：北京师范大学出版社，2013.

李家华，张玉利，雷家骕. 创业基础［M］. 2 版. 北京：清华大学出版社，2015.

王艳茹，王兵. 创业资源［M］. 北京：清华大学出版社，2014.

王艳茹，王兵. 创业基础课堂操作示范［M］. 北京：北京师范大学出版社，2014.

第十二章　大学生创新创业能力训练

【本章教学目标】

- 了解大学生创新创业训练计划。
- 认识大学生创新创业训练项目的内容。
- 掌握大学生创新创业训练的相关要求。

第一节　国家级大学生创新创业训练计划

一、国家级大学生创新创业训练计划是什么

国家级大学生创新创业训练计划，简称"国创计划"，包括创新训练项目、创业训练项目和创业实践项目三类。

根据《教育部、财政部关于"十二五"期间实施"高等学校本科教学质量与教学改革工程"的意见》（教高〔2011〕6号）和《教育部关于批准实施"十二五"期间"高等学校本科教学质量与教学改革工程"2012年建设项目的通知》（教高函〔2012〕2号），教育部决定在"十二五"期间实施国家级大学生创新创业训练计划。

通过实施国家级大学生创新创业训练计划，促进高等学校转变教育思想观念，改革人才培养模式，强化创新创业能力训练，增强高校学生的创新能力和在创新基础上的创业能力，培养适应创新型国家建设需要的高水平创新人才。

二、训练计划的内容

国家级大学生创新创业训练计划围绕经济社会发展和国家战略需求，重点支持直接面向大学生的内容新颖、目标明确、具有一定创造性和探索性、技术或商业模式有所创新的训练和实践项目。分为创新训练项目、创业训练项目和创业实践项目三类。

创新训练项目是本科生个人或团队，在导师指导下，自主完成创新性研究项目设计、研究条件准备和项目实施、研究报告撰写、成果（学术）交流等工作。

创业训练项目是本科生团队，在导师指导下，团队中每个学生在项目实施过程中扮演一个或多个具体角色，完成商业计划书编制、可行性研究、企业模拟运行、撰写创业

报告等工作。

创业实践项目是学生团队，在学校导师和企业导师共同指导下，采用创新训练项目或创新性实验等成果，提出具有市场前景的创新性产品或服务，以此为基础开展创业实践活动。

三、经费支持

国家级大学生创新创业训练计划面向中央部委所属高校和地方所属高校。中央部委所属高校直接参加，地方所属高校由地方教育行政部门推荐参加。

国家级大学生创新创业训练计划由中央财政、地方财政共同支持，参与高校按照不低于1∶1的比例，自筹经费配套。中央部委所属高校参与国家级大学生创新创业训练计划，由中央财政按照平均一个项目1万元的资助数额，予以经费支持。地方所属高校参加国家级大学生创新创业训练计划，由地方财政参照中央财政经费支持标准予以支持。各高校可根据申报项目的具体情况适当增减单个项目资助经费。对中央部委所属高校创业实践项目，每个项目经费不少于10万元，其中，中央财政经费应资助5万元左右。

中央部委所属高校分为A、B、C三组。2012年，中央财政经费支持A组高校各200项，B组高校各150项，C组高校各70项。为保持学生项目的连续性，各高校可以将2012年的部分项目名额用于支持各校2011年已经立项的学生项目。2013年及以后各年的实际项目数额，将根据上一年的年度评价决定。鼓励各参与高校利用自主科研经费或其他自筹经费，增加立项项目。

四、组织实施

中央部委所属高校直接向教育部提交工作方案，非教育部直属的中央部委所属高校同时报送其所属部委教育司（局）。地方教育行政部门将推荐的地方所属高校的工作方案汇总后，一并提交给教育部。教育部组织专家论证，通过论证后即可实施。

各高校制定本校大学生创新创业训练计划学生项目的管理办法。规范项目申请、项目实施、项目变更、项目结题等事项的管理，建立质量监控机制，对项目申报、实施过程中弄虚作假、工作无明显进展的学生要及时终止其项目运行。

各高校在公平、公开、公正的原则下，自行组织学生项目评审，报教育部备案并对外公布。项目结束后，由学校组织项目验收，并将验收结果报教育部。验收结果中，必需材料为各项目的总结报告，补充材料为论文、设计、专利以及相关支撑材料。教育部将在指定网站公布项目的总结报告。

国家级大学生创新创业训练计划项目面向本科生申报，原则上要求项目负责人在毕业前完成项目。创业实践项目负责人毕业后可根据情况更换负责人，或是在能继续履行项目负责人职责的情况下，以大学生自主创业者的身份继续担任项目负责人。创业实践项目结束时，要按照有关法律法规和政策妥善处理各项事务。

各高校根据本校实际情况，适当安排创新训练项目和创业训练项目的比例，并逐步覆盖本校的各个学科门类。A组和B组高校，要设立一定数量的创业实践项目。

中央财政支持国家级大学生创新创业训练计划的资金，按照财政部、教育部《"十二五"期间"高等学校本科教学质量和教学改革工程"专项资金管理办法》（另行制定）进行管理。各高校参照制定相应的专项资金管理办法，负责创新创业训练计划项目经费使用的管理。项目经费由承担项目的学生使用，教师不得使用学生项目经费，学校不得截留和挪用，不得提取管理费。

教育部对各高校实施国家级大学生创新创业训练计划进行整体评价。每年组织一次分组评价，根据评价结果，适度增减下一年度的项目数。

五、有关要求

1. 高度重视大学生创新创业训练计划对推动人才培养模式改革的重要意义。参与高校要成立由主管教学的校领导牵头负责，由教务、科研、设备、财务、产业、学工、团委等职能部门参与的校级组织协调机构，制定切实可行的管理办法和配套政策，将大学生创新创业训练计划的日常管理工作纳入本科生教学管理体系。

2. 大学生创新创业训练计划要进入人才培养方案和教学计划。参与计划高校教学管理部门要从课程建设、学生选课、考试、成果认定、学分认定、灵活学籍管理等方面给予政策支持。要把创新创业训练项目作为选修课程开设，同时要组织建设与创新训练有关的创新思维与创新方法等选修课程，以及与创业训练有关的项目管理、企业管理、风险投资等选修课程。

3. 要重视大学生创新创业训练计划导师队伍建设。对参与大学生创新创业训练计划的学生实行导师制。参与计划高校要制定相关的激励措施，鼓励校内教师担任大学生创新创业训练计划的导师，积极聘请企业导师指导学生创业训练和实践。

4. 重视大学生创新创业训练计划实施的条件建设。参与计划高校的示范性实验教学中心、各类开放实验室和各级重点实验室要向参与项目的学生免费提供实验场地和实验仪器设备。参与计划高校的大学科技园要积极承担大学生创新创业训练任务，为参与计划的学生提供技术、场地、政策、管理等支持和创业孵化服务。

5. 参与计划高校要营造创新创业文化氛围。搭建项目学生交流平台，定期开展交流活动。鼓励表现优秀的学生，支持项目学生参加校内外学术会议，为学生创新创业提供交流经验、展示成果、共享资源的机会。学校还要定期组织项目指导教师之间的交流。

6. 参与计划的学生，如发现本校实施该计划时有违反教育部要求的情况，可以向教育部投诉。投诉的问题要确切，并且署真实姓名。

六、时间安排

各高校应按《教育部高等教育司关于报送××年国家级大学生创新创业训练计划立项项目的通知》要求截止时间将本校立项的名单报教育部备案，教育部于每年7—8月对外公布。

【拓展阅读】

国家级大学生创新创业训练计划管理办法

第一章 总 则

第一条 为贯彻落实全国教育大会和新时代全国高等学校本科教育工作会议精神，根据《国务院办公厅关于深化高等学校创新创业教育改革的实施意见》（国办发〔2015〕36 号）要求，深入推进国家级大学生创新创业训练计划（以下简称国创计划）工作，深化高校创新创业教育改革，提高大学生创新创业能力，培养造就创新创业生力军，加强国创计划的实施管理，特制定本办法。

第二条 国创计划是大学生创新创业训练计划中的优秀项目，是培养大学生创新创业能力的重要举措，是高校创新创业教育体系的重要组成部分，是深化创新创业教育改革的重要载体。

第三条 国创计划坚持以学生为中心的理念，遵循"兴趣驱动、自主实践、重在过程"原则，旨在通过资助大学生参加项目式训练，推动高校创新创业教育教学改革，促进高校转变教育思想观念、改革人才培养模式、强化学生创新创业实践，培养大学生独立思考、善于质疑、勇于创新的探索精神和敢闯会创的意志品格，提升大学生创新创业能力，培养适应创新型国家建设需要的高水平创新创业人才。

第四条 国创计划围绕经济社会发展和国家战略需求，重点支持直接面向大学生的内容新颖、目标明确、具有一定创造性和探索性、技术或商业模式有所创新的训练和实践项目。国创计划实行项目式管理，分为创新训练项目、创业训练项目和创业实践项目三类。

（一）创新训练项目是本科生个人或团队，在导师指导下，自主完成创新性研究项目设计、研究条件准备和项目实施、研究报告撰写、成果（学术）交流等工作。

（二）创业训练项目是本科生团队，在导师指导下，团队中每个学生在项目实施过程中扮演一个或多个具体角色，完成商业计划书编制、可行性研究、企业模拟运行、撰写创业报告等工作。

（三）创业实践项目是学生团队，在学校导师和企业导师共同指导下，采用创新训练项目或创新性实验等成果，提出具有市场前景的创新性产品或服务，以此为基础开展创业实践活动。

第二章 管理职责

第五条 教育部是国创计划的宏观管理部门，主要职责是：

（一）制定国创计划实施的有关政策，编制发展规划，发布相关信息。

（二）制定国创计划管理办法，组织开展项目立项、结题验收等工作，加强项目的规范化管理。

（三）制定国创计划成效评价指标体系，定期组织开展实施情况评价。

（四）组建国创计划专家组织，加强大学生创新创业工作研究，推进高校创新创业教育经验交流。

（五）组织举办全国大学生创新创业年会，推进大学生创新创业学术交流和成果推介。

第六条 省级教育行政部门主要职责是：

（一）根据本区域经济社会发展特点，指导、规范本区域大学生创新创业训练计划运行和管理，推动本区域高校加强大学生创新创业教育工作。

（二）负责组织区域内高校国创计划立项申报、过程管理、结题验收等工作，按照工作要求向教育部报送相关材料。

（三）负责区域内参与国创计划高校交流合作、评估监管等工作。

第七条 高校是国创计划实施和管理的主体，主要职责是：

（一）制定本校大学生创新创业教育管理办法，开展创新创业教育教学研究与改革。

（二）负责国创计划项目的组织管理，开展项目遴选推荐、过程管理、结题验收等工作。

（三）制定相关激励措施，引导教师和学生参与国创计划。

（四）为参与项目的学生提供技术、场地、实验设备等条件支持和创业孵化服务。

（五）搭建项目交流平台，定期开展交流活动，支持学生参加相关学术会议，为学生创新创业提供交流经验、展示成果、共享资源的机会。

（六）做好本校国创计划年度总结和上报工作。

第三章 项目发布与立项

第八条 教育部根据国家经济社会发展和国家战略需求，结合创新创业教育发展趋势，确定重点资助领域，制定重点资助领域项目指南，引导国创计划项目申请。

第九条 国创计划项目申报基本条件：

（一）项目选题具有一定的学术价值、理论意义或现实意义。鼓励面向国家经济社会发展、具有一定理论和现实意义的选题，鼓励直接来源于产业一线、科技前沿的选题。

（二）选题具有创新性或明显创业教育效果。鼓励开展具有一定创新性的基础理论研究和有针对性的应用研究课题，鼓励新兴边缘学科研究和跨学科的交叉综合研究选题。

（三）选题方向正确，内容充实，论证充分，难度适中，拟突破的重点难点明确，研究思路清晰，研究方法科学、可行。鼓励支持学生大胆创新，包容失败，营造良好创新创业教育文化。

（四）项目团队成员原则上为全日制普通本科在读学生，成员基本稳定，专业、能力结构较为合理。每位学生同一学年原则上只能参与一个项目。鼓励跨学科、跨院系、跨专业的学生组成团队。

（五）项目申请团队应选择具有较高学术造诣、较好创新性成果、热心教书育人、关爱学生成长的教师作为导师，鼓励企业人员参与指导或共同担任导师。

（六）创新训练项目和创业训练项目获得经费支持平均不低于 2 万元/项，创业实践项目获得经费支持平均不低于 10 万元/项。高校根据学科专业特点，确定项目资助额度标准。

第十条　根据教育部发布的国创计划申报要求，符合立项申请基本条件的项目向所在高校提出申请，高校评审遴选后报省级教育行政部门和教育部审核备案。

第十一条　教育部组织专家对申报项目进行审核后发布立项通知。

第四章　项目过程管理

第十二条　高校应加强对国创计划的管理，成立由校领导牵头、相关职能部门组成的国创计划管理机构，确定主管部门。管理机构负责协调落实条件保障，主管部门负责国创计划日常管理。

第十三条　项目负责人要负责项目的整体推进，按照计划开展工作，加强团队建设和管理，加强与导师和管理人员的沟通联系，并组织好相关报告撰写工作。项目负责人和项目内容原则上不得变更，特殊情况经学校有关部门审批后执行。

第十四条　国创计划经费应专款专用。学生要在相关教师指导下，严格执行学校相关财务管理规定。

第十五条　国创计划项目所在高校应建立国创计划师生培养培训机制，加强对国创计划项目团队成员和导师的培训和管理。

第十六条　鼓励项目团队积极参加中国"互联网＋"大学生创新创业大赛等创新创业赛事和"青年红色筑梦之旅"等活动。

第十七条　推动国创项目不断提高整体水平和发挥示范带动作用。高校应充分发挥国创计划引领示范作用，及时总结学生在项目中取得的成绩，协调解决存在的问题。支持高校通过举办大学生创新创业年会等方式加强国创计划成员之间的学习交流。

第五章　项目结题与公布

第十八条　国创计划项目完成后，均需进行结题验收，履行必要的结项手续。

（一）国创计划项目结题验收工作由所在学校组织。学校应组织校内外专家对国创计划项目进行结题验收，并将验收结果报省级教育行政部门审核备案。

（二）省级教育行政部门按年度向教育部报送本区域高校国创计划项目验收结果，并组织开展项目抽查。

（三）教育部对省级教育行政部门报送的验收结果进行审核，并将审核结果公布。

第十九条　国创计划项目结题验收结论的申诉。国创计划项目团队成员、导师，如对结题验收结论有异议，可向高校有关部门提出。

第二十条　国创计划项目结题信息公开对外服务。相关网站向公众提供结题信息服务，助推高校创新创业教育深入发展。

第六章　项目后期管理

第二十一条　高校对通过结题验收的项目团队成员可根据实际贡献给予学分认定，对导师给予相应工作量认定。

第二十二条　建立国创计划年度进展报告制度。高校要按年度编制国创计划项目进展报告，内容应包括项目整体概况、教育教学改革探索、项目组织实施与管理、支持措施和实施成效等。年度报告报省级教育行政部门和教育部备案。

第二十三条　国创计划项目执行较好的高校可向教育部申请承办全国大学生创新创业年会。

第七章　附　则

第二十四条　在国创计划实施中，凡是属于国家涉密范围的，均按照相关保密法规执行。

第二十五条　各省级教育行政部门、各高校根据本办法制定实施细则。

第二十六条　本办法自公布之日起施行。

第二节　四川信息职业技术学院大学生创新创业训练计划项目实施与管理

一、组织机构

学校创新创业学院统筹管理创新创业训练计划项目相关工作。各二级学院安排专人负责创新创业训练计划项目具体实施和管理工作，落实项目初审、材料汇总、过程监管等具体事宜，做好与指导中心的联络协调工作。学校聘请各相关学科专家组成"四川信息职业技术学院大学生创新创业训练计划项目评审委员会"，对项目开展立项审核、中期检查、结题验收等事宜。

二、训练计划项目的内容

大学生创新创业训练计划项目围绕经济社会发展和国家战略需求，重点支持直接面向大学生的内容新颖、目标明确、具有一定创造性和探索性、技术或商业模式有所创新的训练和实践项目。分为创新训练项目、创业训练项目和创业实践项目三类。

三、项目申报

（一）申报立项条件

大学生创新创业训练计划项目面向全校在读学生。申请者必须有积极的创新创业意识及兴趣，具备从事创新创业的基本能力素质，有良好的团队协作精神。申请者可为个人，也可为团队。团队一般由3至5名学生组成，鼓励跨学院、跨专业组合。

（二）申报程序

（1）学生申请：填写项目申报书和《大学生创新创业训练计划项目登记表》，交到各学院创新创业指导办公室。

（2）二级学院初审：二级学院创新创业指导办公室组织相关老师根据项目训练要求对申请项目进行初审，初审完成后将《大学生创新创业训练计划项目登记表》汇总后报送创新创业学院，同时让审核通过的项目在学校创新创业平台（学校官网—站点地图—专题网站—创新创业网—创业项目）上填写项目信息并提交，然后指导老师审核项目，二级学院创新创业指导办公室老师审核。

3. 学校审核：创新创业学院组织评审专家组对申报项目进行评审，通过评审的项目向全校公示 7 天。

三、项目管理

（一）项目周期

项目周期一般为 1 年，所有项目都必须在项目负责人毕业前完成。如项目负责人毕业，可申请变更项目负责人。

（二）项目指导

指导教师可由项目申请负责人所在学院推荐，也可由项目申请负责人直接聘请，可聘请企业高管、事业单位专业人员作为指导老师。主要指导教师年度指导项目原则上不超过 2 项，上年度项目结题率达到 100％的教师可适当增加，结题率在 50％及以下的教师将限制指导项目数或暂停指导资格 1 年，每个项目指导教师原则上不得超过 2 名。

（三）项目跟踪

1. 指导中心对各系项目进展情况进行跟踪管理，组织中期检查，并根据运行情况提出意见和建议。

2. 对于在项目运行过程中执行不力、无明显成果、抄袭或弄虚作假、违反财务制度、无正当理由不完成项目研究或随意放弃项目等行为，领导小组将视情节轻重给予通报、延期结题、冻结剩余项目经费、收回部分或全部资助经费、取消项目负责人和指导教师以后申报项目资格等处理，并纳入二级学院年终考核。

四、项目经费管理

（一）总则

第一条 为贯彻落实省教育厅大学生创新创业训练计划实施工作要求，结合我院实际，特制定本暂行办法。

第二条 学院设立大学生创新创业训练计划项目专用账户，创新创业学院对项目经费进行具体管理，学院相关职能部门负责检查监督。

第三条 项目经费只限用于训练计划项目实施，指导教师负责费用管理及报销，不得挤占挪用项目经费。

第四条 项目经费的使用必须遵守学院财务管理规章制度，须遵循在配套标准内实际用多少报多少的原则，严禁虚列事项或虚开票据报销。

（二）经费使用和审批

第五条 项目经费分为项目实施阶段和参赛阶段。

实施阶段经费占总经费的 55％，参赛阶段占总经费的 45％，以上经费均含教师指导费用。实施阶段：项目立项配套总经费的 15％作为启动资金，通过中期检查后配套总经费的 15％作为运行资金，结题后配套总经费的 10％。

比赛阶段：支持项目积极参加创新创业大赛，凡参加院级比赛并获奖的项目，配套总经费的 10％；进入省级比赛的项目，配套总经费的 20％；进入国家级比赛的项目根据需要另行配套。

两阶段指导教师的项目指导费用及校外专家指导经费纳入项目总经费，不超过项目经费总额的 30％，即每阶段按照总经费的 15％执行，比赛阶段指导费用按照院级、省级两个部分计发。

序号	项目	实施阶段（55％）			比赛阶段（45％）		合计	总计
		启动阶段	中期检查后	结题	院级	省级		
1	项目基础费用	15％	15％	10％	10％	20％	70％	100％
2	指导费	15％	7％	8％	30％			

注：结题未参赛项目的剩余经费由指导中心统筹使用，参赛阶段经费在标准基础上根据实际情况配套。项目结题答辩不通过的项目，不发任何指导费用。

第六条 项目组负责人和指导教师作为经办人签名，二级学院领导签字，创新创业学院审核备案并签字，经办人持原始票据到财务处报销。

第七条 购买仪器设备，按照学校资产管理有关规定办理财产登记入库手续，并将仪器设备存放于相应教学实训室（或工作室）。

第八条 报销专利费用，需注明相应级别的大学生创新创业训练计划项目资助。

（三）经费开支范围

第十条 项目经费必须严格按照预算开支，不得用于与项目无关的支出，严禁从项目经费中以任何方式变相谋取私利，经费的报销必须要有正规的发票，出租车费、餐饮费、参观娱乐费不允许报销。

（1）设备费，指研究开发项目所发生的仪器、设备、样品、样机购置和自行试制费用。

（2）能源材料费，指项目研究、开发、试验所需支付的气、燃料费、排污费及各种原材料、辅助材料、低值易耗品、元器件、试剂、部件、外购件、包装物的原件、运输、装卸、整理等费用。

（3）试验协作费，指项目研究开发中所发生的带料外加工或因本单位不具备条件而委托外单位协作进行研究开发试验、加工、测试等费用。

（4）办公费，指科研项目研究开发过程中需要支付的一般性办公用品及学术刊物订阅费等。

（5）会议费，指项目研究开发过程中参加学术交流的费用。

（6）差旅费，指项目研究开发过程中需要支付的国内差旅费。

（7）资料讲义费，指项目研究开发过程中需要支付的出版费及书籍购买费、资料费、文献检索费、印刷费等。

（8）邮寄费，指信函、包裹、货物等物品的邮寄费用。

（9）知识产权事务费，指专利申请与维持费以及知识产权顾问费等各项费用。

（10）其他直接费，指除上述费用外，包括为项目支付的网络费和软科学项目研究过程中所发生的稿费以及与项目有关的其他直接费用。

（四）经费管理

第十一条 各项目组报销的总金额不得超过资助经费总额，如确有系部因项目实施需要，可提出申请，经指导老师、系领导、学院大学生创新创业指导中心审核，报学院领导审批。

第十二条 未通过中期检查的项目停止其继续使用资助经费，并根据项目停止具体原因确定是否收回经费。

第十三条 项目结题时，项目组需提交经费开支明细表，并对经费使用做出说明。

第十四条 项目结题三个月后停止经费报销，由学院财务处按有关规定办理结余经费的结转。

第十五条 项目经费形成的固定资产属国有资产，其使用权和经营权归学院。资产的处置按照国家及学院的有关规定执行。项目经费形成的知识产权等无形资产，按学校知识产权相关管理办法执行。

五、项目验收

（一）验收标准

创新训练项目：学生或者学生团队在导师的指导下，自主完成创新性项目设计、方法选择、设备和材料的准备、具体实施、分析、总结报告撰写等，结题以专利（国家知识产权局已经授权或已经受理，并标注"四川信息职业技术学院大学生创新创业训练计划项目资助"）、实物、创新创业大赛省级及以上获奖等为依据（论文与专利第一人必须为学生）。

创业训练项目：学生团队在导师指导下，团队成员在项目实施过程中扮演不同的角色，通过编制商业计划书、开展可行性研究、模拟企业运行、进行一定程度的验证试验，撰写创业报告等，结题以商业计划书、模拟企业运行报告、创新创业大赛省级及以上获奖等为依据。

创业实践项目：学生团队在学校导师和企业导师共同指导下，以前期创新训练项目的成果为基础，提出具有市场前景的创新性产品或者服务，进行企业实践，以此为出发点开展创业实践活动，结题以创业报告、公司注册执照和运营报表、创新创业大赛省级及以上获奖等为依据。

（二）中期验收

（1）项目负责人在学校大学生创新创业项目平台里提交中期报告。

（2）准备项目答辩 PPT。

（3）提交项目中期成果：创新项目至少提交项目半成品；创业项目（包括创业训练和创业实践项目）提交企业运营报告：包括项目实施前的产品分析、团队分工、销售计划；项目实施过程的市场调研及分析、货品采购情况（采购清单原始单据）、货物销售情况；项目实施成果的项目收支流水表（必须精确到每个月）、所有收入支出原始单据和截图。

（三）结题验收

（1）项目负责人在学校大学生创新创业项目平台里提交结题报告。

（2）准备项目答辩 PPT。

（3）提交项目结题成果：创新项目提交项目成品；创业项目（包括创业训练和创业实践项目）提交企业运营报告：包括项目实施前的产品分析、团队分工、销售计划；项目实施过程的市场调研及分析、货品采购情况（采购清单原始单据）、货物销售情况；项目实施成果的项目收支流水表（必须精确到每个月）、所有收入支出原始单据和截图。

六、项目奖励政策

（1）教师指导计划项目情况纳入个人岗位、业绩考核及职称评定。指导费按照学院《四川信息职业技术学院大学生创新创业训练计划项目经费管理办法（修订）》执行。教师指导情况将计入训练计划项目实施档案，并根据指导情况在下一年度适当增减指导指标。

（2）通过结题验收的学生，享受如下政策之一：

①每项每生可获得 3 个素质学分，每生每年累计不可超过 3 个素质学分；

②每项每生可获得 3 个选修学分，每生每年累计不可超过 6 个选修学分；

③经系部及教务处批准每项每生可替代一门同项目类型相关专业课程学分；

④对已达到毕业论文（设计）成果要求的创新创业训练计划项目，经二级学院审核，报教务处批准后，成果第一完成人可用此成果代替本人毕业设计（论文）。完成人需按毕业设计要求完善设计相关内容。除以上政策外，获得优秀的项目可申请人社部门 1 万元创业补助。在同等条件下，项目团队成员评奖评优优先考虑。

（3）学院将该项工作纳入各二级学院年终考核。

（4）各二级学院根据实际给项目团队提供活动场所，较为成熟的项目可申请入驻创新创业俱乐部、市创业孵化园和其他孵化平台。学院各系应积极联系企业，为项目团队实践拓展更多训练基地。

（5）对结题的团队人员及指导教师颁发相应证书，优秀结题项目可直接进入学院创新创业大赛，并在原项目支持上从经费、场地、指导等方面提供进一步支持。

七、学校"互联网＋"等创新创业大赛政策

为进一步激发我院师生创新创业热情、展示创新创业教育成果，不断创新人才培养机制，切实提高学生的创新精神、创业意识和创新创业能力，结合《四川信息职业技术学院创新创业工作方案》，特制定本办法。

（一）管理机构

学院创新创业类比赛奖励均由创新创业学院办公室负责管理、审核及发放。

（二）发放程序

凡获奖者需要提供参赛通知、获奖证书的原件和复印件、创新创业比赛主办单位等相关材料，由二级学院初审，报创新创业学院办公室备案并公示 7 天，经学院研究决定。

（三）比赛级别与等级的认定

（1）国家级：指国家政府部门（教育部及国家相关部、委）组织的全国性比赛。

（2）省级：指省级政府有关部门组织的全省或跨省区比赛。

（3）市级：指市级政府部门组织的全市或跨市的比赛。

（4）院级：指学院组织的全院比赛。

（5）学术团体、协会组织和企业主办的大赛原则上不纳入认定级别。如比赛影响力大，可提交学院创新创业工作领导小组根据材料，共同认定级别。

（6）奖金分三级三等，奖励等级中金奖为一等奖，银奖为二等奖，铜奖为三等奖。若按名次设奖，参加比赛取前六名的，第一名为一等奖，第二、三名为二等奖，第四、五、六名为三等奖；参加比赛取前十名的，第一、二名为一等奖，第三、四、五名为二等奖，第六、七、八、九、十名为三等奖。优秀奖不予以奖励。

（四）奖励细则

1. 对参赛学生奖励

（1）对于参赛团队给予以下标准奖励。

级别	一等奖	二等奖	三等奖
国家级	6000	4000	3000
省级	2000	1000	500
市、院级	颁发荣誉证书，同时给予适当物质奖励		

（2）根据获奖情况，可认定相应的创新创业与就业指导课程学分，或获得《大学生素质拓展雄鹰计划实施办法》中规定的素质选修学分，执行学院以证代课管理办法。

（3）在全国、省级、赛区比赛中获奖的项目参与者（以获奖证书为准），在奖助学

金评定中，除按相关评选规定加分外，同等条件下优先考虑。

2. 教师奖励

（1）指导教师按获奖团队奖金 100％予以奖励，其中国家级一等奖按 500％予以奖励。（全国"互联网＋"大学生创新创业大赛一等奖按 800％予以奖励）。

（2）院、市级比赛获奖项目和进入省赛，但未获奖的项目按 10 课时/项，若该项目同时参加大学生创新创业训练计划，则不重复给予指导补贴。

（3）获得省级铜奖及以上的按 30 课时/项，获得国家级铜奖及以上的按 50 课时/项，给予指导补贴，不重复计发。

（4）获得省级比赛金奖及以上的指导教师在专业技术职务资格竞聘中，同等条件下优先获得晋升资格。

3. 优秀组织系部

根据比赛中参赛项数和获奖队积分排名综合评定优秀组织奖，并给予适当奖励。

4. 关于奖励的补充规定

（1）若获奖项目同时包揽多个奖项，限选级别最高一项参与评奖。

（2）若同一获奖项目学生人数有 2 人及以上，所获奖金由参与学生在指导教师指导下，按照贡献率分配。

（3）若获奖项目指导教师为 2 人及以上，由第一指导教师按照贡献率协商分配奖金。

（4）若获奖项目指导教师为 2 人及以上，由第一指导教师按照项目实际指导情况分配指导补贴课时。

（5）指导教师获得的奖金，不影响其所在单位和部门因指导学生参赛获奖所应计发的奖励性绩效工资。

（6）对获奖学生和指导教师所发放的奖金，遵照国家税收法律政策执行。

（五）其他

（1）当出现本办法与校内其他文件规定冲突和矛盾时，以本办法为准。

（2）同一获奖项目原则上不重复进行奖励。

（3）各级比赛中本身有奖金奖励并高于学院标准的，学院不再进行奖金奖励；各级比赛中本身有奖金奖励但低于学院标准的按学院标准执行补差。

第十三章 大学生创新创业训练计划项目案例

【本章教学目标】

- 学习大学生创新创业训练计划项目案例。
- 掌握大学生创新创业训练计划项目的内容。
- 掌握大学生创新创业训练的相关要求。

案例一 输宝—点滴守护神/输液芯护士

项目名称：输宝—点滴守护神/输液芯护士
项目负责人：蒋才路
项目成员：邓世杰、王恒、胡梦婷、张子怡
指导老师：文家雄、胡明蓉
项目类型：创新训练项目

一、项目简介

输液作为现代医学最主要的治疗手段，在其临床应用中面临着新的挑战。本文针对输液液体即将滴完的自动预警问题，提出一种基于自由竞争模式的无线传感网络架构体系，并以此为模型研制出一种新型的无线输液报警系统。通过该系统的临床实践，表明自由竞争式无线传感网络的应用研究具有一定的现实意义。

二、项目内容

针对传统输液模式无法及时预警和布线困难等缺点，提出一种基于自由竞争模式的WIFI无线传感网络架构体系，并以此为模型研制出一种新型的智能输液报警系统。该系统在病床和护士站之间通过无线 WIFI 实时传送并预警输液信息，医护人员可在远程VGUS 终端监控病人的输液状态，实现了无需陪护的安全输液功能。最后通过在某国家三级乙等医院的临床应用，验证了本系统的无线 WIFI 可在超过 200 米的范围内"穿

墙"并及时传送输液信息，输液状态的月平均误报率低于 0.5‰，满足医护人员及病人的输液要求，达到了医、患双方的预期目标。

三、项目实施过程

根据医院的临床应用需求，项目以具有 100 张病床的某住院科室为架构模型，工作于无线传输模式。无线信号的作用半径≥1000 米，具有"穿墙"功能，信号传输延迟时间≤0.5s。

系统能够实时检测病人的输液信息，包括自动检测输液是否正常、故障及完成，并在护士站的 VGUS 监控机和远程移动终端 App 上实时显示输液情况。当发生输液故障时系统自动发出声、光报警，直到医护人员处置完成，以及紧急情况下的液体自动关闭等功能。

据此，系统基于无线传感网络理论架构和嵌入式控制技术，实现物联网功能。输液传感器通过夹具安装在输液管上实现液体流速的实时监测，单片机根据预设程序控制 WIFI 模块持续发射输液状态信息，护士站的 STC8A8K64AS12 单片机对接收的 WIFI 数据进行处理，并且驱动相应模块工作，如果发生输液异常情况，则在 VGUS 监控机上显示故障的床位信息，并发出声、光报警信号警示医护人员及时处理。报警信号无优先级，故在这种模式下会形成一种特殊的自由竞争模式。同时为保证发送的报警信号能被序列选择器选取，设置 WIFI 发射器发送报警信号到上位机时间为 50ms。报警序列选择器每隔 100ms 从中随机选取报警信号。

无线发射机由输液传感器、发射微控器 MCU、无线 WIFI 发射模块及天线组成。输液传感器总重量<120g，通过弹簧卡槽卡在输液管上实现输液信息的采集；发射微控器 MCU 工作于低功耗模式，采用高性价比的 STC15W 芯片，完成输液信息的处理；无线 WIFI 发射器采用多通道嵌入式无线数传模块 HC-12，

四、项目特色亮点

（1）无线传输，无需布线，节约成本。
（2）实时监控，提高了医护质量和工作效率。
（3）普适性强，适用于各类材质、颜色和透明度液体，操作简单。

五、项目成果

项目成果如图 13-1 所示。

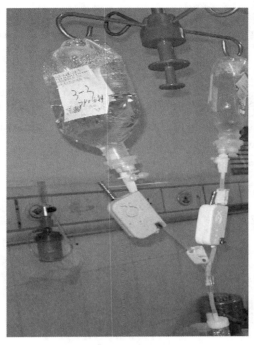

图 13-1　项目成果图片

案例二　猕猴桃土壤墒情之恒温恒湿控制系统

项目名称： 猕猴桃土壤墒情之恒温恒湿控制系统

项目负责人： 崔万坪

项目成员： 刘封呈、梁霞、刘珊珊、胡梦婷

指导老师： 王海旭、张洋

一、项目简介

该项目基于单片机嵌入式控制原理，通过传感器反馈土壤温度和湿度，再由单片机处理反馈数据，通过和人工设定的预设值之间的比较控制土壤温度和湿度来达到大致理想的状态。

二、项目内容

1. 智能恒温控制

猕猴桃的生长环境条件大致有温度，水分，光照，等等。猕猴桃能适应－20℃至42℃的温度范围，但这个温度不是绝对的，各个生长时期的耐受温度变化非常大，虽然能承受−20℃（软枣），红心猕猴桃能承受−6℃，这些极端低温都是在猕猴桃正常生长管理并且正常深度休眠期间才能承受。我们将通过研究设计一种可以控制猕猴桃养殖基地温度的系统。

2．智能恒湿控制

猕猴桃喜欢潮湿的土壤环境，但讨厌干旱和水涝，这和猕猴桃原生于云贵川地区的气候条件相适应。人工栽培时，最常见的问题是：南方水稻田建园积水严重，北方沙土地建园极度干旱，两者都不利于猕猴桃生长发育。我们这个项目就是研究为猕猴桃提供让其健康生长的生存条件。我们将通过研究设计一种可以控制猕猴桃养殖基地土壤湿度的系统。

三、项目实施过程

1．采取的方法和手段

（1）团队共同策划、明确目标。

（2）团队讨论分工。

（3）按分工配合执行计划方案。

2．工作进度安排

（1）2020.05——2020.06：项目市场调研。

（2）2020.06——2020.07：项目方案讨论。

（3）2020.07——2020.10：采购耗材，软硬件制作。

（4）2020.10——2019.12：项目调试。

（5）2020.12——2021.02：项目试运行，中期答辩资料整理。

（6）2021.02——2021.03：项目改进。

（7）2021.03——2021.05：项目资料整理，准备结题答辩资料。

3．人员安排

人员安排见表13−1。

表13−1　人员安排表

成员	专业	分工
崔万坪	智能控制技术	总体负责、软件设计
刘封呈	智能控制技术	财务管理及配件采购
梁霞	智能控制技术	市场调研
刘珊珊	智能控制技术	控制电路硬件设计调试
胡梦婷	电气自动化技术	便携式设备连接设计

4．预期目标

通过控制系统可以控制猕猴桃的生长，控制土壤的温湿度，使猕猴桃的生长不用担心环境因素的影响。

5. 导师指导情况

指导学生对论文选题，交代论文写作的注意事项，并要求及早完成开题报告、文献综述、外文翻译等。

四、项目特色亮点

通过控制系统来控制一些影响猕猴桃生长发育的因素，让猕猴桃更加健康生长，不必担心一些环境因素的影响。还可以达到节约成本，减少人工的目的。

五、项目成果

项目成果如图 13－2 所示。

图 13－2　学生项目作品图片

案例三　数据尚云

　　项目名称： 数据尚云

　　项目负责人： 谢少辉

　　项目成员： 蒋志海、周志、梁宽

　　指导老师： 何雪锋、周建儒

　　项目类型： 创新训练项目

一、项目简介

一个基于大数据技术，高度可视化的文件管理平台。分布式存储方案提供强劲的底层支持，同时降低设备成本。高度可视化为使用者提供良好的体验，降低培训成本。特点是：低成本高性能、分布式并且高安全。

二、项目内容

主要研究方向有：如何做到更低成本？怎样保障数据的安全高性能所依托的底层技术实现？存储结构的优化？如何解决人员引起的热点问题？如何面临海量数据带来的巨大吞吐量？分布式集群采用何种策略？

1. 软件设计

（1）SpringMVC＋Spring＋HBase＋Maven 构建的 Hadoop 分布式云盘系统。

（2）使用 Hadoop HDFS 作为文件存储系统。

（3）HBase 作为数据存储仓库。

（4）采用 SpringMVC＋Spring 框架实现。

（5）HDFS 服务接口。

（6）使用 TypeScript＋React 完成前端界面实现。

考虑到客户端开发环境为 VC++2010，HDFS 客户端 API 采用 Hadoop 自身提供的 Thrift 接口。

（7）功能模块。

包括用户注册与登录，我的网盘，关注用户，我的分享，我收到的分享等 五大功能模块。其中我的网盘包括查看文件列表，多文件上传，创建文件夹，文件重命名，复制与移动，下载，在线浏览，共享等众多功能。

2. 市场背景

（1）企业的数据增长速度使得文件管理需要规范化。

（2）网盘管理存在安全性、传输速率的问题。

（3）私有云的设备门槛高，运维成本高。

（4）需要一款稳定、低成本、高效的文件管理平台。

3. 主要的竞争对手

文件管理没有形成规范的企业通常使用百度云存放文件，公司比较有实力，不用担心突然停止服务。但是百度云用户受限于传输速率，上传文件也有限制，并且数据存储在其他公司还是有安全隐患。形成规范的一般购买私有云服务，很多厂商都提供。不过通常是集中式方案，数据都存放在一台机器，运维成本高，并且横向升级空间很小。

4. 市场驱动力

（1）政府政策。

工信部印发《推动企业上云实施指南（2018—2020 年）》，力争实现企业上云环境进一步优化，行业企业上云意识和积极性明显提高，上云比例和应用深度显著提升，云计算在企业生产、经营、管理中的应用广泛普及。

（2）企业需求。

中小企业需要更低成本的方案，已有文件管理方案的企业也在寻找更容易扩展的平台。

三、项目实施过程

1. 预期目标与当前进度

预期目标和当前进度见表 13-2。

表 13-2　项目预期与当前进度表

序号	预期目标	实现成果	目标达成度
（1）	分布式应用系统一份 系统核心技术： a）稳定的高可用分布式运行环境 b）各种类型文件的支持 c）多方面保障数据安全性 d）平台的开放性 e）利用本项目构建的文件存储服务	分布式应用系统一份 系统核心技术研究： a）研究 zookeeper 构建高可用分布式运行环境 b）研究 HDFS＋HBase 使系统可以高效存储各种类型的文件 c）研究分布式锁、租约等方式保障数据安全性 d）通过 RESTful 风格 API 接口开放平台 e）利用本项目构建的文件存储服务（企业云盘系统）	已达成（100%）
（2）	结题报告一份	结题报告一份 参加全国大学生计算机设计大赛取得省一等奖	已达成（100%）

2. 实施过程

项目的总体实施过程：制定目标、市场调研、设计定位、方案执行、实施评估。

（1）项目实施分析。

产品的每一步、项目的每一次迭代都是经过小组讨论。确定有理论支撑再进一步实施。图 13-3 是项目成员对已做工作总结。总结时提出现有问题，项目成员共同解决。

图 13-3　项目成员交流项目进展

（2）高可用分布式集群环境的搭建。

通过多此尝试，投入大量时间、人力、物力，最终搭建出了高可用集群。在集群环境中可以检测和快速应对硬件故障，保证了海量数据可靠存储，如图 13-4 所示。

图 13-4　项目研究时搭建的高可用分布式集群

（3）编码测试。

上面是项目的部分代码，上万行代码专注系统的稳定、安全、效益，如图 13-5 所示。

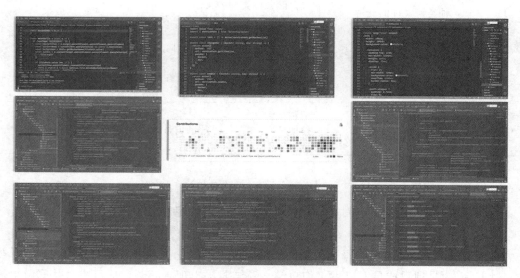

图 13-5　项目部分主要代码及代码提交记录

（4）项目成员分工。

项目成员分工见表 13-3。

表 13-3　项目成员分工表

姓名	负责任务
谢少辉	系统架构设计、系统开发与维护。
蒋志海	设备采集，维护。

姓名	负责任务
梁宽	执行集成测试和系统测试，记录测试结果。
周志	市场调研，收集各类文献。

四、项目特色亮点

（1）高可用的分布式集群构建。

（2）大批量小文件的高效存储。

（3）应用创新：采用目前主流的全站技术，构建成本低廉、甚至在数据传输速率、存储容量、数据安全性、方便的操作界面等方面都能得到保证的文件存储系统。

五、项目成果

项目成果如图13－6所示。

图13－6 基于本项目搭建的稳定的文件存储服务

企业将本项目拉到本地运行既可使用数据存储服务，还可以基于本项目定制开发新的业务。

案例四 充电式遥控器

项目名称：充电式遥控器

项目负责人：党旭

项目成员：王云、肖遥、龙金凤、伍崇杰

指导老师：张永娟、尹存涛

项目类型：创新训练

一、项目简介

传统遥控器是可拆卸式干电池，干电池对于环境的污染很大，使用完后无法回收利用，处理不好还会对环境造成污染。而可充电式遥控器的电池可以重复利用，极大地减少环境污染，可代替传统干电池，并且可以及时发现电池余量并及时进行补充，从而解决了因电池电量缺失而无法使用的缺陷，也不需要反复拆卸更换电池。充电式遥控器采用了 USB 接口，快速充电电池。本产品改进的目的在于提供一种绿色环保、成本合理、使用方便的充电式遥控器。

二、项目内容

针对现有技术的不足，本次创新的目的在于提供一种绿色环保、成本合理、使用方便的充电式遥控器。

1. 功能设计

众所周知，现在的遥控器普遍都在使用干电池，使用完后又要重新购买电池更换而且更换不便，使用完后的干电池如随意乱扔将会造成对环境的重大危害。为此，我们对遥控器的供电部分进行改进，淘汰传统的干电池，用可充电的锂电池为遥控器供电，电池寿命也大大的延长了，这样一个遥控器在家，就会方便人们的使用和环境的保护，不必在为遥控没电换电池而苦恼。

（1）更换原有的两节 3v 的干电池，将不可充电改为充电式，更加方便人们跟紧时代的步伐。

（2）再加上电池剩余电量显示，让人们能够知道遥控电池还剩余多少电量。

2. 结构设计

控制处理模块、LED 显示模块、按键输入模块、信号发射模块、供电模块、充电模块等组成。

（1）控制模块，控制其他模块的操作。

（2）LED 显示模块，显示操作界面。

（3）按键输入模块，输入执行指令。

（4）信号发射模块，接受控制指令，并操作其他模块执行。

（5）供电模块，给遥控器提供能源。

（6）充电模块，为供电模块服务，保证遥控器的执行。

三、项目实施过程

1. 采取的方法和手段

设计过程如图 13-7 所示。

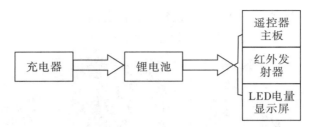

图 13－7　设计过程

（1）查询、收集、整理资料，做市场调研。

（2）收集不同的电池及遥控样板。

（3）产品结构设计如图 13－8 所示。

图 13－8　产品结构设计

（4）修改性能。

（5）制作样品，不断试验，如图 13－9 所示。

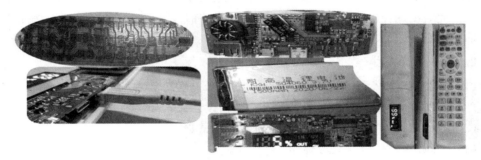

图 13－9　样品试验

（6）样品调试，获取反馈。

遥控器在使用一段时间后剩余的电量的情况，如图 13－10A 所示。现将 USB 充电器插入 USB 接口上，将插头插到插板上，经过一段时间的充电，如图 13－10B 所示，电池已经充满。由此可知，充电在本次设计上是没有问题的。（待机时间可持续一周）

图 13－10A　充电前　　　　　　　图 13－10B　充电后

遥控器在使用一段时间后剩余的电量的情况，如图 13－10B 所示。现将 USB 充电器插入 USB 接口上，将插头插到插板上，经过一段时间的充电，如图 13－10B 所示，电池已经充满。由此可知，充电在本次设计上是没有问题的。（使用 5V＝2A 的 Type－c 充电的只需要 40 分钟更支持 9V＝2A 和 12V＝2A）

图 13－10C　使用调试

如图 13－10C 所示，使用手指将各个位置上的按钮按下后，遥控器上面的信号指示灯亮。由此看出遥控器按钮按下触及主板相对应的信号，信号灯触亮，所以遥控器在使用上面是没有问题。

2．工作进度安排

（1）2020.7－2020.8 完成市场调研，整理调研报告。

（2）2020.8－2020.11 产品图纸设计，结构设计。

（3）2020.11－2020.12 产品样品制作，不断试验。

（4）2020.12－2020.1 修改性能。

（5）2020.1－2020.4 样品测试，获取反馈。

（6）2021.4－2021.5 整理结题资料。

3．人员安排

项目成员分工见表 13－4。

表 13－4　项目成员分工表

	姓名	专业	班级	工作安排
项目主要研究人员	党旭	数控设备应用与维护	数维 18－1	市场调研和结构设计
	伍崇杰	数控设备应用与维护	数维 19－1	市场调研计和仿真
	王云	数控设备应用与维护	数维 18－1	样品的制作和测试
	肖遥	数控设备应用与维护	数维 18－1	查询、收集、整理资料和辅助设计
	龙金凤	数控设备应用与维护	数维 18－1	

4. 指导老师

（1）张永娟老师指导产品图纸设计，结构设计与产品样品制作和试验。

（2）尹存涛老师指导修改性能和样品测试，获取反馈。

四、项目特色亮点

（1）产品可以实现 USB 接口充电。取代原有的一次性电池，可以长时间续航等功能，所述遥控器本体内设置有充电电池，充电电池和所述供能装置间设置有充电连接组件；对于居住偏远地区的人们而言，充电式遥控器是个不错的选择，由于购买干电池不便及使用完后干电池对环境的污染。相比较而言，充电电池的寿命更长，使用更加方便。

（2）产品可以实现实时电量百分比显示。电量百分比常用的是根据电池的剩余电量来确定的，因为在放电的过程中电量在不断的减少，电量显示板可以更加直观的让家人实时看见电池所剩余的电量。这样让家人使用更加放心。

（3）产品可以实现环保。产品制作成充电式，更加有效地使用，不再担心用完了怎样处理废旧电池，与传统遥控器相比实现了更加绿色环保。

（4）设置方法简单：打开机顶盒以及电视保持正常收看状态；先直接使用；若无法使用，请长按遥控器上面（设置键，当电视屏幕出现音量键，立即松开。设置完成，检查遥控器按键功能是否可以正常使用，若不可以或者按键错乱，请重复以上步骤，重新对码，直到对码成功为止。

五、项目成果

（1）产品设计说明书一份（包含调试视频）。

（2）样品充电式遥控器实物模型一个（已调试成功达到预期效果）。

项目成果如图 13－11 所示。

图 13－11　项目成果

案例五　智能安全帽

项目名称：智能安全帽
项目负责人：梁霞
项目成员：刘封呈、严川、杨礼萍、殷祥松
指导老师：伍伟、张维

一、项目简介

会心工程帽，旨在为广大劳动人民在作业时提供安全与方便。LED 光带。工程帽外部安装可变色的 LED 光带，这样的目的是可解决工人在佩戴普通工程帽后，在夜晚或是在光线较暗的工作环境下无法被人发现，或是远距离无法发现，容易发生安全事故的问题。通过安装可变色的 LED 光带，工人在使用时可打开安装在帽子上的开关，LED 光带发出亮光。另外，因为安装的是可变色的 LED 光带。

二、项目内容

会心工程帽，旨在为广大劳动人民在作业时提供安全与方便。其特点如下：LED 光带。

工程帽外部安装可变色的 LED 光带，这样的目的是可解决工人在佩戴普通工程帽后，在夜晚或是在光线较暗的工作环境下无法被人发现，或是远距离无法发现，容易发生安全事故的问题。通过安装可变色的 LED 光带，工人在使用时可打开安装在帽子上的开关，LED 光带发出亮光（LED 的聚光性较好，远距离也可看清），使工人在工作时可以被人发现，防止发生事故。另外，因为安装的是可变色的 LED 光带，所以在工作时工人可以通过调整不同的颜色来区别不同的工种，使管理者更好的管理。或是在突发紧急情况时，可以通过改变工程帽颜色，来使大家辨别谁是指挥者等。

在工程帽后方或是帽檐处安装一个小型的软叶电扇。这样的目的是解决在夏季施工过程中，由于工程帽较为闷热，佩戴后头部长时间不通风，影响脑部血液循环。许多工人在长时间佩戴安全帽后出现头晕、恶心症状的问题，所以，在工程帽上安装小型软叶电扇，工人可以通过开关，来开启电扇，使工程帽内保持通风，而不影响脑部血液循环。并且，使用软叶电扇也不会对头部造成伤害，比较舒适。在工程帽内部安装软性材料，此目的为当高空坠落物砸中施工人员后，可以使人的头部又一次二次缓冲，而不是使佩戴人员的头部受到硬伤。帽扣采用吸汗带。

三、项目实施过程

1. 进展程度

通常对安全帽特性的检测主要包括两部分：耐穿刺性能试验和抗冲击性能试验。根据国家标准 GB/T2812－2006 的要求，安全帽经过预处理后，其耐穿刺性能试验和抗冲击性能试验分别以 3kg 的尖锤和 5kg 的重锤距离安全帽顶部 1m 处做自由落体运动，在符合正常操作条件的情况下，帽壳无碎片脱落表示安全帽合格，否则为不合格。本案例设计的安全帽特性检测仪总体上以电动机带动电磁铁在导向圆筒内上下运动，利用检测仪的开关量输出电路控制电磁铁上重锤的吸合或释放与电机的正反转，并利用高精度的压力传感器对瞬间冲击压力进行采集，最后将采集的数据输入到控制器进行处理。

2. 预期目标

高空坠物预警；受撞击预警；头部风扇散热。

3. 进程程度

（1）2020.05——2020.06：项目市场调研。

（2）2020.06——2020.07：项目方案讨论。

（3）2020.07——2020.10：采购耗材，软硬件制作。

（4）2020.10——2020.12：项目调试。

（5）2020.12——2021.02：项目试运行，中期答辩资料整理。

（6）2021.02——2021.03：项目改进。

（7）2021.03——2021.05：项目资料整理，准备结题答辩资料。

4. 预期目标

现已全部完成本项目的所有预期目标。

5. 项目成员分工、协助情况

梁　霞　市场调研，统筹团队管理。

曾必超　技术开发和各模块的程序设计与调试。

王　荣　设计项目产品的外观和产品的组装

谭丕坚　市场调研和风险分析规划，根据客户需求定制产品

杨　雨　更新项目资料，申请相关知识产权，管理财务

6. 导师指导意见

从选题、开题、实施、研究到结题，该小组同学们积极主动地参与课题研究活动，能及时将自己的活动过程和情况反馈，与指导老师经常保持联系。该小组成员在梁霞同学的带领下组内成员能较好的分工合作，基本达到研究目的，取得了比较好的研究结果。

四、项目特色亮点

1. 技术优势

实用性高，可靠性高、方便携带、节能环保等。

2. 价格优势

整个系统造价低廉：相对于国内同类产品的造价，公司产品的造价只有竞争对手的一半都不到，极具性价比。

3. 功能优势

操作简单，方便，功能齐全，佩戴舒适，具有很好的便携性，能迅速在需要的地方很快地使用。

4. 特殊优势

卫星定位、自动报警装置、无线通话功能。

五、项目成果

项目成果如图 13－12 所示。

图 13－12　学生作品图片

案例六　物流分拣控制系统

项目名称：物流分拣控制系统
项目负责人：李春霖
项目成员：饶正星、刘封呈、季毅杰、舒兴荣
指导老师：王海旭、王会杰
项目类型：创新训练项目

一、项目简介

该装置通过识别快递包裹上包含包裹目的地信息的条形码，将条形码信息送入单片

机和 PLC 中，从而实现快递包裹快速、高效的半自动分拣。该装置是一个可独立工作的单元结构，也能够与其他相同的单元结构串联、并联和混联工作，减少了工作空间和成本，扩展性强，提供了一种快递包裹自动分拣全新的方法和思路，具有广泛的研究价值和广阔的发展前景。

二、项目内容

1. 电器控制

电器控制部分采用智能控制，通过对分拣机的设计，利用 PLC 控制原理，物流分拣机顺应了现代社会的追求，突破了传统的人工快递分拣，提高了快递分拣的效率，减少暴力快递分拣，成本更低的半自动分拣装置。大功率电子器件的散热量比较大，考虑到电子元器件的散热问题，若不采取有效措施，可能会损坏电子元器件。考虑到电子元件的散热，我们加入了散热元件将功率器件产生的热量散到周围空间。必要时加入散热风扇。

2. 设计路线分析

在西门子 PLC300 的基础上，开发智能控制系统。编程语言采用广泛使用的 PLC 语言。控制系统操作简单，配合分拣机的机械装置，并控制机械装置。该装置通过识别快递包裹上包含包裹目的地信息的条形码，将条形码信息送入单片机和 PLC 中，从而实现快递包裹快速、高效的半自动分拣。该装置是一个可独立工作的单元结构，也能够与其他相同的单元结构串联、并联和混联工作，减少了工作空间和成本，扩展性强，提供了一种快递包裹自动分拣全新的方法和思路，具有广泛的研究价值和广阔的发展前景。

3. 功能模块

智能生产线检测与分拣系统是通过改变光纤传感器的反光度来判别物料的颜色与电感式接近开关来判断物料性质。当按下启动按钮后皮带运行，物料通过检测龙门。通过光纤传感器与接近开关向 PLC 输入点发送信号，内部运算后判别物料的性质。确定物料性质后，到达搬运点时停止皮带，向搬运站发送搬运信号。当搬运站收到信号后，启动电池阀控制气缸伸出，伸出到位后气爪夹紧。当物料夹紧后气缸缩回，启动步进电机。根据物料的性质将物料运送到不同的位置，当步进电机到达位置后。气缸伸出气爪放松放置物料，物料放置成功后气缸缩回。步进电机回到原点，给检测站发出信号。当检测站确定搬运手回到工作点后。启动皮带传送物料继续工作。

三、项目实施过程

1. 进展程度

通过电子储物箱和 GPRS/3G、互联网通信技术实现后台、送货员、客户无缝交接物件。机械控制技术：通过电控锁、密码验证等电子模块，实现电控开关锁、智能化送货、自助取货服务。需要解决的问题包括电控锁的稳定性和可靠性、密码验证的便捷性等。电子信息技术：包括 LED 显示技术、语音技术、条码扫描等输入输出技术实现人机交互和物件管理。网络管理技术：使用开放 API 等技术实现共享互联、分布式管理。运筹管理技术：通过运筹管理与数据挖掘实现精细化运营，提高服务效率，降低成本。网站开发技术：通过互联网技术、手机软件开发技术实现后台与客户之间信息展示、下单、配送功能。以用户体验至上为原则，提高产品易用性，提升产品购物体验。供应链管理技术：通过物联网技术实现物件智能化管理，采购、配送流程化管理。

2. 预期目标

能灵活的与其他物流设备实现无缝连接。采用自动分拣系统，堆置物料等事件发生率大大降低。系统运行平稳、安全性高，人工拣取物料的作业量降低。系统采用标准化、模块化的组装，具有系统布局灵活，维护、检修方便等特点。系统能识别金属、非金属物体，对颜色敏感较高具有较好的分拣能力。

3. 分工协作

6—7 月进行器件的采购；8—11 月进行物流分拣控制系统的初步组装与硬件安装；12 月完成中期答辩；第二年 1—2 月进行进一步的改进与调试；第二年 3—6 月在完成结题答辩的同时完成物流分拣控制系统的安装。

李春霖：项目负责人。负责项目构思，文献查阅。刘珊珊：项目成员。项目策划及成本预算。饶正星：项目成员。负责项目设计与实地调研。文淇崧：项目成员。负责项目跟进。吴毅：项目成员。风险预算，团队介绍以及市场分析。

四、项目特色亮点

（1）实现产品的自动计数、分类、分拣及生产线的无人化管理。
（2）实现生产线的近程与远程操控。

五、项目成果

项目成果如图 13—13 所示。

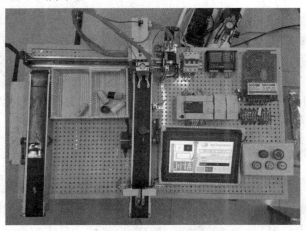

图 13—13 学生作品图片

案例七　让普通设备也能互联互通

项目名称：让普通设备也能互联互通
项目负责人：卿博
项目成员：杨静、张渤
指导老师：胡钢
项目类型：创新训练项目

一、项目简介

现在市面上大多数的设备都接入了物联网，但是基本上都需要更换该设备才能实现，本项目主要的目的是为了让现在现有的普通设备或半智能设备，在不改变其自身的情况下使其接入物联网。让其实现智能控制和智能检测。

二、项目内容

1. 设计方案

硬件方面：采用 STM32F103C8T6 单片机作为主控芯片，G35－V2 模块作为通信模块，采用 MQTT 通信协议与服务器进行通信。外设有两个 250V 继电器、信号检测端子、断电报警模块、双电源自动切换模块等。

在配置好通信模块的 MQTT 服务器 IP 地址后，会自动进入工作状态。之后通过 STM32 单片机的串口向通信模块发送数据或接收数据，从而达到与服务器通信的功能。

两组继电器分别设置了自动延迟关闭功能、自锁功能（点一下打开，再点一下关闭）、点动功能（长按打开，松手关闭）等。并且支持 250V 的交流电接入。真正实现了弱点控制强电的功能，该功能用处广且大。

在状态检测端子上设计了二种工作模式。第一，检测两个端子是否短路的功能。原理：通过跳线帽把其中一个端子与地相连，如果短路，那么另外一个端子上的引脚检测到的就是低电平。第二，检测两个引脚的状态。每个 2 秒 STM32 单片机就会向服务器发送一次当前引脚的状态，由此，既可以判断状态，有可以判断设备是否在线。

我们的整个产品采用锂电池＋USB 双电源供电。锂电池的作用主要是用于断电报警功能。当我们插上电源适配器的时候，整个模块采用 USB 供电，并且，有电源管理 IC 对锂电池进行自动充电。当电源适配器没有电流输入后，电路会自动切换成锂电池供电，并且向服务器发送断电报警信息。

采用 APP、网页、小程序等软件来进行模块的控制和通信。在软件内，可以绑定设备的唯一识别号，让您能方便的操作设备。

三、项目实施过程

（1）目前本项目已经完成所有开发，并已经投入使用。

（2）现已制作出实物。

（3）已完成预期目标。

（4）团队分工，见表 13－5。

表 13－5　成员分工表

成员	任务
卿博	硬件部分开发
张渤	软件代码编写
杨静	产品外壳设计

（5）在导师胡刚的帮助下，我们提前完成了该产品的开发。

四、项目特色亮点

（1）开放接口，可供 DIY 爱好者二次开发。

（2）支持控制和返回当前状态。

五、项目成果

项目成果如图 13－14 所示。

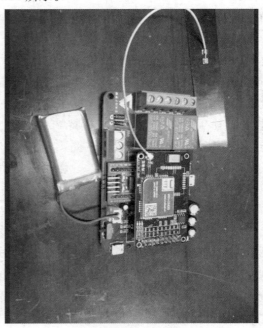

图 13－14　学生作品图片

案例八　农村饮用水质检测仪

项目名称：农村饮用水质检测仪

项目负责人：杨雨

项目成员：黄钰杰、崔万坪、姜涛、李炯霖

指导老师：金洪吉、刘振

项目类型：创新训练项目

一、项目简介

该项目基于单片机嵌入式控制原理，实现对农村饮用水水质好坏的检测。

二、项目内容

1. 外壳设计

基于 PROE 三维软件，完成壳体设计，主要是为了方便电路板的安装以及使得整个结构变得更加美观。

2. 信号调理电路设计

为了完成对饮用水 PH 值进行检测，需要设计信号差分放大电路，将放大的信号给单片机系统。

3. 单片机系统及其他外围电路设计

包括系统电源设计、单片机控制系统硬件电路设计、信号传输模块等电路设计、布局布线设计以及抗干扰设计研究。

4. 控制系统软件部分

控制系统软件包括上位机部分与下位机部分，下位机部分包括单片机控制系统软件设计以及基于上位机的软件开发系统。上下位机通过固定的通信格式方式进行信息交流，从而完成系统的控制工作。

三、项目实施过程

1. 进展程度

（1）技术路线。

本体设计及过滤装置的设计。

为了实现系统预定的功能以及为方便安装电路板，基于 PROE 三维软件，完成三维结构设计，在结构设计的基础上，完成加工。

（2）信号调理电路设计。

为了完成对饮用水 PH 值进行检测，需要设计信号差分放大电路，将放大的信号给单片机系统。

（3）单片机系统及其他外围电路设计。

包括系统电源设计、单片机控制系统硬件电路设计、信号传输模块等电路设计、布局布线设计以及抗干扰设计研究。在前述基础上，需要建立控制系统的硬件测试平台。首先进行系统硬件总体结构设计，然后对各模块进行电路设计。最后进行控制系统硬件 PCB 布局布线以及抗干扰设计。在控制系统硬件电路设计的过程需要重点解决以下几个问题，首先是电源，可靠稳定的电源系统，是系统稳定工作的重要前提。其次为了实现系统预定的功能，需要相应的芯片选择与硬件电路设计。

（4）单片机软件开发。

在控制系统硬件电路设计以及相关算法原理研究的基础上，主要进行控制系统软件设计。控制系统采用模块化的程序设计思想，模块化的程序设计是指在功能分析的基础上，将产品或系统划分为若干功能独立、结构独立的基本单元（模块），并使模块系列化、标准化，通过模块有效选择和组合，实现不同功能的产品或者系统，以满足不同需求的设计方法。

（5）云平台以及通信程序开发。

为了实现随时随地掌握 PH 值以及系统状态，需要基于云平台进行相关界面开发。

2. 预期目标

（1）外壳设计。

（2）信号调理电路设计。

（3）控制系统软件部分。

3. 分工协作

杨雨：项目负责人，主要负责项目元件采购，资料的收集，管理团队。

曾必超：负责程序的编写与硬件设备的组装。

李松祥：负责资料的整理。

王豪：负责市场的调研。

吴中会：负责项目路演。

通过团队的不懈努力，项目已完成。

5. 导师指导情况

在金洪吉老师和刘振老师的悉心指导下，我们的项目已经成型。

四、项目特色亮点

1. 外壳设计

基于 PROE 三维软件，完成壳体设计，主要是为了方便电路板的安装以及使得整个结构变得更加美观。

2. 信号调理电路设计

为了完成对饮用水 PH 值进行检测，需要设计信号差分放大电路，将放大的信号给单片机系统。

3. 单片机系统及其他外围电路设计

包括系统电源设计、单片机控制系统硬件电路设计、信号传输模块等电路设计、布局布线设计以及抗干扰设计研究。

4. 控制系统软件部分

控制系统软件包括上位机部分与下位机部分，下位机部分包括单片机控制系统软件设计以及基于上位机的软件开发系统。上下位机通过固定的通信格式方式进行信息交流，从而完成系统的控制工作。

五、项目成果

项目成果如图 13－15 所示。

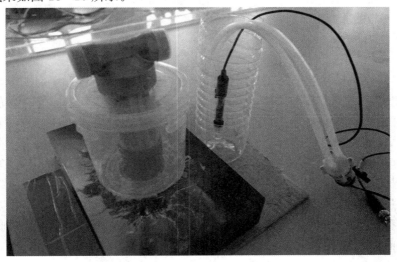

图 13－15　学生作品图

案例九　迎新机器人之视觉控制系统

项目名称：迎新机器人之视觉控制系统

项目负责人：严川

项目成员：吴中会、李松祥、张嘉乐、邓世杰

指导老师：胡明蓉、文家雄

项目类型：创新训练项目

一、项目简介

视觉是人类感知外界信息的重要手段，而机器人的"视觉"则更加的重要。机器人视觉系统的主要功能是模拟人眼视觉成像与人脑智能判断和决策功能，采用图像传感技术获取目标对象的信息，然后对图像信息提取、处理并理解，最终用于机器人系统对目标实施测量、检测、识别与定位等任务，或用于机器人自身的伺服控制。该项目主要采用单片机嵌入式控制原理，传感器与自动检测技术，实现遇物报警，遇人问好功能。

二、项目内容

（1）图像特征的选择问题。

机器人的性能密切依赖于所用的图像特征，特征的选择不仅要考虑识别的指标，还要考虑控制指标

（2）结合计算机视觉及图像处理的研究成果，建立机器人视觉系统的专用软件库。

（3）加强系统的动态性能研究。目前的研究多集中于根据图像信息确定期望的机器人运动这一环节上。

（4）利用智能技术的成果。

（5）利用主动视觉的成果。

"视觉"强调的是视觉系统与其所处环境之间的交互作用能力。视觉强调两点，一是认为视觉系统应具有主动感知的能力。二是认为"视觉"系统应基于一定的任务或目的，"视觉"认为在视觉信息获取过程中，应更主动地调整摄像机的参数，如方向、焦距、孔径等并能使摄像机迅速对准感兴趣的物体。它强调注视机制，强调对分布于不同空间范围和时间段上的信号采用不同的分辨率有选择性地感知，这种主动感知既可在硬件层上通过摄像机物理参数的调整实现，也可以在基于被动摄像机的前提下，在算法和表示层上通过对已获得的数据有选择性地处理实现。同时，主动视觉认为不基于任何目的的视觉过程是毫无意义的，必须将视觉系统与具有的目的（如导航、识别、操作等）相联系，从而形成感知/作用环。

（6）多传感器融合问题。视觉传感器具有一定的使用范围，如能有效地结合其他传感器，利用它们之间性能互补的优势，便可以消除不确定性，取得更加可靠、准确的结果。

三、项目实施过程

1. 进展程度

作品设计、发明的目的：作品的最终研究目标就是使我们的机械手能像人那样感知世界，具有自主适应环境的能力。目前作品已经实现机器人的视觉自主导航、自动寻迹和自动取货、运输及卸货等功能

基本思路：自主寻航机械人主要包括结构本体设计和控制系统设计。结构本体主要包括步进电机、舵机以及各电子元器件安装结构；控制系统设计包括系统硬件设计和系统软件设计。系统硬件设计包括 MCU 控制器、执行机构、机器视觉、寻迹传感器和

电源部分；系统软件设计包括颜色识别和黑线寻迹等流程。

经过一年时间的努力，项目完成度达到100%，基本实现所需功能。

2. 已完成预期目标

根据识别到的颜色，作品做出所对应的行为动作。如（红色：抓取物品；绿色：放置物品；蓝色：直行。）还可通过颜色的组合达到需要完成的动作要求。

3. 项目成员分工

严川：项目负责人，主要负责项目元件采购，资料的收集，管理团队。

王荣：负责程序的编写与硬件设备的组装。

李松祥：负责资料的整理与硬件设备的组装。

李春霖：负责市场的调研。

杨雨：负责项目路演。

4. 协作情况

通过团队的不懈努力，本项目在第十六届"挑战杯"四川省大学生课外学术科技作品竞赛中获得三等奖。

5. 导师指导情况

胡明蓉老师主要对团队文化建设做了相关指导，时刻关注团队内同学的心理动态。文家雄老师主要对我们的技术进行非常严格的要求。

四、项目特色亮点

集成应用机器视觉导航与寻线导航双模式工作方式，实现按规定路径自动取货、运输和卸货等功能，其特色表现在以下方面。

（1）机器视觉导航与寻线导航双模式同时工作，保证系统工作的可靠性和稳定性。

（2）机器视觉导航采用最短路径，节省时间。

（3）转弯角度和半径小，车体运行平稳。

五、项目成果

项目成果如图13-16，图13-17所示。

图 13-16　学生作品图

图 13-17　学生作品获奖

案例十　微 e 能源

项目名称：微 e 能源
项目负责人：陈朋
项目成员：姚文、罗胜胜、李森林、汪田田
指导老师：梁迁
项目类型：创新训练项目

一、项目简介

近几年来新能源的词汇逐渐出现在人们的视野当中，由于其污染低等特性而受到广泛的关注。新能源的使用将会成为一种趋势，转化率高、污染少会越来越得到广泛的关注，可以做到高储存电力，便携，无论是为自身充电还是输出放电都很方便。并且还兼顾了多种输出方式以及贴合现在的电子设备，支持为手机等设备提供快充输出。但是在目前的能源方面依旧存在着很大的发展空间，整个市场上还需要更多的更新与发展。

二、项目内容

1. 设计方案研究

目前发电机大多可分为励磁式电动机和永磁式电动机，永磁发电机改装时有两种，分为直流有刷和直流无刷电机。直流有刷电机可直接充当发电机使用，为了使发电机输出的电压极性保持恒定可在输出端加接一个桥式电路，便可使用。

我们主要改装的是直流无刷电机从输出共有八根线真正使用的只有三根引线，其余为五根细线。我们需要的是三根粗线作为输出线，直流无刷电机的三相绕组线圈采用星形连结，当转子磁钢旋转时，绕组线圈输出的是三相交流电。我们需要一个整流滤波电路来使电流输出较平稳的直流电。整流滤波电路的输入端采用二极管搭建的三相桥式不可控整流电路，将发电机输出 24V~100V 的不稳定交流电转化为不稳定的近似直流电，再经电容滤波获得平滑的直流电，由充电电路给蓄电池充电。

2. 项目实用性研究

其特点是结构非常简单、功效高、易生产、投资少、无需维护。该项目产品主要满足人们对节能环保新型能源和"随时随地"补充电源的需要。可以解决山野、河道等可供安装该项目装置空间的发电问题。可以解决人们在野外工作、旅行和军事活动小型电器所需的电源供应问题。彻底破解生产活动对于清洁能源的需要和野外用电不便的困局。

三、项目实施过程

1. 项目研究完成情况

2020 年 6 月立项完成后项目成员分工展开市场调查，得出当前户外旅行和野外露营给手机等用电设备充电的难题。

2020 年 7 月项目成员展开产品结构的设计以及做出产品模型，并且能够实施多能源充电。

2020 年 7 月，参加 第六届"互联网＋"比赛。

2020 年 7 月，参加第十五届"挑战杯"并且获取评委老师的意见建议，后期对产品实物进行制作。

2020 年 10 月完成第一代产品的制作，并且再次展开市场调查，与线下实体店合作的方式，免费给驴友使用收集反馈信息。

2020 年 12 月根据调查情况改进产品内容进行中期答辩。

2021 年 3 月，第二代产品做出，对体积和内部设计以及控制电路进行了改进，并且加装了智能充电装置，能够进行充电保护，使用更安全。

2021 年 3 月，参加学院第十六届"挑战杯"比赛获得院三等奖。

2021 年 4 月，最终产品做出，将产品改进为全新模块化设计。

2021 年 6 月，参加第七届"互联网＋"比赛。

2021 年 6 月资料整理准备结题。

2. 项目预期成果

（1）实物研究设计。

（2）参加创新创业大赛。

3. 项目成果

（1）产品实物设计完成。

（2）参加学院第十六届"挑战杯"创新创业大赛获三等奖。

（3）产品准备投入市场。

4. 项目分工情况

梁迁：指导老师，负责团队的技术问题，项目进展跟进，团队问题指导。

陈朋：负责人，负责落实学院下发的各项通知以及对项目人员的分配管理。

罗胜胜：负责项目技术的更新问题以及解决产品存在的一些技术问题。

李森林：产品的图纸设计以及组装分配技术。

姚文：产品的材料设计以及组装。

汪田田：负责团队的财务跟进以及经费使用情况。

四、项目特色亮点

过载保护：防止主电源线路因过载导致保护器过热损坏而加装的过载保护设备。

集成线路：集成电路其装配密度比晶体管可提高，设备的稳定工作时间也可大大提高。

节能环保：采用清洁可再生的风能，水能，光能作为能源供应，节能环保。

稳压调节：采用电压稳压系统，保证输出电压为等量的电压。

智能变频：改变供电频率来调节负载，降低功耗，减少损耗，延长设备的使用寿命。

轻巧便携：自重仅 1.5kg，携带方便使用时对环境要求低。

微 e 能源发电机使用的是一种全新的结构布置方式，即模块化设计。每一部分都是具有独立功能，具有一致的几何连接接口和一致的输入、输出接口的单元，相同种类的模块在产品族中可以重用和互换，通过模块的组合配置，就可以创建不同需求的产品，满足客户的定制需求。这种模块化结构有以下几点突出优势：结构简单合理、结构组成更科学、使用更安全、维护更简便且维护成本低廉。

五、项目成果

项目成果如图 13-18，图 13-19，图 13-20，图 13-21，图 13-22，图 13-23，图 13-24 所示。

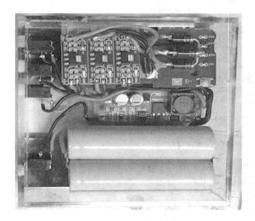

图 13-18 产品内部结构图

图 13-19 产品外部结构图

图 13-20 产品整体部件图

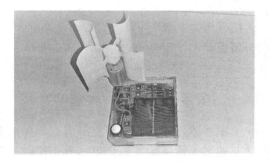

图 13-21 产品部分部件组装图

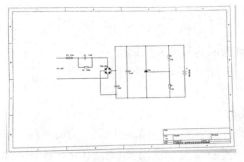

图 13－22　锂电池充电电路原理图

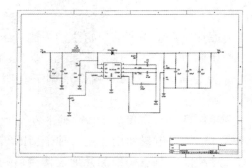

图 13－23　5V 升 12V 原理图

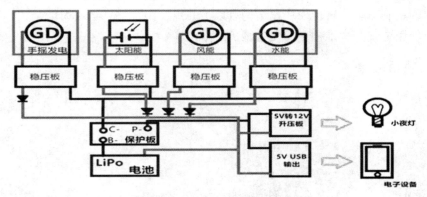

图 13－24　产品整体控制电路图

案例十一　体感套装

项目名称：体感套装

项目负责人：张茂丽

项目成员：夏虹、陶思积

指导老师：黄超

项目类型：创新训练项目

一、项目简介

使用者通过体感设备与电脑游戏等形成互动。体感装置可实时捕捉人体四肢运动姿态，并通过无线模块发送至电脑数据接收处理端，电脑端再与游戏端数据对接，从而达到使用者姿态与游戏人物同步，进而实现体感功能。

二、项目内容

研发一套能够检测人体各个部位的的姿态传感器，将检测到的人体姿态传送到电脑端，再将电脑端与游戏接口进行对接，从而实现体感的运作。

将姿态传感器贴身放置在体表，通过读取各传感器数据结合独创的姿态还原算法，解算出人体的当前姿态，并根据前一时刻的身体姿态推算运动轨迹。凭借其极高的数据刷新频率，可极大程度上实时还原人体的一系列动作，并通过 API 接口、体感游戏接口、标准 HID 协议接口与其他设备进行无线互联。本套装包含穿戴设备与电脑通信设备以及相关程序，穿戴设备包含四肢动作检测模块与中央处理模块，四肢动作检测模块用于检测四肢动作，中央处理模块用于处理四肢采集的数据，再通过无线模块发送至电脑数据接收处理端，电脑端再与游戏端对接，从而实现使用者与游戏人物的同步。穿戴硬件包括四肢和身体，利用无线信号与游戏主机连结采用指向定位及动作感应。前者就如同光线枪或鼠标一般可以控制萤幕上的光标，后者可侦测三维空间当中的移动及旋转，结合两者可以达成所谓的"体感操作"。

体感设备是连接到游戏主机上的机器，它可以通过感应器，接收玩家的动作或语音信息，从而可以完成游戏的转换。体感设备突破了传统意义上的游戏模式，让玩家可以丢掉手中的游戏控制手柄。

三、项目实施过程

1. 整体情况

通过市场调查和资料研究，设计出产品大致走向，主要以小巧方便实用为主，已设计出产品实物，在测试调整阶段。对市场上的大多数的体感套装进行收集比对，制定出合适的参数，进行不断的测试并记录，然后再将记录的数据收集整理加以分析，如何将 PCB 电路板的面积做到最小，做到预期小巧方便的目标。使用者通过体感设备与电脑游戏等形成互动。体感装置可实时捕捉人体四肢运动姿态，并通过无线模块发送至电脑数据接收处理端，电脑端再与游戏端数据对接，从而达到使用者姿态与游戏人物同步，进而实现体感功能。

已完成设计方案与软硬件部分，正在进行算法的优化。

2. 工作进度安排

（1）2020 年 6 月—2020 年 7 月项目申报资料调研，获取现有技术加以整理。

（2）2020 年 8 月—2020 年 9 月着手开始研发测试，制作简单的姿态传感器。

（3）2020 年 10 月—2020 年 12 月深入测试具体参数，以获取最优参数。

（4）2021 年 1 月—2021 年 2 月设计出最优原理图，着手开始绘制 PCB 电路板和参数调节。

（5）2021 年 3 月—2021 年 6 月实现体感套装的运用，结题前准备。

3. 进展程度

已完成完整的设计方案与硬件部分，正在进行算法的优化。

4. 人员安排

（1）张茂丽负责前期的资料收集、整理，以及相关实验材料的调查与购买。

（2）陶思积负责硬件电路的设计与搭建。

（3）夏虹负责电路的测试与调试以确保参数的准确。

（4）张茂丽、陶思积、夏虹共同负责相关元器件的事物搭建。

（5）陶思积、张茂丽完成软件调试。

5. 导师指导情况

定期指导项目理论部分。提供相关算法及思路。

四、项目特色亮点

（1）模块化设计：体感套件各部分均可独立工作，可根据应用场合的不同搭配相应的体感装置。

（2）精确度高：单点测量精度为 0.1 度，身体姿态解算精度为 0.25 度。

（3）数据刷新频率高，响应迅速：单点采样速率最高达 1000 Hz，姿态更新速度最高达 125 Hz。

（4）操作距离远，操作距离达 50 m 以上。

（5）稳定性高：采用惯性导航式动作捕捉体感方案，不受环境干扰。

（6）便携：无线体感操控，携带方便，不受空间限制。

（7）体感感测范围大，可做到全身体感。

（8）可开发性强，预留 API 接口，可适配绝大多数操作平台。

根据目前体感游戏市场现状得知，体感游戏捆绑主机销售的模式让绝大部分游戏玩家对体感游戏丧失了购买欲望，网络游戏＋体感套件的模式将打破这种格局，游戏玩家在购买体感套件（价格低于游戏主机）后在 PC 端便可体验体感游戏，可根据游戏的不同搭配相应的套件，其便携性与可玩性极高。并且随着团队在技术方面的突破以及与游戏开发商合作的深入，未来体感套件适配的游戏将越来越多，可玩性越来越强，其潜在价值不可估量。

五、项目成果

项目成果如图 13−25 所示。

图 13−25　学生作品图

案例十二　山里有茶——助推乡村产业振兴的排头兵

项目名称：山里有茶——助推乡村产业振兴的排头兵
项目负责人：罗禹
项目成员：张明杰、周山鑫、廖雨靖、张效
指导老师：彭敏
项目类型：创业训练项目

一、项目简介

青川县是七佛贡茶原产地及核心产区，目前茶叶产量很高，但销量却一直提不上去。大部分农户仍然坚持传统线下销售模式，对新兴事物不敢尝试，资源难以集中，规模小。

针对目前情况，我们采取"振兴茶园"模式，让社会公众线上认领茶园，通过认领定产促销来带动种植、加工环节的良性发展，让农户直接参与整个茶产业链的务工劳动，从而实现一对一增收。后期也会开通线上推广，把线下流量转移到线上来，积极探索新发展模式。

二、项目内容

面对农产品品牌销售和特色销售的瓶颈，开始把重点放在提升农产品上行的效率方面，依托其社交电商的优势，发展产地直发模式，实现消费者、农户、平台三赢的格局，同时布局助农项目。

在疫情时期，助农项目更多的是直接对接原产地和产业带，相对过往减少中间环节，生产端直接面对消费者，商品性价比更高，对于平台来说，农产品上行供应链得到完善。

对于之前没有尝试过线上渠道的生产端来说，助农项目让茶农和产业带商家意识到，电商是有效的销售通路，今后往线上走的趋势会越来越强烈。依托"互联网＋"打造电商助农新模式，可以借助电商平台各方面资源优势，把大数据、人工智能、互联网营销等新概念引入农业生产，传播"智慧农垦"理念，挖掘农垦产品与互联网融合新动力，构建与农垦现代农业相匹配的新型产业形态。

在生产加工场地方面。农村地区的用地成本很低，基本不用考虑场地成本。用于生产加工的用地很多，而且往往是自家的用地在很多村中许多小作坊似的生产者直接在家里进行生产，加工工人也是家里人。

因此农村地区生产加工的产品具有成本优势和价格优势，在城镇地区生产出来，所有成本可能包含材料成本，用地成本，管理成本，劳动成本，税费等，单在农村地区生

产，同样一种产品，往往只需要考虑材料成本和物流成本，即使定价很低，也能盈利。

三、项目实施过程

1. 已完成内容

（1）项目团队深入茶林村实地调查，详细分析了当地茶叶存在的优劣势。

（2）做顾客定位，最终把主要消费群体定位于中产家庭、办公人群以及礼品方向。

（3）积极申请经营资质证书和食品经营许可证，如图 13—26 所示。

（4）建立微信公众号，让顾客更加详细地了解产品。

（5）通过微信和 QQ 直播进行熟人营销建立口碑，引导顾客线上消费。

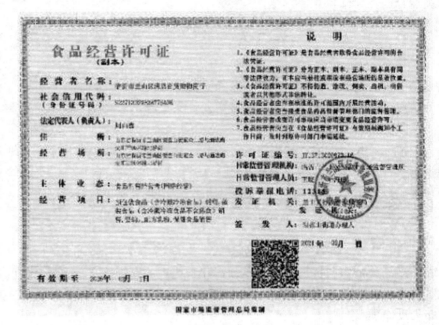

图 13—26

（6）利用新媒体技术实地直播、制作 VCR 提升知名度。

（7）参与各类专业竞赛以赛促销。

2. 已取得的成果

（1）项目多次下茶林村调研，精准到茶农罗传勇，了解当地茶农在产茶和售茶的方法和痛点（产量不稳定，品质参差不齐；售茶方式单一，缺少销路）。

（2）为使项目正常运营，团队一直积极申请资质证书，现已取得经营执照和食品经营许可证。

（3）产品销量要想提升，提升知名度获得顾客信任是十分重要的，为了让更多顾客了解产品，团队利用新媒体进行实地直播，并制作 VCR 视频提升知名度，如图 13—27 所示。

图 13-27

（4）茶林村长期秉持传统线下销售，加之受疫情影响，线下销售不能解决产品销量的问题，项目利用熟人营销在微信和 QQ 直播，引导客户线上消费，如图 13-28 所示。

图 13-28

（5）通过线上引导，将线下客户的消费点转移到线上支付，并取得一定成果。

（6）项目以赛促销，参加第七届"建行杯"互联网+竞赛，经过团队不懈努力和老师专家指导，项目在四川省第七届"建行杯"互联网+竞赛中荣获银奖。

四、项目特色亮点

因武则天曾在七佛乡建立贡茶园而得名。茶色泽明亮、汤清叶绿、浓醇鲜爽，有独特的兰花香气，具有叶片厚、内质优、滋味醇、香气浓、耐冲泡等特点。

"七佛贡茶"荣获国家质检总局"国家地理标志保护产品"、中国国际茶文化研究会"中华文化名茶"、四川省茶叶学会"四川名牌"产品等殊荣，四川省首届"甘露杯"金奖；广元市"广茗杯"第一名；第三届"中茶杯"名优茶一等奖；第二届中国国际茶叶博览会（成都）金奖；"日本无我茶会"科技开发奖；马来西亚吉隆坡国际名茶评比优质奖；第八届"中茶杯"特等奖。

五、项目成果

项目成果如图 13—29 所示。

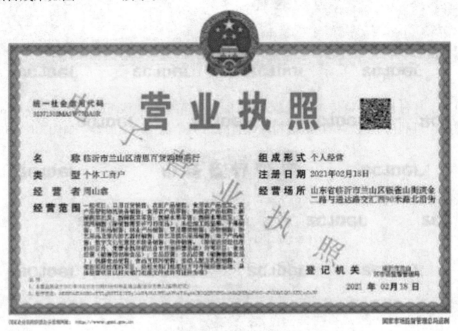

图 13—29　学生成立公司